KB235519

세상은
나의
멘토

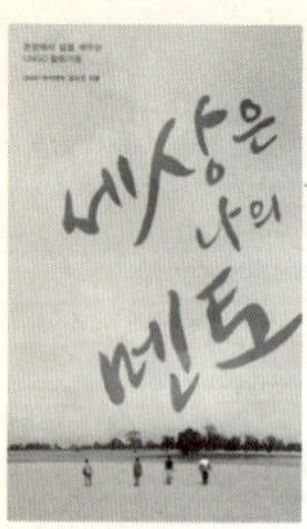

세상은 나의 멘토

이 책의 제작에 도움을 주시기 위해
아이디어와 재능을 기부해주신
분들께 감사드립니다.
캘리그라피 | 박성종
표지디자인 | 강문주, 양설희

세상은 나의 멘토

초판 1쇄 발행 2012년 11월 15일
초판 3쇄 발행 2014년 3월 3일

지은이 UNGO아카데미강사진
대 표 김영재 · 정대진
발행인 이세경
편집장 양인모
교 정 이현선
마케팅 현석호
발행처 책마루
주 소 서울 금천구 벚꽃로 18길 36(독산동 1002) 진도1차 806호(본사)
서울 강남구 봉은사로 129-1(논현동 751빌딩) 802-8호(편집실)
전 화 02-445-9513
팩 스 02-445-4513
이메일 book@bookmaru.org
웹 www.bookmaru.org
트위터 @bookmaru9513
디자인 캠프커뮤니케이션즈

ISBN 978-89-963219-9-6 03300

• 잘못된 책은 구입한 서점에서 바꿔 드립니다.
• 이 책의 인세는 한국리더십학교에 기부됩니다.

• 저작자가 확인되지 않아 출처 인용을 밝히지 못한 글과 사진은 저작자가 확인되는 대로 다음 쇄에 반영하겠습니다.

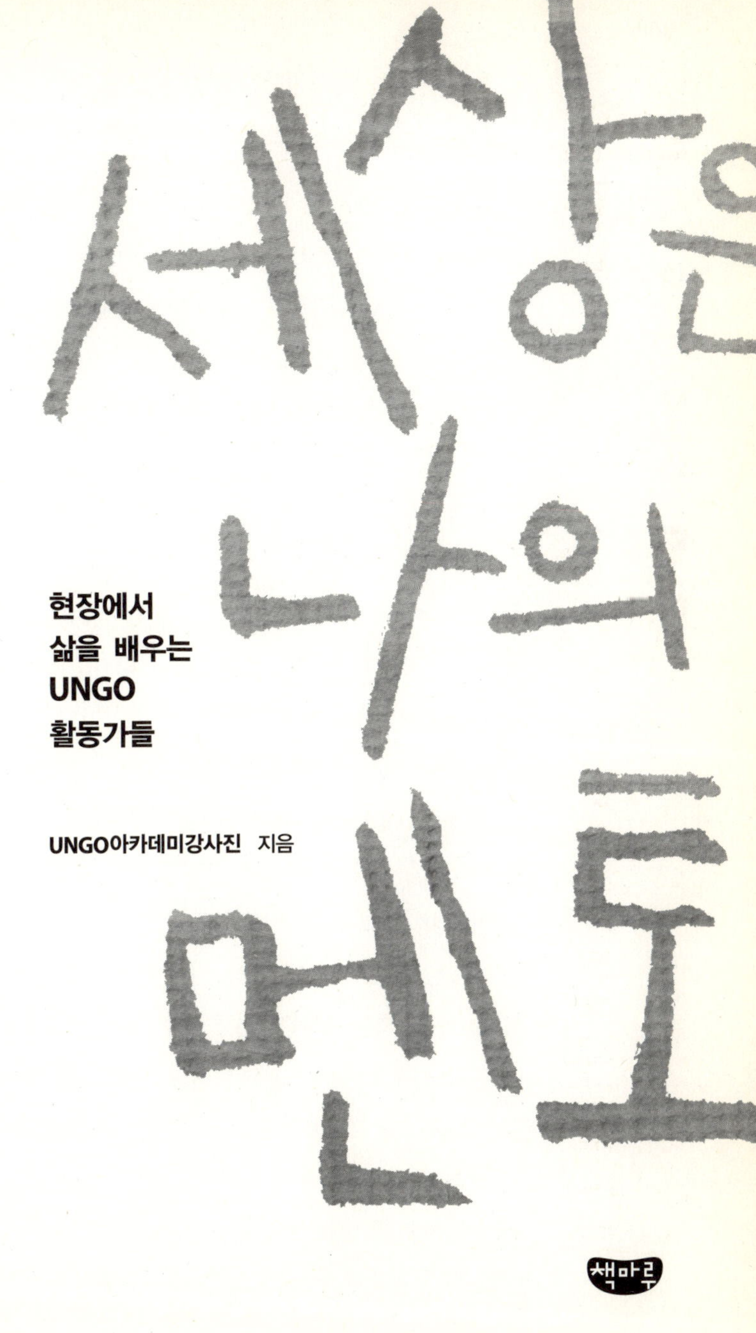

현장에서 삶을 배우는 UNGO 활동가들

UNGO아카데미강사진 지음

책마루

요즘 유엔이나 국제기구에서 일하려는 사람들이 많아졌습니다. 동시에 일터로의 NGO와 시민단체 등에 대한 관심도 늘었습니다. 잘 다니던 직장을 그만두고, 여러모로 이전과는 비교가 안 되는 곳에 스스로 찾아가는 사람들의 이야기도 종종 들려옵니다. 그들의 용기에 감탄하기도 하고 도전해보고 싶은 마음이 없지는 않으나, 정작 필요한 정보를 얻기란 쉽지 않습니다.

지난 2012년 7월, 14개의 단체에서 일하는 14명의 활동가들이 모여 자신들의 꿈과 일에 대하여 이야기하는 'UNGO 아카데미'를 열었습니다. 유엔과 NGO의 전통적인 활동주제인 인권과 빈곤, 사회적 정의 문제부터 기후변화와 북한 문제, 교육, 기업의 사회적 책임 등에 대해 다양한 이야기가 펼쳐졌습니다. 그리고 실무자로서 현장에서 겪는 일들과 그 과정에서 얻게 된 삶의 교훈도 전달됐습니다.

우리의 말과 글을 통해 드러난 실제의 그곳이 이전에 상상하던 곳과는 많이 다른 곳이어서 실망하게 될 지도 모릅니다. 하지만 그 역시 우리가 밝혀야 할 참모습이었습니다. 외부에서 보는 유엔이나 NGO 단체의 화려한 모습이 아니라 실제로 발로 뛰며 겪은 생생한 이야기를 들려주고 싶었습니다.

이번 아카데미와 책으로 그 누군가에게 무심했던 영

역이 관심을 얻게 되고 진로에 대한 고민과 불안들이 조금 해소되었다면 우리는 더없이 기쁠 것입니다. 마음속에 품은 꿈들이 한 걸음 한 걸음 현실이 되어가기를 응원합니다.

강의를 맡아준 14명의 강사와 아카데미의 진행을 도와준 간사와 후배들께 진심으로 감사드립니다. 강의를 집중하여 들어주신 110명의 수강생 여러분께도 감사드립니다. 우리의 강의가 제대로 된 책이 되도록 수고를 아끼지 않으신 책마루의 정대진 대표님께도 감사드립니다. 그리고 언제나 든든하게 돌봐주시는 이장로 교수님께도 감사드립니다.

우리는 짧은 시간에 참 먼 길을 걸어왔습니다. 그리고 앞으로도 더 먼 길을 걸어갈 것입니다. 그 길을 함께 걸어갈 사람들이 더 많아졌으면 좋겠습니다.

2012년 11월
UNGO 아카데미 강사진을 대표하여
장 성 윤

**UNGO
아카데미
소개**

장성윤
유니세프
한국위원회

UNGO 아카데미
―세상을 변화시키는 현장 이야기에
대한 몇 가지 이야기

지난 2012년 7월, 14명의 강사가 주축이 되어 진행된 'UNGO 아카데미-세상을 변화시키는 현장 이야기'에 대한 기본소개입니다.

일시 및 장소　　2012년 7월 9일(월)부터 21일(토)까지 2주 동안 고려대 LG-POSCO관 432호에서 진행됐습니다. 평일은 저녁 7:30~9:30, 토요일은 오후 1:00~3:00, 3:30~5:30에 강의가 열렸습니다. 이번 아카데미의 대상은 학생과 NGO 실무자였습니다.

UNGO 콘셉트　　UNGO는 유엔UN과 NGO라는 의미입니다. 이번 아카데미는 국제기구UNHCR, IVI, 유니세프 한국위원회 등, NGO참여연대, 월드비전, 평화누리 등, 그리고 유관기관KOICA 등에서 현재 일하고 있는 젊은 활동가들이 자신들의 꿈과 희망, 일에 대해 이야기하는 순서로 진행이 되었습니다. 다양한 단체와 전문 분야에서 일하는 모습, 그들이 가진 다양한 스펙트럼을 보여주는 것이 콘셉트입니다.

강의 구성　7개의 세션홍보, 북한, 시민운동, UN기구, 교육, 실무/활동, 기후변화으로 나뉘어 각 세션당 2명씩 총 14개의 강의가 진행되었습니다. 강의는 강사의 재량에 맡겨 자율적으로 구성되고 진행되었습니다. 각 강사의 개성이 가장 잘 드러나도록 배려했습니다.

*강사 중 최진혁 님은 개인사정으로 원고를 개재하지 않아, 총 13명의 강의록을 바탕으로 책을 엮었습니다.

UNGO 아카데미　이번 아카데미에 참가하는 많은 사람들이 UNGO, 즉 평소 관심 있던 유엔이나 NGO를 보고 찾아왔을 것입니다. 또 '아카데미'라는 이름을 보면서 우리의 성격을 규정지으려 했을 것입니다. 하지만 이 아카데미가 '세미나' 혹은 '토크 콘서트'로 불리더라도 별 문제가 없습니다.

우리의 아카데미에서 가장 중요한 내용은 '실무'입니다. 우리는 '실무자의, 실무자에 의한, 실무자를 위한 아카데미―실무/실무자 중심 아카데미'를 표방했습니다. 각 단체에서 가장 왕성하게 활동하고, 실제적인 일을 하는 사람들이 모여 자신의 경험과 사례를 이야기한다는 것스토리텔링 방식이 우리 아카데미의 차별화된 강점입니다.

세상을 변화시키는 현장이야기　우리가 말하고 싶었던

무더운 여름, 그 열기만큼 뜨거운 열정의 사람들이 잠시 현장에서 나와 강의실로 발걸음을 옮깁니다. 바로 세상의 변화를 꿈꾸는 사람들과 호흡하기 위해서라는데요.

UNGO, 즉 국제기구 (UNHCR, IVI, 유니세프 한국위원회 등), NGO (월드비전, 참여연대, 평화누리 등), 유관기관 (KOICA 등)에서 현직으로 일하고 있는 젊은 활동가들이 자신들의 꿈과 희망, 일에 대해 이야기합니다.

2주일 동안 다양한 7개의 세션 (홍보, 북한, 시민운동, UN기구, 교육, 실무/활동, 기후변화)에서 총 14명의 발표자들이 접한 전세계 현장을 고스란히 듣고 왔습니다. 딱딱한 개론 강의가 아닌, 살아있는 현장의 소리는 무엇일까요?

활동가들의 생생한 호흡을 직접 들을 수 있는 흔치 않은 이 기회, 지금 바로 두드리세요!

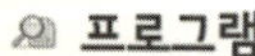 세미나개요

- 제 목 : UNGO 실무자 아카데미 "세상을 변화시키는 현장 이야기"
- 일 시 : 7/9(월) ~ 7/21(토), 월~토 강의, 총 14강
- 시 간 : 월~금 19:30~21:30 (토: 13:00~15:00, 15:30~17:30)
- 장 소 : **고려대학교 LG-POSCO경영관 432호** (안암캠퍼스)
- 참가대상 : UNGO 실무자, 대학생 등 관심자 100명
- 주 관 : 고려대 소셜 리더십학회
- 주 최 : 사단법인 한국 리더십 코리아
- 세미나 참가비 : [1차] (~ 6/20) 110,000원
                   [2차] (~ 6/30) 120,000원
                   [3차] (~ 7/08) 130,000원
- 결제방식 : **신용카드, 실시간 계좌이체** (대학(원)생, NGO 실무자는 50%할인)
             개별강의 강의당 10,000원 (현장접수)

▹ 강의장 수용인원 관계상, 입금 선착순으로 마감예정이며, 조기마감이 예상되므로 빠른 신청을 부탁드립니다.
▹ 현장접수는 장소 여건상 당일 결석자의 공석에 한해 선착순으로 접수가능합니다.
▹ 현장 주차가 지원되지 않으니 대중교통이용을 권장합니다.
▹ 취소/환불규정은 온오프믹스 취소/환불 약관규정을 따릅니다. (http://onoffmix.com/legal/cancelAndRefund)

프로그램

일 시	주 제	발표자 / 소속
7.9(월) 19:30-21:30	[홍보①] SNS로 모금과 홍보하기 - 국내 비영리 분야에서 뉴미디어의 도입과정과 트랜드 분석. 트위터, 페이스북, 카카오톡 등을 활용한 온라인 모금과 홍보	장성윤 유니세프 한국위원회
7.10(화) 19:30-21:30	[북한①] 북으로 간 따뜻한 연탄, 그리고 북한리모델링 전략 - 남북한 주민들이 함께하는 연탄나눔 이야기, 북한을 리모델링하는 새로운 전략	박일수 (사) 따뜻한 한반도 사랑의 연탄나눔운동

일시	내용	강사
7.11(수) 19:30-21:30	[실무/활동①] The Little way of IT with Big Heart. - Introduction to IT story.	최진혁 IVI (국제백신연구소)
7.12(목) 19:30-21:30	[UN기구①] 유엔과 기업의 사회적 책임 - 유엔 글로벌 콤펙트, 유엔과 기업의 파트너십, 국내외 CSR 동향, PPP(Public-Private Patnership) 등	이은경 유엔 글로벌 콤펙트 한국협회 / 연구센터
7.13(금) 19:30-21:30	[시민운동①] 정의와 평화를 만드는 상상력 - 정의롭고 평화로운 세상을 만드는 재미있고 유쾌한 방법들을 고민해봅니다.	최욱준 평화누리
7.14(토) 13:00-15:00	[교육①] ODA-세계시민으로 가는 길 - ODA 개론, 양질의 원조 제공을 위한 길 : 개발교육	박수연 한국국제협력단 (KOICA)
7.14(토) 15:30-17:30	[기후변화①] 기후변화와 빈곤 - 기후변화와 빈곤의 연관성, 유엔의 역할과 선진국 개도국의 협력체제, 관련 유엔기구와 컨설팅 회사의 업무 영역	황진솔 Eco-Frontier
7.16(월) 19:30-21:30	[홍보②] 카메라와 펜을 들고 아픔의 현장에 서다 - 세계 구호, 국제개발 등 아픔과 희망의 현장에서 현장을 알리는 월드비전의 홍보팀 이야기	김효정 한국 월드비전
7.17(화) 19:30-21:30	[시민운동②] 시민-시민단체의 권력감시운동 - 시민과 시민단체의 권력감시운동의 방식 및 역할에 관하여, 반부패정책과 부패사건 모니터, 정부투명성강화 운동을 중심으로	장정욱 참여연대
7.18(수) 19:30-21:30	[기후변화②] 동아시아 지역 지속가능한 발전과 국제 NGO의 역할: 아시아 지역 사막화 대응 현장 이야기 - 기후변화 문제와 아시아지역의 피해 현황을 소개하고, 이를 극복하기위한 국제 환경 NGO의 현장 경험을 통한 시민사회의 노력을 소개함	이승지 사단법인 푸른아시아
7.19(목) 19:30-21:30	[교육②] 희망 디자이너 이야기 - 실무자로 참여해 본 NGO 창설, 기획부터 안착까지	최홍섭 대한민국 교육봉사단
7.20(금) 19:30-21:30	[실무/활동②] NGO 활동가로 살아남는 법 - NGO 활동가를 꿈꾸는 이들에게 들려주는 국제구호 NGO활동가의 생생한 실전 이야기 (모금, 사업, 관리, 교육 등)	주희연 한국국제기아 대책기구
7.21(토) 13:00-15:00	[UN기구②] 뉴욕 유엔 본부 인턴십 경험과 국제기구 진출 경로 소개 - 6개월 동안 본인이 직접 체험했던 유엔 본부 인턴십 소개 및 다양한 국제기구 진출 경로 소개	최준희 UNHCR
7.21(토) 15:30-17:30	[북한②] 북한인권문제가 한국사회에 미치는 영향 - 북한인권과 남북교류협력, 정부와 NGO의 북한 인식에 따른 정치현상	손광수 (사)남북교류 협력지원협회

※ 상기 프로그램은 발표자의 개인사정에 따라 일정이 서로 변경될 수 있습니다.
※ 문의: 김성옥 간사 (이메일 : kathy80@empal.com / 전화 : 010-2378-2636)

것은 우리 스스로가 세상을 변화시키는 '동력'이라고 자랑하기보다는 우리가 동시대의 젊은이로서 '동참'하는 즐거움, 변화가 벌어지고 있는 '현장'에서 세상 자체를 멘토로 삼아 함께하는 '증인' 혹은 '증거된 삶'을 살고 있다는 이야기였습니다.

기원 이 아카데미에 대한 아이디어가 나온 지는 그리 오래되지 않습니다. 2012년 봄에 이번 아카데미 강사진들이 학생 시절에 교육받았던 한국리더십학교의 동문이사·교무위원 회의가 있었습니다. 이 자리에서 대외적인 공익활동으로 UNGO 아카데미에 대한 기본 구상과 아이디어가 나왔습니다.

진행과정 아이디어가 실제 아카데미로 구현되기까지 걸린 시간이 짧은 편인데 진행을 도와주시는 분들이 많아서 그리 어렵지 않았습니다. 한 10강 정도면 되지 않을까 했던 아카데미는 차츰차츰 사람들이 늘어나 처음에 생각했던 것보다 규모가 커졌고, 참가자들도 제가 생각지 못한 이들로 채워졌습니다.
14명의 강사, 1명의 간사, 그리고 아카데미 기간 중 현장에서 도움을 줄 4명의 대학생, 이 정도의 인물들로 꾸려졌습니다. 인원이 많아 함께 모이기는 쉽지 않지만 각자 열심히 준비해주었습니다.

진행결과 및 향후 바람　　처음에는 100명을 목표로 준비했습니다. 실제로 아카데미가 시작할 때 전체 강의 신청자가 61명, 현장접수자가 49명으로 110명의 인원이 함께했습니다. 고정적으로 40여 명이 매일 강의에 참석했고 강의 만족도도 상당히 높게 나왔습니다.

앞으로 'UNGO 아카데미'가 지속가능한 조직의 형태를 갖추었으면 합니다. 첫 모임은 우연찮게 속전속결로 진행되었지만 향후에는 부족한 점을 보완하고 시스템을 완비하여 자체적으로 운영되고 발전해나가는 '자가발전형 조직체'가 되었으면 합니다.

또한 아카데미가 사람들을 키워내는 요람이 되었으면 합니다. 아카데미에 참여하는 사람들은 아카데미를 통해 새로운 시각과 깨달음을 얻고, 자신의 진로와 새로운 길을 발견하는 데 도움이 되었으면 좋겠습니다. 강사들과 도움을 주고 있는 간사, 자원봉사자들에게도 한 단계 도약할 수 있는 시간이 되었으면 합니다. 아카데미와 관계된 모든 사람들에게 성장과 성숙의 계기가 되길 기원합니다.

c o n t e n t s

펜과 카메라를 들고, 현장에 서다

아픔과 희망의 현장을 세상에 알리는 목소리

김효정 | 한국 월드비전

0
1

김효정은 이화여대에서 영문학과 언론정보학을 전공했다. 외신 방송국에서 취재를 하며 세상에 대한 관심을 가지기 시작했다. 한국리더십학교 6기로 훈련받으며 '세상을 변화시키는 리더십'에 대해 고민했으며, 한비야(월드비전 전 긴급구호팀장)의 책들을 읽으며 국제사회와 월드비전에 관심을 가지기 시작했다. '사람이 계획을 세워도 인도하시는 이는 하나님'이라는 모토로 살아가려 노력하고 있으나 잘 되지 않아서 여전히 고민 중이다. 현재 한국 월드비전 홍보팀에서 국제 뉴스 및 파트너십 업무를 담당하고 있다.

월드비전은 1950년 한국전쟁 당시 고아와 미망인을 돕기 위해 설립되어 현재 세계 100여 나라에서 긴급구호, 개발사업 그리고 옹호사업을 진행하는 국제구호 개발기구이다. 한국 월드비전의 경우 국내 저소득 가정의 아동과 가정을 돕기 위해 11개 복지관과 1개의 장애인복지관, 8개의 가정개발센터를 운영하고 있으며 결식아동과 독거 어르신들을 위해 전국 10개 지역에 '사랑의 도시락 나눔의 집'도 운영하고 있다.
또한 해외 44개국에서 '변화를 가져오는 개발사업'을 벌이고 있으며 쓰나미, 파키스탄 지진 등의 세계적 재난에 대한 긴급구호 사업을 진행하고 있다. 국내 NGO 중 최초로 1994년부터 대북 지원을 시작해 현재 북한의 주요 농업 개발사업인 씨감자 생산사업 및 과수 묘목사업을 진행하고 있다. 끝으로 가난한 사람들을 괴롭히는 모순된 사회구조의 변화와 에이즈, 아동권리 등을 위한 옹호사업을 진행하고 있다.

국제 NGO의
홍보팀원은 멀티 플레이어

"플리즈, 플리즈" 예닐곱 살로 보이는 팔레스타인계 아이는 계속 이런 말을 하며 우리 근처를 맴돌았다. 이스라엘과 팔레스타인 분리장벽 근처. 늘어나고 검정 때가 묻은 티셔츠를 입은 작은 아이 손에는 바람개비가 쥐어져 있다. 바로 앞은 이스라엘이 세워놓은 검문소. 총을 든 이스라엘 군인들 앞에서 이 작은 아이는 사람들에게 바람개비를 팔고 있었다. 본인이 가지고 놀아야 할 바람개비를 다 커버린 우리에게 내밀고 있으니 마음이 딱했다.

"미안해. 아가" 마음은 굴뚝같았지만 돈을 주고 이 물건을 살 순 없었다. 국제구호 원칙상 앵벌이, 이른바 아동노동 현장에서 아이에게 물건을 사면 이에 동조하는 셈이 되기 때문이다. 대신 한국에서 가져온 간식거리를 내밀었다. 아이는 거부했다. 그러나 다른 방법으로 도울 수 있는 길을 고민할 새도 없이 무장한 이스라엘 군인은 소리를 질렀고 아이는 바람개비를 들고 떠났다. 원칙이라는 이성과 안타까움이라는 감성 사이에서 한동안 가슴이 아려왔다.

사랑만이 분리장벽을 넘는다_팔레스타인

월드비전 홍보팀 | 김효정 hyojung_kim @worldvision.or.kr

"플리즈." 예닐곱 살로 보이는 팔레스타인계 아이는 계속 우리 근처를 맴돌았다. 이스라엘과 팔레스타인 분리장벽 근처. 아이의 손에는 바람개비가 쥐어져 있었다. 총을 든 이스라엘 군인들 앞에서 이 작은 아이는 사람들에게 바람개비를 팔고 있었다. 우리가 만난 팔레스타인은 기나긴 분리장벽이 말해주듯 이스라엘에 경제적, 정치적으로 종속된 국가였다. 두 나라의 아픈 역사 속 갈등을 해결할 수 있는 방법이 과연 있을까. 답은 하나일지 모른다. 사랑, 사랑만이 이들의 긴 분리장벽을 무너뜨릴 수 있지 않을까. 살람과 샬롬. 팔레스타인과 이스라엘의 인사다. 이 인사가 '당신에게 평화가 임하기를'이라는 의미를 가진 것처럼 언젠가 사랑과 평화가 분리장벽을 넘기를 희망한다. 월드비전도 후원자님들과 함께 사랑을 계속 전할 것이다. 살람 그리고 샬롬!

WORLD VISION

2011년 9+10월호 〈월드비전〉 소식지에 실린 '분리장벽' 내용

팔레스타인 취재 당시 썼던 기사로 이 글의 문을 열겠습니다. 이렇게 현장의 이야기를 전달하는 게 제가 하는 일입니다. 바로 '홍보'라는 과정을 통해서 말입니다. 원래 홍보하면 무엇인가를 알리고 사람들의 관심을 집중시켜서 관련 재화나 서비스의 마케팅 효과를 상승시키는 일을 일컫습니다.

제가 일하는 월드비전 홍보팀World Vision Korea Communications Team도 월드비전 사업의 전문성과 투명성을 홍보하는 일을 합니다. 그러나 무엇보다 월드비전 홍보팀은 아픔의 현장을 전하며 '가난하고 억압된 사람들'을 기억해 달라고 세상에 이야기한다는 점에서 일반 기업의 홍보팀과는 다른 측면이 많이 있습니다. 목소리가 없는 사람들을 위해 목소리Voice for the voiceless가 되어주기 때문입니다. 제 생각에는 어떤 의미에서는 저널리스트, 또 어떤 의미에서는 운동가가 되기도 하는 것 같습니다.

한국 월드비전 홍보팀 안에는 언론홍보 파트, 출판디자인 파트, 국제파트너십 파트가 있습니다. 최근까지 영상 파트와 SNS 소셜미디어 파트도 있었는데 뉴미디어 시대가 되면서 이 두 파트의 중요성이 더해지면서 독립하게 되었습니다.

저는 국제파트너십 파트에서 일하며 재난 관련된 내용이나 월드비전 캠페인 보도 자료나 기사를 쓰고 소식지에 정기적으로 글도 기고했습니다. 가끔씩 블로그에 글을 쓰거나 아프리카, 동유럽, 아시아 등지를 찾는 현장 모니터링 코디네이터도 합니다. 또 사진 기자나 작가 대신 현장 사진을 찍기도 합니다. 저 같은 경우 아주 짧지만 아나운서 경력이 있어서 각종 영상의 내레이션을 많이 하기도 했습니다. 홍보는 이리 뛰고 저리 뛰며 멀티 플레이어와 같은 역할을 잘 감당해야 하는 일입니다.

다양한 매체 활용 능력
그리고 소명의식 있어야

한마디로 정리해 아픔이 있는 이들과 이들을 기억하는 후원자를 알릴 수 있는 일이라면 모두 도전하는 게 월드비전 홍보팀의 일입니다. 글, 사진, 인터뷰 능력, 외국어특히 영어 능력 등도 물론 중요합니다. 그러나 '가난하고 소외된 자들의 마음을 공감하며, 그들을 위해 일하고자 하는 소명의식'이 마음의 가장 중심에 있어야 진실하면서도 열정적으로 일할 수 있다고 봅니다.

국제구호기구의 글은 세상을 변화시키는 힘의 원천이 될 수 있기에 이런 소명의식은 대단히 중요합니다. 제가 쓴 글이 각 채널을 통해 알려져서 누군가가

국제개발기구 월드비전이란?
세계최대 민간국제기구 월드비전

월드비전 하면 떠오르는 대표 이미지는 '김혜자 친선대사', '한비야 긴급구호팀장', '기아체험24시' '사랑의 빵 저금통' '사랑의 동전밭' 등입니다. '아, 이게 월드비전 프로그램이었어?' 하는 내용이 있을 정도로 월드비전 자체는 모르시더라도 친숙한 이벤트와 관련 인사는 알고 계실 겁니다.

월드비전은 한마디로 국제구호 개발기구입니다. 월드비전은 전 세계 1백어 개국에서 4만여 명의 직원들이 일하는 세계 최대의 민간국제기구입니다. 한국 월드비전은 국제 월드비전(영국 런던 소재)의 회원국입니다. 월드비전은 돕는 나라인 SO(Support Office)와 도움을 받는 나라인 NO(National Office)로 구성되어 있는데, 한국은 NO에서 SO로 전환된 성공 케이스의 나라입니다. 1991년 한국 월드비전은 도움을 받던 나라에서 주는 나라로 역사적인 전환을 이루었습니다. 한편 2006년 한국 월드비전은 구호사업의 전문성을 인정받아 국내 NGO 가운데 유일하게 WFP(세계식량프로그램, World Food Program) 공식협력기관이 되었습니다.

	WV International	WV Korea
지원하는 국가	80개국	41개국
지원 사업장 수	1,600	250
결연아동 수	4millions	36만 명
2011년 지원 액수	3.6billions US$	81millions US$ (950억 원)
직원 수	45,000명	720명

다른 세상에 관심을 갖고 또 행동하게 만들 수도 있기 때문입니다. 홍보팀의 글을 직접 소식지나 신문에 싣기도 합니다. 또한 이 글은 기자나 PD, 작가들이 콘텐츠를 만들어낼 수 있게 하는 기본 소스가 되기도 합니다. 그러므로 그 파급효과는 단발성 기사를 한번 쓰는 것보다 더 크다고 할 수 있습니다.

홍보팀의 글은 기사만큼의 전문성 보여줘야

'슬픕니다' '뭉클합니다' '도와주세요'와 같은 감정적인 단어의 나열만으로 국제구호기구 홍보용 글을 쓸 수 없습니다. 국제구호기구의 전문성과 투명성을 보여주기 위해서, 또 현장을 잘 알려주기 위해서는 이성과 감성이 잘 조화되어야 합니다.

이 때문에 홍보팀은 현장 홍보팀이나 긴급구호팀 사람들과 소통하며 구체적인 수치로 상황을 보여줄 수 있어야 합니다. 그렇게 하면서 현장에서 만난 사람들의 감정까지 전달하는 연습이 필요합니다.

저 역시 김혜자 월드비전 친선대사의 《꽃으로도 때리지 말라》, 월드비전 홍보팀 출신인 작가 최민석의 《너의 눈에서 희망을 본다》 등 감성과 이성이 잘 조화된 월드비전 출판 책들을 비롯해, 재난 분쟁 취재 현장으로 유명한 〈CNN〉 앵커 앤더슨 쿠퍼의 저서인 《세상의 끝에 내가 있다Despatches from the Edge》 등을 자주 읽었습니다.

각 나라 월드비전 홍보팀원들의 스토리나 사진도 큰 도움이 되었습니다. 현장에 같이 간 기자와 PD들의 콘텐츠도 좋은 교과서가 되었습니다.

그러나 무엇보다 '아픔에 공감하고 생명을 중시하는 의식'이 가장 중요하다고 생각합니다. 미디어와 일하면서 감정에 메말라 기계적으로 글을 쓰는 미디어 종사자를 보며 안타까웠던 적이 많습니다. '센 이야기'를 하겠다며 아픔에 젖어 있는 이들을 배려하지 못하고 "성폭행 당했던 현장이 어땠니?", "눈앞에서 부모님이 돌아가셨을 때를 이야기해봐라" 등 아픈 상처를 들쑤시고 더 큰 상처를 만드는 사람들도 봤습

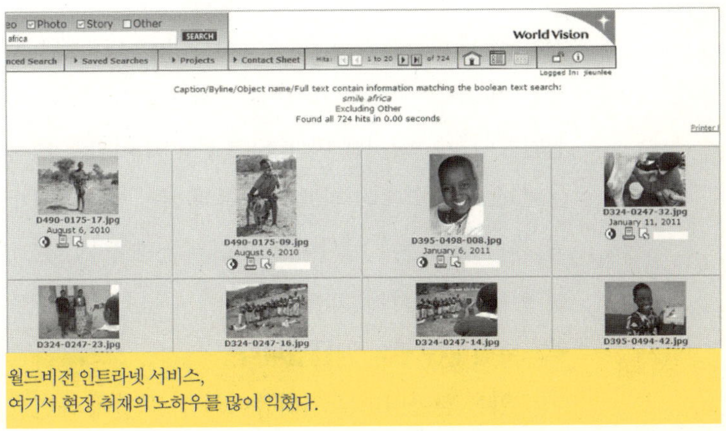

월드비전 인트라넷 서비스,
여기서 현장 취재의 노하우를 많이 익혔다.

니다.

죽어가고 아픈 아이들 중에서도 예쁘면서 더 비참한 아이들만 고르고 사진을 찍는 사람들도 있습니다. 물론 현장을 고스란히 옮겨야 하기에 이런 부분과 질문들도 필요할 때가 있습니다. 그러나 그들 입장에서 생각하지 못하고 취재에만 집중하는 미디어들이 있습니다. 이 때문에 저는 주요 매체 기자와 현장에서 언쟁을 벌인 적도 있습니다.

현장 사람들을 존중하고 배려하는 인터뷰 분위기를 이끄는 역할

현장에서 사람들을 만날 때 아이들을 존중하고 특히 본인들의 어려운 이야기를 해주는 인터뷰이inter-viewee를 배려하는 마음이 중요합니다. 안 그러면 상황을 더 어렵게 하고 인터뷰를 망칠 수도 있습니다. 인터뷰이들이 상처를 받게 되면 한국의 이미지 역시 나쁘게 되고, 더불어 월드비전 전체 이미지도 깎이게 됩니다. 그렇기에 미디어가 인터뷰를 요청할 때 그 인터뷰가 원활하게 되도록 중간에서 조율하는 것도 월드비전 홍보팀의 역할입니다.

때론 입을 닫아버리는 인터뷰이의 입을 열게 하면서

도 그들에게 상처가 아닌 극복하는 용기가 되도록 만드는 게 중요합니다. 그러려면 상황에 따라 '저 질문은 적절한 것일까?', '사전에 어떤 내용을 미디어에 전달해야 할까?' 등을 생각하며 판단을 잘 해야 합니다. 물론 이는 한 번에 되는 것은 아닙니다. 현장 경험이 쌓이면서 더욱 노련해집니다.

저희는 현장특히 해외 사업장에 가면 각종 스토리, 사진 등을 발굴해서 소식지, 홈페이지, SNS, 영상 등 최대한 다양한 미디어에 이용하고 있습니다. 그래서 '해외출장'을 간다고 하면 '와!' 하고 반기기보다는 엄청난 부담과 사명감을 갖게 됩니다.

10원짜리 하나도 허투루 쓰면 안 되기에 돌아오면 '세세한 출장정산'이라는 압박감에 시달리기도 합니다. 각종 화폐와 환율 속에서 "나 좀 살려줘"라고 외친 경우도 꽤 많았습니다. 다양함과 빈도를 따지고 봤을 때 월드비전 홍보팀은 국제구호팀이나 국제개발팀만큼, 혹은 그 이상 현장을 직접 찾는 일이 많습니다.

최근에는 2012년 5월 '동유럽의 소말리아'로 불리는 알바니아 리브라자드Librazhd 월드비전 사업장에 취재차 다녀오기도 했습니다. '알바니아'에 관련한 내용은 취재 후 작성한 실제 기사입니다.

글+김효정 월드비전 홍보팀 jhyoung_kim@worldvision.or.kr
사진+윤지영 월드비전 홍보팀 jiyoung_yun@worldvision.or.kr 유별남 재능나눔 사진작가 lcyb@naver.com

'유럽의 소말리아'가 아닌
'발칸반도의 독수리'를 꿈꾸며

알바니아 리브라즈드
지역개발사업장

Librazh

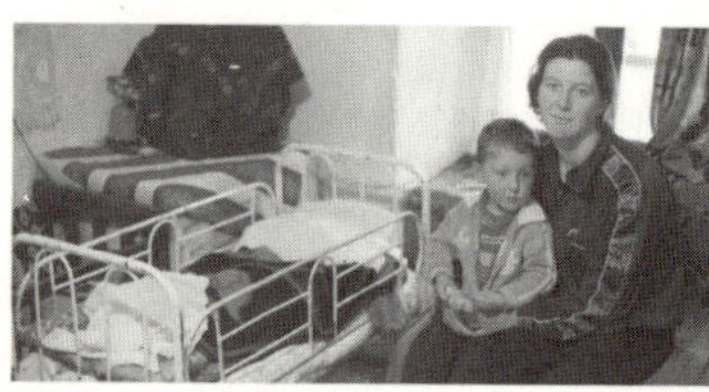

응악2일 처음 만난 알바니아 리브라즈드의 한 소년

소득증대사업
소비자는 마을의 근본적인
삶의 변화를 위해 가장
지역사회의 경제력 향상을
꾀할 수 있도록 참조

#01 "금발에 푸른 눈을 한 백인을 돕는다고요?"

'발칸반도'라는 별명처럼 제2차 세계대전 당시 유럽의 화약고로 '발칵' 뒤집혔던 발칸반도에 자리한 알바니아. 고대 로마 시대와 연결되는 긴 역사를 지니고 씩씩한 기상을 품었다 해서 '독수리의 나라'라고 자부하는 나라지만 코소보사태, 전쟁과 더불어 사회주의 독재정권이 40년 동안 극도로 폐쇄정치를 펼치며 발전에서 뒷걸음질했다. 그 후유증이 공산주의가 무너진 지 20년이 지난 지금까지 이어지고 있다. 인구 400만 명에 전체 국민소득은 157억 달러로 세계 112위다. 인구의 4분의 1이 최저 빈곤층에 속한다.

흰 피부에 푸른 눈 때문일까. 아니면 '은둔의 나라'라는 오명 때문일까. 이들을 돕는다는 사실에 반문하는 이들도 있다. 우리 생각의 사각지대에 놓여 있어 낯설게 느껴지지만 알바니아도 아프리카의 나라들처럼 도움이 많이 필요한 나라다. 무엇보다 좌절감이라는 상흔이 크다. 알바니아 수도 티라나에서 차로 2시간 반, 산악지대에 위치한 시골 마을, 이들에게 위로를 전하는 리브라즈드(Librazhd) 월드비전 지역개발사업장을 찾았다.

#02 "줄 것이 이것밖에 없어 미안하오."

한 방에 다섯 식구, 가장은 노모

80세의 노오는 쇠약한 몸을 이끌고 급히 뛰어갔다. 언덕진 곳에 소담스레 핀 하얀 장미. 장미 가시가 주름진 손을 찌르며 주름 같은 상처를 만들어냈다. 그러나 손님들을 빈손으로 돌려보낼 순 없다. 먹먹한 심정으로 고생하며 꺾은 꽃을 건네며 그는 우리를 한 번씩 끌어안았다.

"줄 것이 이것밖에 없어서… 미안하오."

그는 네 살 올레이나, 태어난 지 1주일 된 아마릴도의 할머니다. 나무판자 집은 들어서자마자 한기가 올라왔다. 푹 꺼진 바닥, 침대 대신 사용하는 의자가 퀴퀴한 냄새와 음산한 분위기를 만들어냈다. 방 하나에 다섯 식구가 함께 산다. 사회주의 시절 그녀의 집단농장 퇴직연금으로 나오는 8,500레크(LEK), 한화 9만 5,000원 정도가 유일한 수입원. 그의 곁에 앉은 아들 칼리(32) 씨와 며느리 올가(22) 씨는 한창 일할 나이지만 직업을 가져본 적이 없다. 알바니아의 공식 실업률은 14% 정도지만 실제로는 더 높으며 리브라즈드 같은 외곽 지역은 50%가 넘는다. 가난 때문에 여자아이들은 13~14세에 조혼(早婚)을 한다.

일자리 없는 젊은이들, 먹고살 걱정뿐

"알바니아의 가장 큰 문제는 일자리가 없다는 거지요. 예전엔 집장 형태로 농사를 지었지만 공산주의 붕괴 이후로 땅이 사유화 공장들도 많아졌어요. 젊은이들은 그저 땅만 쳐다보고 있어요." 이렇게 말하는 그들의 고민은 당장 먹고사는 문제다. 그러니 아이의 교육은 사치일 뿐이다. 유치원에 가는 다른 아이들과 달 레야나는 교육을 받지 못하고 있다. 아이를 바라보는 젊은 부부 굴에서는 무기력함이 묻어났다.

조금씩 재잘거릴 나이지만 올레야나는 말을 잘 못했다. 할머 파고들어 울음을 터뜨렸다. "방이 하나만 더 있는 집이 있었으 좋겠소. 아이들 커가는데…" 낯선 객들을 보고 놀라 우는 올레 를 달래기 위해 찍어준 폴라로이드 사진. 장미처럼 불그스레한 과 볼을 가진 올레야나가 태어나 처음으로 찍은 사진이자 유일한 진이라 했다. 아들은 알바니아 젊은 세대의 전형이었다. 집을 나 길, 흐린 구름에서 비가 떨어지기 시작했다.

'동유럽의 소말리아' 알바니아 리브리자드에 대한 실제 기사

함께 일하는
후원자들의 감동사례 전하기
그리고 사진의 힘

해외 사업장의 이야기만 다루는 게 월드비전 홍보팀의 일만은 아닙니다. 국내의 아픈 사례나 변화사례뿐만 아니라 월드비전과 함께 전 세계의 가난하고 소외된 사람들을 위해 힘이 되어 주고 있는 후원자들의 이야기를 알리는 것도 홍보팀의 큰 역할 중의 하나입니다. 스토리를 써서 언론사에 제공하기도 하고 영상 파트나 SNS 파트에도 전달하기도 합니다.

좋은 소스의 경우 각종 미디어에서 인터뷰 요청이 들어오기도 합니다. 지난해2011년 제가 취재했던 한 신혼부부 후원자 스토리가 좋은 예입니다. 베트남 후원아동을 만나기 위해 일부러 베트남을 선택해 신혼여행을 떠난"하필 왜 베트남이냐고요? 그 곳에 그 아이가 있으니까요" 기사 이야기는 추후 언론 인터뷰 요청이 많이 들어온 케이스였습니다.

그 외에도 간호사로 70~80년대 한국에서 봉사를 하다 한국에서 살며 어려운 가운데서도 전 세계 아이들 30여 명을 후원하는 스위스 출신 마가렛 할머니한국명: 인진주 후원자 이야기도 제가 잊지 못하는 사연 중의 하나입니다.

때론 백 마디의 말보다 한 장의 사진이 현장의 이야

기를 잘 표현해주기도 합니다. 각종 퓰리처상을 휩쓴 사진들을 보신 적이 있으시죠? 닉 우트 기자가 찍은 베트남 전쟁 사진을 아시는 분들이 계실 겁니다. 시커먼 화염이 피어오르는 도로에서 벌거벗은 몸으로 울부짖으며 달려오는 소녀와 아이들. 당시 불에 탄 옷을 벗어던지며 달리던 소녀 킴 푹은 비명을 지르며 폭격지를 빠져나갑니다. 1972년 6월 8일, 베트남 사이공 근교 트랑방 마을에서 사진기자 닉 우트가 찍은 이 사진은 반전 여론을 불러일으키며 베트남 전쟁의 종식에 큰 역할을 했습니다.

1992년 김혜자 친선대사의 에티오피아 방문사진들도 우리 사회에서 나눔문화의 신호탄이 됐습니다.

홍보팀은 사진기자나 작가는 아니지만 때론 사진기자를 대신해서 현장에서 사진을 찍는 일이 많습니다. 전쟁 상황에 가는 것은 아니지만 때론 미디어조차 접근할 수 없는 현장 속에서 전 세계 월드비전 홍보팀은 사진을 찍기도 합니다.

이런 재난 상황 속에서 일을 하려면 홍보팀 내에서도 따로 국제월드비전이 실시하는 미디어 트레이닝 등을 이수하고 경험을 쌓아야 가능합니다. 한국 월드비전 홍보팀 내에도 관련 훈련을 받고 이를 담당하는 직원이 있습니다.

더불어 각종 캠페인이나 인터뷰 사진 등을 진행하는

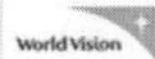

푸른 눈의 한국 나이팅게일

- 스위스 할머니 마가렛 인진주 -

충북 음성군 소이면의 한 시골마을, 한적한 바람소리가 울리는 인적 드문 곳에 개가 많은 허름한 집이 나온다.

그 집의 주인은 바로 푸른 눈의 할머니. 바로 스위스인 마가렛 닝겟토(67) 여사, 한국명 인진주 씨다.

그의 일과는 아침마다 10마리의 유기견을 돌보는 것으로 시작한다.

한 쪽 다리를 저는 아롱이, 눈이 보이지 않는 해피 등 유기견들은 대부분 몸이 성치 않다.

"저는 늘 어렸을 때부터 약하고 버림받은 것을 선택했어요.

어렸을 때 아버지가 토끼 새끼들을 가져와 언니, 동생들에게 나눠줬을 때도 저는 가장 약한 것에 마음이 갔습니다."

이렇게 말하는 인 씨의 삶은 한국사랑, 특히 한국의 아픔을 보듬어온 인생이었다.

인진주 후원자님의 사연을 알린 실제 기사

우리나라 해외봉사와 나눔의 신호탄이 된 친선대사의 활동

니제르와 말리 국경 지대 난민캠프에서 활동하고 있는 월드비전 직원.
월드비전 국제 긴급구호 대응트레이닝(GRRT)라는 특별미디어 트레이닝을 받아야
긴급구호 지역에서 취재 역량을 발휘할 수 있다.

일이 있기 때문에 월드비전 홍보팀은 사진을 잘 찍을 수 있어야 합니다. 물론 사진 담당 아르바이트나 재능 기부에 동참하는 사진작가들과 함께 일하고 있어서 많은 도움을 받고는 있습니다만 멀티 플레이어로서 기본적인 능력은 갖추고 있어야 합니다.

모든 상황마다 사진작가들과는 함께하기는 어렵기에 사진에 대해 늘 고민하는 자세가 있다면 좋은 '현장 기록자'가 될 수 있습니다. 글과 사진이 서로 시너지 효과를 발휘할 때 사람들의 마음을 움직이기 때문입니다.

보도 자료는 명료하고 구체적으로 또 재빠르게

직접 기사를 쓰는 일 외에도 각종 미디어에 보도 자료를 작성해서 메시지를 전하는 일도 대단히 중요합니다. 월드비전은 각종 행사 관련 보도 자료를 배포하고 있습니다. 홍보팀으로서 각종 팀이 주관하는 행사를 알리는 것도 꽤 비중 있는 일 중 하나입니다. 효과적인 보도 자료를 만들기 위해 월드비전 홍보팀은 월드비전 내에서 돌아가는 모든 일들에 대해 잘 알고 있어야 합니다. 한 포털 사이트의 '지식인'처럼

'기아체험 24시란', '동아프리카 기근 상황은' 등 각종 내용에 언제나 귀 기울이지 않으면 당황할 수 있답니다. 누가, 언제, 어디서, 무엇을, 어떻게, 왜라는 '6하 원칙'을 잘 담은 글로 이야기를 전할 수 있어야 합니다.

개인적으로 기억에 남는 보도 자료는 '연평도 포격 사건'과 관련한 내용이었습니다. 제가 홍보팀 활동가로 일을 시작한 지 얼마 되지 않았을 때 이 사건이 터졌습니다. 월드비전은 국내사업도 하고 있기 때문에 피해를 입은 연평도 주민들에게 각종 물품을 전달했습니다.

사건이 발생하고 바로 결정된 일이었기에 급박하게 보도 자료를 써야 했습니다. 재빠르게 다른 팀과 연계해서 일을 처리해 이 내용은 주요 언론에 보도될 수 있었습니다. 또 주민들이 대피해 있는 현장을 찾아 지원물품을 전달할 때 홍보팀은 월드비전을 대표해서 미디어와 인터뷰를 하기도 했습니다.

파트너십으로 쓰는 영문 보도 자료

월드비전 같은 국제구호 개발기구는 전 세계 월드비전 파트너십과 일하고 있습니다. 영국에 있는 국제

보도자료

World Vision

월드비전

국제구호개발기구 월드비전　　　전화 02-2078-7000　　　서울 영등포구 여의도동 24-2

발송일: 2010-11-25　　　　　　　　　　　　　　　　　매수: 2 매

월드비전, 연평도 주민들 지원 계획

● 현황파악과 동시에 추위로 고생하는 연평도 주민에게 방한복, 담요 지원할 예정

● 피란민들에게는 편한한 생활 위해 트레이닝 복 등 지원

● 계속해서 욕구조사 통해 필요한 부분 제공할 계획

지난 23일 북한의 포격으로 삶의 터전을 잃을 연평도 주민들이 갑자기 피란 길에 오름에 따라 구호기구 월드비전(www.worldvision.or.kr)도 이와 관련해 지원 계획을 짜고 있다.

현재 600여명이 섬에 남아있는 상태인 것으로 알려지고 있으며, 피란 나온 주민들은 찜질방, 모텔 등에 나뉘어져 있는 상황이다.

우선 월드비전은 추운 날씨 속에서도 섬에 남아있는 주민들에게 점퍼 등 방한복과 담요, 생필품 등을 제공할 예정이며, 급하게 피란 길에 올라 옷가지를 챙길 수 없었던 주민들을 위해서는 편하게 생활할 수 있도록 트레이닝복 등을 제공할 예정이다.

월드비전은 또한 이미 지방자치단체에서 시작한 스트레스 장애(트라우마) 치료 프로그램에도 도움이 필요할 시 적극 협력할 예정이다.

월드비전 박종삼 회장은 "월드비전은 갑작스럽게 피해를 입은 주민들이 빨리 예전의 삶으로 돌아갈 수 있도록 지속적으로 노력하겠다."라고 밝혔다.
월드비전은 계속해서 연평도 주민들에게 필요한 부분이 무엇인지 욕구조사를 통해 그에 맞는 지원대책을 세울 예정이다.

2010년 11월 25일 월드비전 보도 자료
〈월드비전 연평도 주민 지원계획 세운다〉 중

월드비전을 중심으로 각 나라가 동일한 원칙으로, 각 지역에 맞춰서 모금 또는 구호 및 개발 사업을 합니다. 홍보팀 역시 긴밀하게 현장의 정보를 공유하고 있습니다.

이는 다른 나라 월드비전이 각종 자료나 미디어 보도 자료에 활용하는 중요한 소스가 됩니다. 평소에 외신 뉴스를 눈여겨보면 이런 보도 자료를 작성하는 데 큰 도움이 되리라고 봅니다. 2010년의 경우 북한의 수해가 났을 때 월드비전 구호 상황을 보도 자료로 작성해서 월드비전 파트너십에 공유하기도 했습니다.

재! 지도 밖으로 행군하라

지금까지 월드비전 홍보팀에 몸담으면서 현장에서 제가 했던 일들을 적어보았습니다. 3년이 채 안 되었지만 국내의 수많은 지역을 비롯해 몽골, 케냐, 가나, 팔레스타인, 알바니아, 레바논_{시리아 난민}, 미얀마, 보스니아, 인도 등에서 세상을 읽을 기회가 있었습니다.

저희는 다양한 국내외 현장의 아이들, 다른 나라 월드비전 직원들, 후원자들 등을 만나면서 세상이 변화되는 꿈을 꿉니다. 또 우리가 만든 콘텐츠를 통해 보람도 느낍니다. 물론 갑자기 세상이 확 변하지는 않습니다. 그러나 조금씩 조금씩, 우리가 희망의 씨앗을 심으면 세상은 달라지리라는 기대가 있기에 저희는 열심히 달리고 있습니다.

희망의 씨앗을 심고 싶으신가요? 같이 나아가고 싶으신가요? 가슴이 뛴다면, 한비야 씨월드비전 전 긴급구호 팀장의 베스트셀러이기도 한 책 제목을 함께 외쳐보

Heavy rains hit North Korea, World Vision plans to respond
Friday, 27 August 2010 00:45

By: Hyojung Kim, WV Korea

As more rains are expected in the region, World Vision Korea is now firming up its plan to provide aid as thousands were evacuated in North Korea when Amnok (known as Yalu in China) river on its border overflowed this Saturday due to heavy rains since last month.

Reports said that more than 5,000 people had been moved to safety in nearby villages as about 146,77.16 hectares of farmland were inundated in Sinuiju City and nearby areas. Residents found safety on rooftops or on higher ground.

"World Vision Korea is coordinating with other aid agencies so we can deliver aid to our fellow Koreans who were greatly affected by the flooding. We care about them especially the children who are vulnerable during this situation," said WV Korea Chief Operation Officer, Changbin Park.

WV Korea is working with the Korea Non-Government Council for Cooperation with North Korea (KNCCK) which is composed of 56 humanitarian groups helping North Korea. North Korea has requested aid from a US based NGO after the flooding.

"We will send food aid such as flour, medicines for water-borne diseases and materials to fix damaged houses," said Park.

However, the first shipment might take several weeks because the process in sending aid in the Democratic People's Republic of Korea is extremely strict. It is illegal to ship materials without the permission from the Ministry of Unification and approval is not easy due to the complex political situation between the two Koreas.

는 것은 어떨까요.

"지도 밖으로 행군하라!"

홍보라는 것이 현장과 연계되어 이루어지고, 체험과 함께할 수 있다는 것을 깨달았습니다. 구체적으로는 개인적인 체험으로 스토리를 얻고, 이를 통한 홍보가 최대의 효과를 낸다는 것을 알았습니다.

국제구호. NGO라고 하면 떠오르는 '구호' 뿐만 아니라 NGO에 대해 좀 더 깊이 알 수 있어서 좋았습니다!

홍보 과정 중에 지켜야 하는 원칙에 관한 새로운 인식!

어머니께서 월드비전 후원을 하고 계시고 친구가 월드비전 편지 번역 봉사활동을 한 적이 있어서 친숙한 단체였습니다. 월드비전에 대해 많은 것을 알고 있지는 않았는데, 이번 강의를 통해 많이 알게 되었습니다.

실제 이야기를 들을 수 있어서 좋았습니다. 막연하게 생각만 해오던 일에 대해 다시 한 번 생각해 볼 수 있는 기회였습니다.

미디어는 가도 소통은 남는다

SNS로 모금과 홍보하기,
국내 비영리 분야의 뉴미디어 도입 과정과
이를 움직이는 사람의 이야기

장성윤 | 유니세프한국위원회 홍보출판국

0
2

<u>장성윤은</u> 경영학을 전공했다. 금융권의 회사와 영국계 HR 컨설팅 회사에서 근
무한 후 세 번째 직장으로 유니세프한국위원회에 들어갔다. 유산과 메
이저도너를 담당하는 개인후원자 부서와 각종 기금모금 행사를 진행하
는 기업후원부서에서 일했다. 이후 홍보와 출판, 이벤트를 맡는 부서로
이동하여 만 7년째 근무 중이다. 현재 유니세프한국위원회의 홈페이지
와 SNS인 트위터, 페이스북, 기기오특 등을 맡고 있다.

<u>유니세프</u> 국적과 인종, 이념, 종교, 성별 등과 상관없이 도움을 필요로 하는 어린
<u>한국위원회는</u> 이가 있는 곳이면 어디든지 달려가 도움의 손길을 전하는 '차별 없는
구호'의 유엔 국제기구. 유니세프는 1948년부터 우리나라 어린이를 지
원해왔으며, 1950년 3월 25일 대한민국 정부와 기본협정을 체결함으
로써 한국에서의 활동을 공식적으로 시작했다. 유니세프한국위원회는
1994년에 출범했고, 도움을 받던 수혜국의 입장에서 도움을 주는 공여
국의 입장으로 탈바꿈했다.

"우리 단체도 SNS를 시작해야 하는데 어떻게 하면 될까요?"

SNS에 관한 외부강의를 나가면 많은 분들이 제게 이렇게 물어옵니다. 불과 몇 년 전만 해도 많은 단체들이 SNS를 활용한 홍보를 해야 할지 말아야 할지에 대해 망설였습니다. 하지만 지금은 인터넷에서 'SNS 홍보단'이라고 검색을 하면 기업과 학교, 지방자치단체, 정당 등 많은 이름이 뜹니다. 입소문을 통한, 소위 '바이럴 마케팅'으로 불리는 트위터나 페이스북을 통한 홍보는 더 이상 낯선 것이 아닙니다. 이러한 현상은 SNS가 유력한 하나의 매체로 자리를 잡아가고 있음을 보여줍니다.

하지만 이렇게 SNS에 대한 관심이 증가했지만 아이러니하게도 눈에 보이는 실질적인 성과를 내는 곳은 많지 않습니다. 성과가 잘 보이지도 않고 나타나더라도 더디게 보이기 때문에, 이것을 통해 당장 실제적인 아웃풋을 내야 하는 기업이나 단체에서는 SNS에 대해 이러지도 저러지도 못하는 상황이 발생하고 있습니다.

기업이나 단체의 윗선에서는 뚜렷한 성과가 보이지 않는 SNS에 인력과 시간을 투입해야 하는 점에 대해 부담을 느끼고, 여전히 신문 등의 전통적인 홍보매체에 미련을 버리지 못하고 있습니다. 반면 실무자는

유니세프한국위원회 페이스북

여러 개의 SNS 채널 가운데 어디서부터 어디까지, 언제까지 이것을 지속해야 하는지 감을 잡기 어렵습니다. 모두가 SNS의 중요성은 인정하나 성과와 효과를 이뤄가는 데 있어 어려움을 느낍니다.

SNS는 팔로워혹은 친구의 숫자, 뷰카운터가 중요한 것이 아니라 관계의 깊이가 중요합니다. 양적인 팽창은 순간적인 이벤트나 바람몰이로 가능하겠지만, 질이 동반된 성장까지는 오랜 시간이 걸립니다. 그 시기를 얼마나 참고 기다리며 지속적으로 관계를 맺어가느냐가 SNS 성공의 관건입니다.

제가 우리 단체의 트위터와 페이스북 계정을 만들고, 본격적으로 SNS를 맡아 키운 지도 약 3년이 지났습니다. 유니세프한국위원회가 지나온 이 길이 우리나라 비영리 SNS 모금과 홍보의 작은 역사가 된 것 같습니다. 그 지나온 발전단계를 함께 돌아보며 그 효과들을 설명하고자 합니다.

유니세프 SNS가 걸어온 길 비영리단체의 SNS 활용 발전단계

1기 접근과 시도 2010년 상반기

블로그와 미니홈피 등은 당시에 이미 사용하고 있었지만, 유니세프한국위원회가 SNS를 본격적으로 활용하기 시작한 것은 2010년 4월, 트위터 계정을 만들면서부터입니다. 사회적으로 SNS에 대한 관심이 증가했지만 그 활용에 대해서는 많은 우려가 있던 때였습니다.

그것은 우리 단체만의 고민은 아니었습니다. 그 당시 여러 NGO 단체의 홍보담당자들이 모임을 갖기도 하고, 서로의 의견을 공유하며 이 시기를 준비해나갔습니다. SNS 도입 초기라 정답이 없던 시기였습니다. 각자가 스스로 만들어야 했습니다.

저는 우선 다양한 매체와 방법으로 SNS에 접근하기로 했습니다. 기본적으로 SNS를 블로그형Blog-type, 마이크로블로그형Microblog-type, 관계형Relation-type, 영상형Video-type, 정보형Information-type의 5개 형태로 구분했습니다.

그리고 이것을 다시 2개씩 선택하여 중복구조를 지니게 했는데 그 기준은 국내를 기반으로 한 것인지, 해외를 기반으로 한 것인지였습니다. 목적은 2개 영역을 모두 커버하자는 것이었습니다.

그 결과 블로그형Blog-type은 내국인을 대상으로 하는 네이버와 외국인을 대상으로 하는 티스토리, 마이크로블로그형Microblog-type은 해외의 트위터와 국내의 미투데이, 관계형Relation-type은 해외의 페이스북과 국내의 싸이월드, 영상형Video-type은 해외의 유튜브와 국내의 판도라TV, 정보형Information-type은 위키피디아한글, 영문로 나누어 총 10가지 형태로 운영을 했습니다.

이를 기반으로 전체 SNS가 통일성을 유지하도록 "원소스 멀티 유즈 전략"을 취했습니다. 기본적으로 "이슈-복제-전파"의 구조로 구성되었는데, 우선 ① 홈페이지에서 어린이 소식과 뉴스 등으로 이슈를 만들면 ② 같은 내용을 블로그, 유튜브, 페이스북, 싸이월

	한국어/국내	영어/해외
Blog-type	NAVER	@TISTORY
Microblog-type	me2DAY	twitter
Relation-type	CYWORLD	facebook
Video-type	PANDORA.TV HD	You Tube
Information-type	Korean version	English version WIKIPEDIA

SNS의 type 분류

드 등에 복제하여 올립니다. 그리고 나서 ③ 트위터, 미투데이와 같은 전파력이 좋은 SNS로 확산을 시키는 방법을 통해 유니세프의 소식을 전략적으로 확산시킬 수 있었습니다.

2기 선택과 실험 2010년 하반기

이렇게 10개의 SNS를 가동하자 곧 활발한 것과 그렇지 않은 것들이 확연하게 나뉘어 보이기 시작했습니다. 동시에 몇몇의 SNS가 자연스럽게 정리가 되었고 남은 것들에게 힘이 집중이 되기 시작했습니다.

특징적으로는 블로그형Blog-type은 네이버의 국문 블로그만 남았고 정보형Information-type으로 사용했던 위키피디아한글, 영문는 특별히 관리하지 않게 되었습니다.

그 외의 마이크로블로그형Microblog-type은 트위터와 미투데이, 관계형Relation-type은 페이스북과 싸이월드, 영상형Video-type인 유튜브와 판도라TV는 예전처럼 운영했습니다. SNS가 익숙해지자 SNS로 할 수 있는 다양한 일들을 시도했습니다.

첫 번째가 SNS 오프라인 이벤트인 '유니세프 트윗나

잇'이었습니다. 유니세프의 트위터와 페이스북 친구를 대상으로 오프라인 모임을 가졌습니다. 유니세프의 생명을 구하는 선물 '아우인형'을 전시했고, 정기후원자를 현장에서 모집하며 유니세프를 알렸습니다. 그리고 참가자 모두가 이벤트로 단체 트윗을 보내고 서로 리트윗RT을 해주었습니다.

그리고 이날 특별한 순서가 하나 있었습니다. 트위터 활동으로 기금을 모아 유니세프에 기부해주었던 이도워 후원자가 자신의 이야기를 한 것입니다. 그는 아들의 탄생을 축하하는 이벤트로, 그의 축하메시지를 리트윗하면 그 수만큼 기부하는 이벤트였습니

유니세프의 트위터

다. '천 개의 축하 트윗을 목표로 100만 원을 어린이들에게 기부하겠다'고 공언했는데, 2천 명이 참여하여 기쁨을 함께했습니다.

다음으로 SNS를 통해 기부하는 '아프리카 연필 보내기'라는 이름의 소액기부 운동을 했습니다. 유니세프 교육 프로그램을 주제로 한 일시 기부 운동이었습니다. 트위터와 미투데이를 연계하여 활발하게 활동했습니다. 주요 성과로는 2천여 명이 참가하여 9천 회 이상의 조회 수를 기록했습니다. 이를 통해 개인 이메일 등을 확보하여 지속적인 관계를 이어갈 수 있었습니다. 그리고 무엇보다 '트윗나잇'과 '아프리카 연필 보내기'를 통해 네티즌들 사이에서 유니세프의 브랜드 이미지를 강화시킬 수 있었습니다.

3기 성숙과 심화 2011년 상반기

한 1년쯤 SNS를 운영하게 되자 주력이 되는 SNS가 나타나기 시작했습니다. 이 시기부터 페이스북, 트위터에 집중되는 현상이 나타났습니다. 그것은 유니세프 내부의 원인이라기보다는 SNS의 대세가 이동해가는 것과 관련이 깊었습니다.

트위터는 어린이를 대상으로 하는 단체를 포함한 전체 비영리단체 중에서도 질적으로나 양적으로 상위권을 유지하게 되었습니다. 반응과 노출효과도 우수

했으며, 비슷하게 시작된 다른 단체들과 격차를 보이며 두드러진 성장세를 보이기 시작했습니다. 1년 전에 비해 홈페이지 유입수도 확연하게 증가했는데, SNS를 도입한 이후 거의 2배 이상 성장했습니다.

1년 동안의 꾸준한 활동으로 유니세프에 우호적인 팔로워들이 트위터에서 활동하는 주요 시간대를 알게 되고, 노출되는 메시지의 반응에 따라 그들이 선호하는 메시지의 종류도 알게 되었습니다. 동시에 유니세프에 우호적인 팔로워들은 별도로 모임에 초대하는 등 특별하게 다가서기도 했습니다.

같은 시기에 페이스북도 역시 급성장을 하게 되었는데, 트위터와 마찬가지로 통계적 접근을 통해 활동적인 사용자들을 알게 되었고, 이들의 분포나 성향에 대해서도 파악하게 되었습니다. 트위터만큼 급격하게 숫자가 증가하지는 않았지만 단단하게 그 지지층을 다지며 성장해갔습니다.

반면 이 시기에 국내 토종 SNS도 영향을 받게 되었습니다. 유니세프의 경우 싸이월드 미니홈피, 타운이 급격한 쇠락을 겪게 되었습니다. C로그 서비스 등의 자체적인 노력을 기울였지만 토종 SNS에 대한 후원자들의 관심은 많이 사라지게 되었습니다. 반면 미투데이의 경우는 지속적인 상승을 이루며 자리를 잡아갔습니다.

이렇게 1년쯤 SNS를 활용하면서 자연스럽게 나름의 규칙이 생기게 되었습니다. ① 오전, 오후에 하루 2개 정도의 SNS를 매일 업데이트하기 ② 사진, 동영상, 텍스트 등 다양한 콘텐츠로 접근하기 ③ SNS 활용에 있어 소외되는 부서가 없게 하기 등입니다.

4기 도전과 선도 2011년 하반기

SNS 활동이 2년 정도 지나자 유니세프의 SNS들이 자리를 확고하게 잡아가게 되었습니다. 다른 단체들에 비해 앞서가기는 했지만 더 내실 있는 운영을 위해 자세한 분석과 개선이 필요하게 되었습니다.

유니세프의 SNS가 홍보 이외에도 후원자 모집이나 상품판매에 있어서 어느 정도 효과를 내고 있는지 알고 싶었습니다. 그래서 간략하게 SNS 설문조사를 해보았습니다. 약 1주일 동안 트위터와 페이스북을 통해 직접 멘션을 하거나 포스팅 후 답변을 수집하는 방법이었습니다. 주요 질문의 내용은 ① SNS와 기부의 상관관계 ② SNS와 상품 구매의 상관관계 등입니다. 50여 명이 성실하게 답변을 해주셨습니다.

우선 유니세프 트위터의 영향을 받아 유니세프에 후원정기후원, 일시후원 등을 해본 경험이 있거나 각종 미담이나 그밖의 좋은 영향을 받은 적이 있으면 멘션해 달라고 질문을 했습니다.

이에 대한 총 응답자 23명 중 60%가 유니세프에 후원을 하게 되었다고 응답했습니다 정기44%, 일시17%. 이 조사를 통해 트위터가 기존의 후원자에게는 정보를 알리는 효과가 있고, 후원자가 아닌 이들에게는 친근감을 주는 효과가 있다는 점도 알게 되었습니다.

유니세프의 카드나 상품을 구매한 적이 있는지, 추천해주고 싶은 유니세프 상품, 구매를 하게 되는 이유, 보완이 되었으면 하는 점들을 댓글로 적어 달라고 했습니다. 이에 대해 포스트잇, 아로마 향초, USB의 제작과 상품디자인에 한국디자이너의 참여가 많았으면 한다는 의견이 있었습니다. 그리고 유니세프의 기존제품에 대한 만족도를 표현해주었습니다. 이런 만족도 조사자료는 SNS 활동자료뿐만 아니라 상품 제작과 후원자 개발에 기초가 되는 소중한 자료가 되었습니다.

5기 성취와 효과 2012년 상반기

지나간 2년의 시간이 SNS가 홍보 분야에 있어서는 주목할 만한 성과를 보여주었으나, 다른 분야와의 관계는 간접적인 효과밖에 보여줄 수 없다는 한계도 있었습니다. 그러나 3년차가 되면서 그 효과가 눈에 보이기 시작했습니다. 그 최전방에는 카카오톡이 있었습니다.

카카오톡은 모바일 인스턴트 메신저 서비스MIM지 SNS는 아니라고 여기는 사람들도 있겠지만, 카카오톡은 스마트폰의 주소록을 기반으로 친구를 맺기 때문에 카카오톡 관계자가 언론 인터뷰에서 표현한 대로 "현실에서 잘 아는 사람 사이의 SNS"라고 말할 수 있습니다.

카카오톡은 트위터나 페이스북에 비해 다른 장점이 있습니다. 트위터가 빠른 전파력, 뉴스 메이킹 능력이 있다면, 페이스북의 장점은 친근감과 관계 맺기입니다. 반면 카카오톡은 스토리텔링에 있어 압도적인 능력이 있습니다.

유니세프에 카카오톡을 도입할 당시, 가입자는 총 4천2백만 명을 돌파했고 하루 이용자가 2천만 명 이상에 달했습니다. 2012년 3월부터 시작한 유니세프 플러스친구는 단 1주일 만에 15만 명을 돌파하며 급성장하는 모습을 보였습니다.

카카오톡은 마치 문자서비스처럼 유니세프의 소식을 사람들에게 전달해주었습니다. 그래서 개인의 핸드폰으로 직접 DM°을 보내는 것과 같은 효과를 줍니다. 여러 장의 이미지 컷을 활용하여 호소력 있는 스토리텔링이 가능했고, 카카오톡홈을 활용한 실시간 홍보도 가능했습니다. 주로 유니세프와 각종 프로그램을 소개하

● **Direct Message**
특정인에게 직접 보내는 메시지. 줄여서 DM이라고 합니다.

고 '세계 물의 날' 같은 기념일도 알렸습니다. 유니세프가 제작한 상품들의 홍보도 효과적으로 할 수 있었습니다.

무엇보다 가장 중요한 점은 카카오톡을 통한 유입자들의 트레킹을 보며 분석이 가능하게 되었다는 점입니다. 카카오톡 도입 이후, 유니세프의 모바일 홈페이지 방문자 수는 이전보다 급증했습니다. 발송하는 메시지에 따라 격차가 있기는 하지만 평균적으로 두 배 이상 상승했습니다. 예년에 비해 상품 판매량도 급증했습니다. 그리고 유입되는 정기후원자 가입자 수도 기존의 모바일을 통한 가입자 수를 넘어섰습니다.

카카오톡은 현재 유니세프에 플러스친구 서비스를 무료로 제공하고 있습니다. 이것은 기업의 사회적 공헌CSR, Corporate Social Responsibility의 한 예로 볼 수 있습니다. 카카오톡은 유니세프 같은 사회공헌기관에 대해 플러스친구에 무료로 입점해 운영할 수 있도록 하는 것으로 사회적 공헌을 하고 있는 셈입니다.

단체에서 진정성 있는 뜻을 가지고 활동한다면 SNS 시장에서도 이와 같은 좋은 기회와 결과를 누릴 수 있을 것입니다. 유니세프의 사례를 통해 5단계로 정리한 비영리단체의 SNS 활용 발전단계를 보며 이와 같은 결론에 도달할 수 있었습니다. 그리고 앞서 정리한 각 과정을 통해 각 단체도 각자에게 필요한 방법들을 선택하실 수 있을 것입니다.

SNS 운영의 팁 3가지 : CSR

이제 제 경험을 바탕으로 SNS 운영의 팁을 드리고자 합니다. 단체의 SNS 운영에 있어서 유의해야 할 3가지 사항입니다. 저는 줄여서 'CSR'라고 표현합니다. 첫 번째 'C'는 "Contents & Communication"입니다. 내보내는 콘텐츠의 내용이 정확성, 적시성, 정보성을 지니는 것이 중요합니다. 그리고 각 개인들과 대화와 관계를 계속 이어가는 커뮤니케이션 역시 필요합니다. SNS는 쌍방향으로 이루어지는 교감이기 때문입니다.

SNS에 대해 강연 중인 필자

두 번째 'S'는 "Slow & Steady"입니다. 꾸준히, 지속적으로 소식을 알리는 것이 중요합니다. 하루에 10개의 글을 포스팅하여 올리기보다, 1개씩 열흘에 걸쳐 올리는 성실함이 필요합니다. SNS는 하루아침에 관계 맺기가 이루어지는 것이 아니라 서서히 보이지 않게 맺어가는 것이기 때문입니다.

마지막으로 'R'은 "Response & Reaction"입니다. 요청이나 질문이 오면 빠르고 정확하게 반응해야 합니다. 거의 '실시간 Q&A'라 보시면 됩니다. 그리고 제안이나 요청에는 반영 결과를 공지해주어야 합니다. 나의 문제를 혹은 다른 이의 문제를 성실하게 응답해주는 것을 보며 전체의 팔로워와 친구들의 신뢰를 얻게 됩니다.

SNS 담당자에게 필요한 자세

이런 신뢰를 얻기 위해 SNS 담당자가 가져야 할 자세가 있습니다. 첫째가 "새롭게 나타나는 경향에 관심을 가져라"입니다. 담당자라고 해서 SNS와 관련된 모든 경향들에 대해 알아야 할 필요는 없습니다. 어떤 서비스는 소리 소문 없이 나타났다가 사라지는 경우도 많습니다. 모든 서비스들을 하나하나 모두 도입하여 활용하겠다는 것은 욕심입니다. 하지만 새로운 매체들이 등장할 때, 그것이 무엇인지 정도는 파악해두어야 합니다. SNS에 있어서는 검증된, 성숙한 매체에서 활발하게 활동하는 것이 기본입니다. 그렇게 활동하면서 선택하며 집중의 포인트를 점차 변화해가는 것이 좋습니다.

둘째는 "각각의 강점을 활용하라"는 것입니다. 같은 SNS라고 하지만 매체마다 각자의 특징이 있습니다. 트위터는 빠른 전파력으로 인해 이슈화하기에 유리합니다. 트위터에서 주목 받는 내용들은 뉴스로 연결이 됩니다. 페이스북은 친근한 관계를 바탕으로 하기에 인원 모집이나 동원에 상대적으로 강점이 있습니다. 실제로 급하게 자원봉사를 모집할 때는 페이스북을 사용합니다. 카카오톡은 스토리텔링에 탁월합니다. 비교적 긴 이야기도 짜임새 있게 담아낼 수 있습니다. 자신의 목적에 따라 이들 SNS의 장점을 잘 살려 활용해야 합니다.

마지막으로는 "유혹을 이겨내라"입니다. 때때로 친구 수나 조회 수를 늘리기 위해 자극적인 낚시질의 글이 효과가 있어 보이기도 합니다. 친선대사나 홍보대사를 이용한 스타 마케팅도 효과가 있을 거라는 생각도 듭니다. 그러나 실제로 결과를 분석해보면 그런 마케팅 방법들보다는 유니세프 단체의 성격을 제대로 보여주는 캠페인이나 이벤트에 친구들의 주목도와 반응이 훨씬 좋게 나타났습니다.

우리의 팔로워와 친구들, 그리고 그 외부의 사람들이 기대하는 것은 선한 단체이며 선량한 메시지입니다. 그들을 향해 굳이 장난을 칠 필요는 없습니다. 정공법으로 신뢰감을 쌓는 것이 가장 중요하며 그 효과도 높습니다.

SNS의 미래와 소통의 전문가

최근 스마트폰의 보급이 증가하는 등 다양한 이유로 SNS가 급성장했습니다. SNS는 인간관계뿐만 아니라 정치, 경제, 사회, 문화 각 영역에 막강한 영향력을 발휘하고 있습니다.

SNS의 발전은 여전히 현재 진행형입니다. 혹자는 트위터는 미디어처럼 발전하게 될 것이고, 페이스북은 네트워크 형태로 진행될 것이라고도 합니다. 싸이월드를 몰락시킨 트위터와 페이스북이라는 양강구도 가운데서도 토종 SNS 카카오톡이 틈새를 뚫고 들어와 새로운 강자로 등장했습니다. SNS의 진화는 계속되고 있습니다.

앞으로도 SNS 업계의 소소한 변화는 계속되겠지만,

SNS 자체는 어떤 형태로든 소통의 시스템으로 계속 자리하고 있을 것입니다. 혹은 그 이상의 미디어나 시스템이 등장할 수도 있습니다.

그러나 비영리단체 활동가, 공익적 목적을 위해 일하는 활동가가 명심해야 할 부분은 단 하나라고 생각합니다. 바로 사람의 문제에 대해 진정성 있게 접근하고 소통하는 자세를 가져야 한다는 것입니다. 미디어나 시스템은 변할 수 있지만 진정성 있는 소통을 갈망하는 사람의 욕구는 변하지 않을 것입니다. 단순한 SNS의 전문가가 아닌 소통의 전문가가 되는 법을 우선 고민해야 합니다. 그러면 나머지 결과는 자연스럽게 따라올 것입니다.

구체적인 SNS 발전 시기를 단계별로 나눈 점이 좋았고, 다양한 시도의 사례 중심으로 설명해주어 좋았습니다.

기존의 메스미디어를 통한 막대한 광고와 홍보 비용 전략을 벗어나 뉴미디어를 활용한 일상에 접근, 감정과 소통을 통한 자연스러운 관계 형성을 통한 전략이 더욱 힘 있고 시너지를 낼 수 있다는 것에 감탄하게 되었습니다.

단계별 SNS 홍보 발전을 정리해주어 이해가 쉬웠으며 첫 시작부터 발전단계를 알 수 있어서 SNS 홍보를 이해할 수 있는 계기가 되었습니다.

SNS 담당자로소의 조언 중 특히 '낚시성' 콘텐츠에 대한 우려가 인상 깊었습니다.

SNS를 개인의 측면이 아니라 비영리단체 활동의 측면에서 새롭게 바라볼 수 있었습니다.

인간다운 세상을 향하는, 따뜻한 비즈니스

유엔과 기업의 파트너십, 유엔글로벌콤팩트로 알아보는 기업의 사회적 책임(CSR)

이은경 | 유엔글로벌콤팩트 한국협회 연구센터 선임연구원

03

이은경은 ______ 대학에서 정치를, 대학원에서 언론홍보를 전공했다. 평소 유엔과 국제
______ 협력 분야에 관심을 가지고 있던 차에 홍보담당으로 유엔글로벌콤팩트
______ 한국협회에 들어갔다. UNGC 한국 로컬이 생긴지 5개월 정도 되었을
______ 때부터 조직의 초기 업무로 시작해 5년간 근무해왔다. 홍보와 기업 인
권 경영 업무를 담당하고 있다. 4년차에는 1년 동안 우리나라 기업의
지속가능성 평가 프로젝트를 총괄했고, 한·중·일 CSR 교류 프로젝
트를 담당하기도 했다. 현재는 글로벌콤팩트 연구센터에서 선임연구원
으로 근무하며 기업의 사회적 책임, 기업인권, 국제개발 관련 글로벌,
로컬 차원의 다양한 프로젝트를 총괄하고 있다.

유엔글로벌 ______ 유엔글로벌콤팩트(UNGC, UN Global Compact)는 인권, 노동, 환경, 반부
콤팩트 ______ 패 등 10대 원칙을 기반으로 지속가능개발과 기업의 사회적 책임을 촉
한국협회는 ______ 구하고자 유엔에서 2000년 발족한 자율적 국제협약기구이다. 세계
______ 135개국 1만여 개 기업 및 단체가 가입되어 있다. 2006년 10월 이후
반기문 유엔사무총장이 주요 어젠다로 주관해 관리 중이다. UNGC 한
국협회는 지난 2007년 창립되어 현재 220여 개의 기업 및 단체 등이
회원으로 활동하고 있다.

내가 신는 고급 브랜드 운동화를 아프리카 오지의 이름 모를 소녀가 손에 굳은살이 박히며 만든 것이라면? 내가 내는 보험료가 나를 속인 보험사의 투명하지 못한 사업비와 회사유지에 사용되고 있다면? 내가 마시는 커피가 커피 농장 노동자들의 고통으로 생산되어 내 앞에 놓여 있는 것이라면?

가끔씩 해볼 수 있는 섬뜩한 상상입니다. 기업이 이윤만을 추구해서 인권과 환경 같은 가치를 고려하지 않는다면 얼마든지 벌어질 수 있는 일입니다. 특히 20세기 중후반 이후 기업과 자본의 자유로운 활동을 강조하는 신자유주의가 대두되면서 기업의 전 세계적인 이윤추구 흐름은 극대화되었습니다.

신자유주의의 광풍이 몰아치던 20세기 후반, 미국의 빌 클린턴 대통령의 최측근 중 한 명인 제임스 카빌은 다음과 같이 말했습니다.

"나도 다음 생에는 차라리 자본으로 태어나고 싶다."

세계화 시대에 국경을 넘나들며 초국가적 권력을 행사하는 자본과 기업 활동에 대해 두 손 두 발 다 들었다는 뜻이었습니다. 글로벌 대기업의 수익을 GDP로 환산했을 때 개도국의 그것을 뛰어넘는 경우도 적지 않은 만큼 기업과 자본의 영향력은 거대합니다.

이런 초국가적 기업 활동과 세계화 및 자본주의의 폐해에 대해 유엔 차원의 대응과 국제사회의 해법을 제시하기 위해 2000년에 코피 아난 유엔 사무총장의 주도로 유엔글로벌콤팩트가 창설되었습니다. 그 뒤를 이어 반기문 총장이 자신의 임기 내 주요 어젠다로서 유엔글로벌콤팩트를 적극적으로 추진하고 있습니다. 2011년에는 자신의 향후 5년 임기 동안 유엔이 정부, NGO, 기업의 3대 축을 바탕으로 활동할 것임을 밝히며 "비즈니스는 지속가능해야 하고, 책임감을 동반하며 단기적 이윤보다 장기적 가치를 지향해야 한다"고 강조한 바 있습니다. 이런 강조는 기업의 영향력이 세계적으로 점차 확대됨에 따라 기업 자체가 유엔의 중요한 파트너가 되었음을 의미합니다. 기업을 유엔의 주요 파트너로 삼아 그 사회적 책임을 유엔 차원에서 강조하고 이행하려는 의지가 유엔글로벌콤팩트에 담겨 있습니다. 여기서는 유엔글로벌콤팩트를 중심으로 한 기업과 유엔의 파트너십에 대해 알아보고, 글로벌 개발협력에서도 기업의 역할이 요구되는 흐름을 살펴보고자 합니다.

기업의 사회적 책임CSR의 의미와 배경

유엔글로벌콤팩트UNGC, UN Global Compact는 인권, 노동, 환경, 반부패 등 10대 원칙을 기반으로 지속가능한 개발과 기업의 사회적 책임을 촉구하고자 유엔에서 2000년 발족한 자율적 국제협약기구입니다.

기업의 사회적 책임에는 다양한 정의가 존재하나, UNGC가 말하는 CSR은 기업이 생산 및 영업활동을 하여 재무적 가치를 높이면서도 환경Environment, 사회Social, 거버넌스Governance 등 비재무적 가치를 고려하는 기업경영 활동을 말합니다. 이는 단순한 사회공헌 혹은 기부행위를 넘어 기업의 경영전략에 ESG환경, 사회, 거버넌스 요소를 통합하는 활동을 지칭합니다. 기업의 자원, 전문성, 통찰력을 사회에 이바지하는 행동으로 변화시키는 '전략적 CSR'을 전개할 때 기업 경쟁력 및 사회의 발전을 같이 꾀할 수 있다는 취지를 가지고 있습니다.

CSR 운동은 1970년대 사회주의 전통이 강하게 남아있는 유럽 지역에서 시작되고 확산되었습니다. 특히 영국의 종교단체 펀드들은 투명하고, 윤리적으로 문제가 없는 기업들에 대한 투자를 선호하였고, 영국정부는 2000년 사회책임 연기금 펀드에 대한 법을 제정하고 장관을 임명하기도 했습니다. 미국에서의 CSR은 20세기 초, 음주 및 마약 반대 캠페인으로부터 시작하였습니다. 또한 CSR은 당시 아파르트헤이트인종격리 정책와 같은 남아프리카공화국의 인종차별 정권에 대한 압력의 수단으로 발전하였고, 미국의 종교 펀드들은 기본적인 인권을 침해하는 부당한 기업들에 투자하지 않는 것으로 그 영향력을 행사하였습니다. 또한 1984년 인도 보팔의 살충제 제조공장에서 유독가스 누출로 수십만 명의 사상자를 발생시킨 사건과 1989년 알래스카에서 좌초한 액손 발데즈 호 기름유출로 해양 환경의 대형 오염사건 등이 기업의 사회적 책임을 강조하는 계기가 되었습니다. 특히 1992년 리우 세계환경정상회의World Summiton Sustainable Development 이후에는 환경이슈에 많은 관심이 집중되었습니다. 환경주의자들은 환경에 대한 고려를 하지 않는 비즈니스에 투자하지 않도록 투자자들에게 영향력을 행사했습니다.

오늘날 글로벌 경쟁의 시대 속에서 그러한 지속가능성 이슈에 대한 고려는 기업들에게 더욱 중요한 과제가 되었습니다. 기업은 단기적 이익과 성과뿐만 아니라 직원, 소비자 지역사회 등 다양한 이해관계자들이 주의 깊게 보는 사회적 가치를 적극적으로 고려해야 하는 등 재무적 가치와 비재무적 가치를 통합하여 생각해야 합니다.

시장에서 수익률이 높다고 하여 투명성과 책임성을 저버리는 경영행태를 일삼을 경우 국내외의 사회적 비판에 직면하게 되며, 종종 기업이 큰 타격을 입거나 사라지는 경우도 봅니다. 세계적인 브랜드 나이

키가 1990년대 파키스탄과 인도의 아이들의 노동력을 착취해 축구공을 생산한다는 비난을 받았을 때 소비자들은 불매운동을 벌였습니다. 이미지 타격으로 나이키는 시장점유율과 주가가 하락했습니다. 이 일화는 이미 유명합니다. 그 이후 나이키는 기업 윤리부서를 신설하고 제품생산 공장의 노동환경을 점검하는 등 각고의 윤리경영 노력으로 신뢰를 회복할 수 있었습니다.

또한 2001년 대형회계부정으로 미국의 엔론과 세계적인 회계법인이었던 아더 앤더슨, 월드콤 등이 문을 닫았습니다. 이들 기업의 파산 이후 미국 회계 감사 기준을 재정립하게 되었고, 기업 지배구조에 대한 관심이 증폭되었습니다. 미국 의회는 이에 대한 대응으로 '사베인스-옥슬리Sarbanes-Oxley법'을 제정하여 철저한 견제와 균형을 통한 경영의 투명성 확보 등을 위해 기업의 거버넌스 문제를 다루도록 하였습니다.

도요타의 투명성 문제와 관련한 리콜 사태, BP사의 유전 유출로 인한 환경오염 사태, 애플사의 중국 제조 공장인 폭스콘에서 발생한 노동자 폭동 등 세계 굴지의 대기업들이 환경, 사회, 거버넌스ESG 등의 비재무적인 가치를 고려하지 않아 많은 문제들이 발생하고 있습니다. 기업들은 지속가능한 경쟁력 확보와 발전을 위해서 이러한 요소들을 반드시 경영 활동에 내재화할 필요가 있습니다.

유엔글로벌콤팩트의 등장 및 현황

유엔글로벌콤팩트가 2000년 7월 뉴욕에서 최초 회의를 개최할 때는 불과 47개의 기업 및 단체 등이 참여했습니다. 하지만 10여 년이 지난 오늘에는 유엔글로벌콤팩트에 전 세계 140개국에 걸쳐 6천8백여 기업 회원이 참여하고 있습니다. 이 밖에 기타 경제 단체, 노동 단체, 학계, 지방자치단체, NGO 등을 포함한 약 9천4백여 개 회원이 참여하는 세계 최대의 사회책임 이행 조직으로 거듭났습니다. 아울러 전 세계 90개국의 로컬 협회, 130여 개국에서 세계적 네트워크를 형성하고 있습니다.

유엔글로벌콤팩트는 인권, 노동, 환경, 반부패의 10대 원칙으로 구성되어 있습니다. 이 원칙들은 바로 '세계인권선언The Universal Declaration of Human Rights과 그 후속 장전들', 'ILO 근로자기본권선언The International Labour Organization's Declaration on Fundamental Principles and Rights at Work', '환경과 개발에 관한 리우선언The Rio Declaration on Environment and Development', '유엔반부패협약The United Nations Convention Against Corruption' 등 유엔의 핵심 규약에 기초하고 있습니다.

2000년 출범 당시는 인권, 노동, 환경의 3대 부문 9대 원칙만이 있었으나, 2003년 유엔반부패협약이 제정되면서 10번째 원칙으로 반부패 원칙이 추가되었습니다. 기업들은 10대 원칙상의 각 분야에서 사회적 책임 활동과 더불어 유엔의 새천년개발목표MDGs와 같은 국제 개발 목표의 달성에도 기여하도록 요청 받고 있습니다.

기업 대표가 이러한 10대 원칙을 자사의 경영정책 및 활동에 통합하겠다는 의지를 표명하면, 유엔사무총장의 허가라는 소정의 절차를 거쳐 유엔글로벌콤팩트의 회원이 됩니다. 유엔글로벌콤팩트의 최대 장점은 이러한 참여가 자발적인 이행이라는 데에 있습니다. 기업 스스로가 기업 경영 활동에 글로벌콤팩트의 가치를 내재화하여 지속가능한 경영을 실천해 나가는 것입니다.

또한 이러한 지속가능경영의 이행을 자가진단하기 위해 기업은 매년 10대 원칙의 이행보고서COP, Communication on Progress를 작성하여 이를 주주, 소비자, 협력사, 직원, 정부, 미디어, 시민사회 등 회사를 둘러싼

유엔글로벌콤팩트 10대 원칙
The Ten Principles

1) 인권 Human Rights
원칙 1 : 기업은 국제적으로 선언된 인권 보호를 지지하고 존중해야 한다.

Businesses should support and respect the protection of internationally proclaimed human rights; and

원칙 2 : 기업은 인권 침해에 연루되지 않도록 적극 노력한다.

make sure that they are not complicit in human rights abuses.

2) 노동규칙 Labour Standards
원칙 3 : 기업은 결사의 자유와 단체교섭권의 실질적인 인정을 지지하고,

Businesses should uphold the freedom of association and the effective recognition of the right to collective bargaining;

원칙 4 : 모든 형태의 강제노동을 배제하며,

the elimination of all forms of forced and compulsory labour,

원칙 5 : 아동노동을 효율적으로 철폐하고,

the effective abolition of child labour; and

원칙 6 : 고용 및 업무에서 차별을 철폐한다.

the elimination of discrimination in respect of employment and occupation.

3) 환경 Environment
원칙 7 : 기업은 환경문제에 대한 예방적 접근을 지지하고,

Businesses should support a precautionary approach to environmental challenges;

원칙 8 : 환경적 책임을 증진하는 조치를 수행하며,

undertake initiatives to promote greater environmental responsibility; and

원칙 9 : 환경친화적 기술의 개발과 확산을 촉진한다.

encourage the development and diffusion of environmentally friendly technologies.

4) 반부패 Anti-Corruption
원칙 10 : 기업은 부당취득 및 뇌물 등을 포함하는 모든 형태의 부패에 반대한다.

Businesses should work against corruption in all its forms, including extortion and bribery.

**유엔의
새천년
개발목표**

Millennium

Development

Goals

2000년 9월 전 세계 187개국 정상과 정부 대표들이 뉴욕 유엔 본부에 모여 국제사회의 빈곤퇴치 및 지속가능한 발전을 위해 2015년까지 전 인류가 함께 달성하고자 합의한 8가지 개발목표

다양한 이해관계자들에게 공개하고 지속적인 대화를 할 수 있도록 합니다. 이는 유엔글로벌콤팩트 회원사의 유일한 의무로서 본부 홈페이지에 보고서를 매년 등재해야 하고, 이는 블룸버그 통신 등에 상시 연동되어, 투자자들 역시 한국 기업을 포함한 전 세계 기업의 지속가능보고서를 열람할 수 있습니다. 이미 지속가능보고서를 발간하고 있는 기업들은 보고서를 중복해 작성할 필요 없이 이를 COP로서 대

체하여 제출할 수 있습니다.

기업은 이러한 전략과 활동을 통해 기업이 사회적 책임을 등한시할 경우 직면할 수도 있는 사업상의 위험 요인을 미리 진단하여 제거할 수 있고 소비자, 협력사 등의 의견을 반영하여 기업 경영을 개선할 수 있습니다. 이로써 지속가능한 기업으로 계속 성장해 나가는 발판을 다지는 것입니다.

기업이 유엔글로벌콤팩트에 가입하여 10대 원칙과 사회책임경영 활동을 제대로 이행한다면, 모든 이해관계자와 국제사회로부터 신뢰와 지지를 받을 뿐만 아니라, 기업의 이익 확대에도 긍정적인 결과를 가져올 수 있습니다. 실제로 《위대한 기업을 넘어 사랑받는 기업으로Firms of Endearment》의 저자 라젠드라 시소디어Rajendra S. Sisodia 美 벤틀리대 교수는 '사랑 받는 기업'의 10년간 주가 수익률을 조사한 결과, S&P 500 지수 대비 9.1배, 짐 콜린스가 점찍은 '위대한 기업Good to Great' 대비 3.4배 높은 증가율을 기록했다고 밝히기도 했습니다.

유엔글로벌콤팩트는 기후변화에 대응하기 위한 '기후에 대한 배려 이니셔티브C4C, Caring for Climate'와 물 관련 기업들 간의 협의체인 '수자원 관리 책무 이니셔티브Water Mandate'도 출범시켰습니다.

2007년 9월에는 유엔글로벌콤팩트가 중심이 되어

연기금 등 사회투자기관들의 집합체인 유엔 PRIPrinciple for Responsible Investment를 출범시켰고 이에는 현재 30조 달러의 자산을 운용하는 1천100여 개 기관투자자들이 모여 있습니다.

PRI 회원사들은 기업 투자에 있어서 재무적인 요소뿐만 아니라 비재무적인 요소, 즉 ESG환경, 사회, 거버넌스 이슈를 고려하여 투자하고 있습니다. 최근에는 10대 원칙 및 사회책임경영의 불이행으로 인한 리스크를 가진 기업들에게 PRI 소속 기관투자자나 회사들이 모여 기업 활동의 개선과 시정을 요구하는 사례도 나오고 있습니다.

비슷한 시기에 유엔은 사회적 책임경영 교육 이니셔티브로 'PRMEPrinciple for Responsible Management Education'도 출범시켰습니다. 이는 미래의 경영자가 될 경영대학 학생들에게 사회책임경영에 대해 가르치고 교육하자는 취지로 만들어졌으며 세계 유수 경영대와 대학원 470여 개가 참여하고 있습니다.

현재 유엔글로벌콤팩트는 관련 유엔 기구 및 국제 NGO 등과 협력하여 기업 인권, 노동권 보호, 환경 및 기후변화 대응, 부패 방지에 관한 활동을 전개하며 여러 이해관계자, 기업인 등으로 구성된 4대 분야 실무그룹working group을 중심으로 우수사례 공유와 학습 및 벤치마킹의 틀을 개발하여 전 세계에 보급하고 있습니다. 예컨대 2009년 11월 코펜하겐 유엔기후변화협약 당사국 총회COP15를 앞두고 기업인들은 기후변화 대응과 Post-Kyoto 체제의 타결을 촉구하는 내용의 '협상을 타결하라Seal the Deal'는 캠페인을 벌였습니다. 그리고 각국 정상들 앞으로 기업인 공동명의 성명을 보내는 지원 활동도 했습니다.

2012년 6월에 리우+20정상회의에서도 유엔글로벌콤팩트는 별도의 기업 지속가능 포럼Corporate Sustainability Forum을 개최하고, 2015년 MDGs 종료 이후 추진될 지속가능한 개발 목표SDGs에서의 기업의 역할 강화에 대한 광범위한 논의 결과를 발표했습니다. 한국협회 역시 별도의 세션을 개최하여 우리 기업들의 우수사례를 소개하고 공유하는 시간을 가졌습니다.

지난 2010년 6월 뉴욕 유엔 본부에서는 유엔글로벌콤팩트 10주년을 기념하여 유엔글로벌콤팩트 기업인 정상회의인 'UNGC 리더스 서밋 2010UNGC Leaders Summit 2010'이 개최되었습니다. 여기에서는 유엔글로벌콤팩트가 세계 기업 및 사회의 중심 가치Core Value로 가는 정점tipping point에 이르렀다고 평가하고, 글로벌콤팩트 원칙의 확대를 위해 협력하자는 내용의 뉴욕 선언문을 채택하였습니다. 아울러 '기업 지속가능을 위한 리더십 청사진Blueprint for Corporate Sustainability Leadership'을 발표하여 앞으로 세계 기업인들이 유엔글로벌콤팩트 원칙을 내재화하고 유엔새천년개발목표MDGs 등 유엔의 포괄적인 목표와 기업 경영 활동 간의 조화를 추진하며 유엔글로벌콤팩트 본부 및 로컬 네트워크 활동에 적극적으로 참여하기로 합의했습니다.

유엔글로벌콤팩트의 로컬 네트워크 중 하나인 글로벌콤팩트 한국협회는 2007년 9월 17일에 창립되어 현재 192개 기업 및 단체가 가입되어 있습니다. 글로벌콤팩트 한국협회는 이행보고서COP 작성 및 지속가능경영에 대한 교육과 UNGC 10대 원칙에 대한 세미나, 포럼을 열고, 분기별로 CEO를 대상으로 하는 조찬간담회와 매년 한중일 라운드테이블 컨퍼런스 등을 개최하고 있습니다. 또한 UNGC 및 사회책임경영과 관련된 자료를 번역 및 발간하는 등의 활동도 하고 있습니다. 회원사들은 글로벌콤팩트 활동에 참여해 회원사 간 상호 지식 및 경험을 공유하며 기업 및 브랜드의 가치와 경영 효율성을 높일 수 있는 기회를 갖고 있습니다.

글로벌 개발협력과 PPPPublic–Private Partnership 확대

글로벌 개발협력 분야에서도 기업의 역할은 점차 요구되고 있는 추세입니다. 세계개발원조와 관련한 최고 회의인 세계개발원조총회HLF-4가 2011년 겨울 부산에서 열렸습니다. 여기서 세계개발원조총회 사상 최초로 민간포럼Private Sector Forum이 개최되었습니다. 각국의 참가 정부와 유엔개발프로그램UNDP, 유엔글

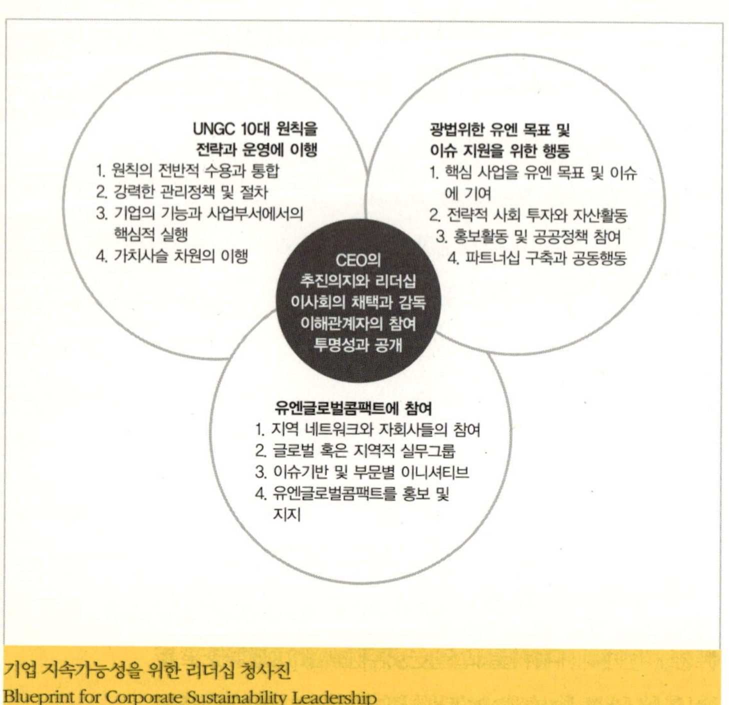

기업 지속가능성을 위한 리더십 청사진
Blueprint for Corporate Sustainability Leadership

로벌콤팩트UNGC, 경제협력개발기구 기업산업문자문기구OECD BIAC가 공동주최하고, 유엔글로벌콤팩트 한국협회와 전경련이 공동주관한 포럼입니다. 원조총회 사상 처음으로 기업의 역할을 논하는 자리가 마련되었다는 것은 개도국 지원에 있어 기업의 역할이 얼마나 크게 대두되고 있는지를 보여주는 상징적인 의미입니다.

지난 2011년 부산총회에서는 '원조' 중심의 논의를

'개발'로 확대하여 개도국 중심의 맞춤형 개발지원으로 패러다임을 전환함과 동시에, 포괄적 개발 파트너십을 통한 개발협력 효과성을 높이기 위한 합의가 도출되었습니다. 이에 새로운 개발 파트너십에서 민간 분야의 중요성을 인정하고 참여를 유도하는 계기가 되었습니다. 글로벌 개발협력에서 민관협력의 중요성이 부상한 배경은 다음과 같습니다.

첫째, 경제 불황으로 미국과 EU 회원국을 포함한 주요 공여국들이 원조재원 확대에 어려움을 겪고 있습니다. 이에 민간기업은 빈곤과 식량위기 및 기후변화 등 개발 도전과제에 대응하기 위한 개발재원 확보 및 혁신적 대응방안 모색에 있어 핵심적인 개발 파트너로서 중요성이 커지고 있습니다.

둘째, 지난 십여 년간 민간기업은 기업의 사회적 책임 활동을 비롯하여 기업의 이윤창출 목표가 개발 목표와 상응하는 비즈니스 확대를 통해 개도국의 지속가능하고 포용적 성장에 기여해왔습니다. 또한 공급망 및 생산의 질적 측면에 대한 소비자들의 인식 제고는 이러한 기업의 개발 활동 참여에 긍정적 영향을 미치고 있습니다.

이미 미국, 스웨덴, 덴마크, 독일, 일본 등 선진공여국에서는 민관파트너십Public-Private Partnership 사업을 활발하게 수행하고 있으며, 우리 정부도 2011년 8월 9

2011년 11월에 열린 부산세계개발원조총회(HLF-4) 중, 유엔글로벌콤팩트
한국협회와 전국경제인연합회 공동주관의 최초 민간포럼(Private Sector
Forum) 모습

일 열린 대외경제장관회의에서 민간기업의 글로벌
CSR 활동에 정부의 공적개발원조ODA를 연계하는 민
관협력을 활성화하기로 했습니다. KOICA에서도
2010년부터 글로벌 CSR 사업을 시작하여 한국기업
들이 개발협력사업에 동참할 수 있도록 유도하고 있
습니다.

따뜻한 비즈니스로
인간다운 세상을

"인류는 21세기 문턱을 넘어선 현재 아직도 국가 간, 개인 간 경제적 불평등과 AIDS
와 같은 질병으로 고통 받고 있습니다. 이것은 인류의 평생 숙제일지도 모릅니다. 그러

나 자본주의의 양대 산맥인 시장과 기술혁신을 이용해 부의 불평등을 개선하고 빈곤을 퇴치하며 인류의 과제를 해결하여 더 나은 세상으로 나아갈 수 있습니다."

2008년 다보스 포럼에서 빌 게이츠가 한 말입니다. 자본주의의 심화로 인한 양극화와 각종 폐해는 전 세계의 많은 이들을 고통 받게 하고 있습니다. 세상은 점차 문명화되고 편리해지지만 그것으로부터 소외된 많은 이들이 그 혜택을 누리지 못한 채 더 큰 상실을 경험하고 있습니다.

자본주의를 움직이는 기업들은 이러한 지구의 현실에 더 이상 눈감을 수 없으며 기업 시민Corporate Citizenship으로서 함께 이 문제를 풀어가야 한다는 데 인식을 같이해야 합니다. 빌 게이츠가 창조적 자본주의Creative Capitalism을 주장하였듯이 이제는 새로운 방식의 자본주의를 모든 이들이 함께 고민하고 실현해나가야 합니다.

우리는 기업의 다양한 이해관계자인 소비자, 직원, 주주, 투자자, 언론인, 시민활동가 등의 역할로 기업 비즈니스와 연관을 맺고 있습니다. 기업이 본래 지닌 이윤 추구의 역할을 넘어 더 나은 세상을 만들기 위해 노력할 수 있도록 우리의 역할이 중요합니다. 때로는 날카로운 감시자로, 때로는 부드러운 격려자로 기업들이 따뜻한 비즈니스로 인간다운 세상을 만드는 방향으로 나아갈 수 있도록 협력해야 합니다. 지난 수십 년 동안 전 세계 기업들은 CSR을 통해 더 나은 세상을 이루기 위해 많은 노력을 기울여왔습니다. 때로는 많은 비판과 도전도 감수해야 합니다. 활동가인 저 역시 기업의 사회적 책임 활동의 진정성에 대한 의심과 회의를 자주 가지기도 합니다. 저는 유엔글로벌콤팩트에서 일하면서 얼마나 많은 기업들이 이 의심과 회의로부터 벗어나려고 노력을 하고 있는지 직접 눈으로 확인해왔습니다. 그래서 잘하고 있는 것은 격려하고, 잘못된 것은 대화로 풀어가려는 노력이 얼마나 중요한 것인지 계속 깨닫고 있습니다. 유엔글로벌콤팩트는 기업들이 비재무적 가치에 대한 노력을 이해관계자들과 투명하게 대화할 수 있도록 끊임없이 돕고, 그들의 대화 플랫폼을 제공하는 동시에 좋은 사례들을 발굴하고 확산해 더 많은 기업들이 이러한 운동에 동참할 수 있도록 노력할 것입니다. 이 글을 읽는 독자 역시 여기에 동참하고 기업들이 더 나은 방향으로 나아갈 수 있도록 역할을 감당해주기를 바랍니다. 더 나은 세상은, 꿈꿀 뿐만 아니라 그것을 위해 자신의 역할을 행하는 자의 것임을 잊지 말아야 하겠습니다.

'유엔과 기업의 파트너십, 국내외 기업의 사회적 책임
동향'을 주제로 펼쳐진
이은경 씨의 강연에 대한 참가자들의 한마디!

**강연
후기**

생활 속에서 소비자로서 의미 있는
운동에 동참할 수 있는 방법도
있으리라는 생각을 했습니다.

다소 생소했던 글로벌콤팩트에 대해
알게 되었고 앞으로 제품을 사거나
기업 활동에 대한 기사를 읽을 때
눈여겨볼 것 같습니다.

비즈니스가 돈만 버는 것으로 끝나는
것이 아니라 더욱 가치 있는 일에
함께 할 수 있는 동반자가 될 수
있음을 깨달았습니다.

정치권력에 대한 감시뿐만
아니라 기업과 자본권력에
대한 감시도 민주시민으로서
빼놓을 수 없는 활동이라고
생각했습니다.

유엔의 바다에서 헤엄치다

뉴욕 유엔 본부 인턴십 경험과 유엔 진출 경로 소개

최준희 | 유엔난민기구(UNHCR) 한국대표부

04

최준희는   연세대학교에서 영어영문학을 전공하고, 국제 분야에 관심을 갖게 되어 경희대학교 평화복지대학원에서 국제평화학을 공부했다. 대학원 재학 중 유엔 인턴으로 선발되어 6개월 동안 뉴욕 유엔 본부에서 인턴생활을 했다. 인턴생활 중 참석했던 북한 인권 세미나에서 탈북자의 증언을 듣고 북한 인권문제에 눈을 떴다. 이후 국가인권위원회 북한 인권팀에서 인턴생활을 했으며, 국내에 본부를 두고 있는 유일한 국제기구인 국제백신연구소(International Vaccine Institute)를 거쳐 현재 유엔 난민기구(UNHCR) 한국대표부 대외 협력팀에서 일하고 있다.

유엔난민기구 (UNHCR)는   1950년 유엔총회의 결의로 설립되어 전쟁 및 분쟁으로 고향을 떠난 전 세계 3천4백만 명의 난민을 보호하고 있다. 현재 117개국에서 근무하는 6천5백여 명의 직원들이 난민과 보호대상자들을 돕고 있으며, 난민보호의 공로를 인정받아 1954년, 1981년 두 차례 노벨평화상을 수상했다. 유엔난민기구 한국대표부는 2001년 일본 동경 지역사무소 산하 연락사무소로 처음 문을 열었다. 이후 국제사회에서 대한민국의 역할이 점차 중요해짐에 따라 대한민국의 난민보호 역량 강화에 기여하고, 난민 문제 해결을 위한 한국 사회의 참여를 이끌어내기 위해 2006년 7월 대표부로 승격되었다.

모두가 잠든 시간 세계와 접속하다

대학 졸업을 앞두고 진로에 대한 고민으로 잠을 잘 이루지 못하던 어느 늦은 밤, 제가 어떤 것을 잘할 수 있는지, 앞으로 어떤 삶을 살아야 하는지 등 많은 생각들이 머릿속을 오고갔습니다.

주변 친구들과 부모님의 기대, 성공이라는 기준에 도달해야 한다는 압박감, 정말 원하는 일을 하다가 실패할 수도 있다는 두려움이 저를 온통 사로잡고 있었습니다. 자리를 털고 일어나 책상에 앉아 진로에 대해 곰곰이 생각하기 시작했습니다.

영어를 좋아하고, 낯선 환경에 잘 적응하고, 남을 도울 때 보람을 느끼는 저의 3가지 강점을 바탕으로 어떤 일이 저에게 적합할지 생각했습니다. 컴퓨터를 켜고 제 강점과 연관이 있는 검색어를 입력하다가 우연히 유엔 홈페이지에 접속했습니다. 시간이 어떻게 흐르는 지도 모른 채 유엔 홈페이지에 있는 내용을 읽어 내려갔습니다.

"바로 이거야!"

무릎을 치며 시계를 보니 이미 새벽이 훨씬 지난 시간이었습니다. 전 세계의 평화와 안전 보장을 위해 설립되고, 인간이 인간다운 삶을 영위할 수 있도록 국제 협력을 도모하는 가장 큰 규모의 국제기구 유엔과의 인연은 이렇게 시작되었습니다. 내가 정말 원하는 것이 무엇인지를 발견했을 때의 감격은 경험해 본 사람만이 알 것입니다. 저는 그 당시 느꼈던 전율을 평생 잊을 수 없을 것입니다.

그 전율에 힘입어 도전했던 뉴욕 유엔 본부에서의 인턴 경험과 다양한 유엔 진출경로를 소개하는 것이 이 글의 목적입니다. 한국사회에서 유엔을 비롯한 국제기구 진출에 대한 관심은 2000년대 들어 본격화되었습니다. "아시아의 슈바이처"라 불리는 故이종욱 박사가 2003년 세계보건기구WHO 사무총장으로 임명되고, 2006년에 반기문 사무총장이 유엔의 제8대 수장으로 임명된 이후 국내에서 국제기구에 대한 관심이 크게 늘어났습니다.

영어를 모국어로 사용하지 않는 우리에게 조금은 멀게 느껴졌던 국제기구, 그곳에서 활약하고 있는 한국인의 모습은 국제사회 진출을 희망하는 많은 젊은이들에게 귀감이 되었습니다. 그러나 국제기구에 대한 관심이 많이 늘어난 것에 비해 국제기구 진출에 대한 정보는 턱없이 부족했습니다.

제가 국제기구에 대해 관심을 갖기 시작한 대학 3학년 때 국제기구 진출에 관련 서적은 거의 찾아볼 수 없었습니다. 당시 국제기구로 진출한 한국인이 그렇게 많지 않았고, 이들이 정보를 공유할 수 있는 장이 마련되어 있지 않았기에 국제기구 진출에 대한 실질적인 정보를 얻기가 쉽지 않았습니다. 단지 관심 있는 사람들이 인터넷에서 카페를 만들어 정보를 주고받는 정도였습니다.

그러던 중 2005년에는 《유엔을 당신의 무대로 만들어라》가 출간되면서 국제기구에 대한 유용한 정보가 공유되기 시작했고, 이어 2008년에는 《나는 유엔으로 간다》, 2010년에는 《UN, It's Your World》, 2011년에 《국제기구 인턴십 분투기》가 나오면서 국제기구에 대한 정보가 시중에 쏟아지기 시작했습니다. 또한 외교통상부 국제기구 채용정보 사이트, 다음 daum 카페 '유엔과 국제활동 정보센터ICUNIA' 등을 통해 인터넷 상에서도 국제기구 정보에 대한 접근성이 높아지게 되었습니다.

문자로 전달되는 국제기구 정보 외에 강연을 통해 생생한 국제기구 체험담을 들을 수 있는 기회도 많아졌습니다. 국제기구 인턴십이나 국제기구 초급전문가 JPO로 활동을 하고 난 뒤에 비슷한 꿈을 갖고 있는 청년들에게 자신의 경험담을 나누기도 하고, 현재 유엔 직원으로 일을 하고 있는 한국인이 휴가차 고국에 왔다가 후배들에게 필요한 준비과정을 설명해주기도 하는 등 다양한 강연이 진행되고 있습니다.

저도 이 글을 통해 그 정보 나눔에 동참하고자 합니

다. 뉴욕 유엔 본부에서 6개월 동안 인턴으로 활동을 하며 느꼈던 점 그리고 유엔 같은 국제기구에 진출할 수 있는 다양한 방법을 소개하겠습니다. 국제기구 진출에 관심을 갖고 있는 분들에게 유용한 정보가 되었으면 하는 바람입니다.

모험 없는 삶이란 삶을 버리는 모험이다

하지만 정보를 아는 것만으로 모든 것이 해결되지는 않는다는 점도 말씀드리고 싶습니다. 저는 유엔을 만나 전율을 느낀 그 밤, 이후에도 많은 고민을 거듭했습니다. 제가 원하는 것이 무엇인지 알고 나면 마음이 한결 가벼워질 것이라는 생각은 착각이었습니다. 다음으로 무엇을 해야 하는지 막막했기 때문입니다. 그 막막함에 정면으로 맞서 도전하는 것도 이 글을 읽는 여러분의 피할 수 없는 몫입니다.

저는 그 막막함을 대학원 진학과 꾸준한 공부로 풀어 나갔습니다. 당시 학부 졸업을 앞두고 유학을 준비해야 하는지, 아니면 바로 직장을 다니는 게 좋은지 판단이 서지 않았습니다. 그러다가 유엔 직원 중에서 석사학위를 갖고 있는 사람이 많아지고 있고, 유엔 인턴십을 하려면 석사과정을 밟아야 자격이 주어진다는 내용을 알고 국제대학원에 진학하기로 결심했습니다.

학부 전공이 영문학이었기 때문에 대학원에서 국제관계에 대해 공부를 하면 나중에 유엔 진출에 도움이 될 것이라는 생각이 들었습니다. 지금 돌아보면 별 것 아닌 것으로 보이지만 당시 저에게 대학원 진학은 큰 모험이었습니다. 집안 형편이 그렇게 좋지 않았기에 부모님께 학비를 지원받을 수 없었고, 대학원 졸업장이 자동적으로 유엔 진출을 보장해주지 않는다는 것을 알고 있었기 때문입니다.

얼마 동안의 기도와 고민 끝에 부모님께 대학원 진학에 대해 말씀드렸습니다. 언제나 저의 든든한 버팀목이 되어주시는 부모님은 흔쾌히 제가 하고 싶은 일을 하라고 말씀해주셨습니다. 얼마 후 제가 지원했던 세 곳의 국제대학원으로부터 합격 통지서를 받았고, 그 중 전액 장학금을 지원해주는 곳으로 입학을 결정했습니다.

살다보면 원하든 원하지 않든 모험을 해야 할 때가 있습니다. 모험의 결과를 알 수 없기에 모험을 좋아하는 사람은 많지 않습니다. 모험 자체를 즐기는 용감한 사람이 더러 있을 수도 있지만, 적어도 저에게 있어 모험은 그렇게 달가운 것이 아니었습니다. 하지만 조금 더 용기를 내어 그 모험을 기꺼이 받아들였을 때, 좋은 결과들이 나타나기 시작했습니다.

Why is your
TOEIC score so low?

국제대학원 1학기가 거의 끝나갈 무렵 학교 홈페이지에서 '유엔인턴 모집'이라는 문구가 눈에 들어왔습니다. 자세히 보니 제가 재학 중이던 학교와 유엔 사이에 파트너십이 체결되었는데, 학교 내에 있는 학생들 몇 명을 선발해 유엔 인턴으로 보낸다는 내용이었습니다. 관련 내용을 읽어 내려가면서 심장이 두근거렸습니다. 그토록 꿈꾸던 유엔을 직접 경험해볼 수 있는 절호의 기회라는 생각이 들었기 때문입니다. 게다가 전 세계에서 지원한 사람들과 경쟁하는 것이 아닌 학교 내에서의 경쟁이었기에 승률이 높은 게임이었습니다.

얼마 후 무사히 서류 전형을 통과하고 영어 면접을 보게 되었습니다. 인턴 선발을 담당하는 교수님 몇 분이 면접관으로 앉아 계셨습니다. 지원 동기, 자신의 강점, 추후 계획 등 면접에서 나올 법한 일반적인 질문을 하셨습니다. 미리 면접 준비를 해간 터라 무난히 답변을 하고 있는데, 갑자기 한 면접관이 저를 쳐다보며 물으셨습니다.

"Why is your TOEIC score so low?

왜 이렇게 토익 점수가 낮은가?"

당시 토익 900점이 조금 넘는 점수여서 괜찮을 것이라 생각했는데, 다른 지원자들의 공인영어점수가 워낙 높았던 터라 그런 질문을 던지신 것 같습니다. 저는 평소 영어에 대해 갖고 있던 생각을 말씀드렸습니다.

"단지 영어 점수가 높다고 영어를 잘하는 게 아닌 것 같습니다. 진짜 영어 잘하는 사람은 자신의 생각을

"유엔에 진출하는 데 공인영어 점수가 필요한가요?"

유엔에 진출하는 데 공인영어 점수가 필요한지 간혹 물어보는 사람이 있는데, 영어 점수는 필요 없습니다. 저는 학교에서 유엔 인턴을 선발해 파견했기 때문에 영어 점수가 필요했던 것입니다. 영어 점수를 높이는 것보다는 진짜 영어 실력을 키우는 것이 더 도움이 된다고 생각합니다.

유엔에서 요구하는 입사지원서에는 영문 이력서, Cover Letter 등이 있는데, 여기에서 벌써 작문 실력이 가늠됩니다. 그리고 이어지는 영어 면접에서 지원자가 얼마나 조리 있게 영어로 자신의 생각을 표현하는지 평가됩니다. 스펙 쌓기의 일환으로 무작정 높은 영어 점수를 따기보다는 소통의 도구로 영어를 바라보고, 차근차근 실력을 쌓아가려는 자세가 더 중요하다고 생각합니다.

말과 글로 잘 표현하는 사람이라고 생각합니다. 말하기와 쓰기에 탁월한 사람이 읽기와 듣기도 잘한다고 생각합니다."

다행히 면접관들은 제 말에 동의하는 듯 고개를 끄덕였고 저는 전체 지원자 중 두 번째로 높은 점수를 받아 뉴욕 유엔 본부로 파견이 확정되었습니다.

유엔의 바다에서 헤엄치다

뉴욕 유엔 본부에서는 6개월 동안 공공행정개발관리국°에서 일했습니다. 제가 주로 담당했던 업무는 리서치와 컨퍼런스 준비 지원이었습니다. 당시 제가 속해 있던 부서에서 주관하는 컨퍼런스가 4개 있었는데 장소가 뉴욕, 마닐라, 브루나이, 오스트리아로 모두 달랐습니다. 회의에 필요한 공문서 작성에서부터 참석자 연락 관리까지 회의를 준비하는 데 필요한 실제적인 부분들을 배울 수 있는 기회였습니다.

때때로 상사의 요청으로 특정 분야에 대한 연구 조사를 실시하기도 했는데 그 대표적인 예가 세계 곳곳에 있는 경제사회위원회의 역할에 관한 것이었습니다. 이 연구조사는 뉴욕 대학교 와그

● **공공행정개발관리국**
Division for Public Administration and
Development Management

너스쿨Robert F. Wagner Graduate School of Public Service에서 공공정책을 전공하고 있는 학생들과 함께 진행되었습니다.

보통 인턴에게는 그렇게 중요한 업무를 맡기지 않습니다. 왜냐하면 보통 인턴 기간이 3~6개월로 짧고, 대부분의 인턴은 업무 경험이 많지 않기 때문입니다. 하지만 본인에게 주어진 업무를 열심히 하면 때때로 중요한 업무가 맡겨지기도 한다는 말을 들었습니다. 아쉽게도 제게는 그렇게 중요한 업무가 맡겨지지는 않았지만 어떠한 일이 맡겨지더라도 최선을 다하려고 노력했습니다.

업무 외에 시간이 남을 때면 유엔 본부에서 진행되고 있는 수많은 워크숍에 참여해서 다양한 국제 이슈에 대해 어떠한 의견이 오고가는지 들을 수 있었습니

공공행정개발관리국 직원들과 함께

다. 기억에 남는 몇 개의 워크숍을 소개하면 다음과 같습니다.

Eradication of Poverty	세계 곳곳에서 빈곤으로 인한 폐해를 소개하고, 어떻게 하면 창의적으로 이 문제를 해결할 수 있는지에 대한 방안을 모색
Shining Light–Human Rights Abuses in North Korea	북한 인권에 관한 실상을 알리고 탈북자들의 증언을 직접 들을 수 있도록 기회 마련
An Inconvenient Truth	전 미국 부통령이었던 앨 고어(Al Gore)가 직접 유엔으로 와서 지구 온난화의 심각성에 대한 프레젠테이션 진행

유엔 인턴 기간 동안 사용했던 사무실에서

업무가 끝난 이후에는 함께 인턴을 하던 동료들과 어울리는 시간을 가졌습니다. 이런 시간들은 각각 다른 배경을 갖고 있는 이들과 이야기를 주고받으며, 다양성에 대해 열린 태도를 갖는 것이 얼마나 중요한지 배우는 계기가 되었습니다. 때때로 한국 인턴들과의 모임도 있었는데 인턴들 사이에서 '홍 선배님'으로 불리는 한국 직원분이 인턴을 하는 사람들끼리 모일 수 있는 자리를 마련해주셨습니다. 외국 생활을 하면 적적해지기 쉬운데 홍 선배의 배려 덕분에 한국 인턴들과 좋은 시간을 보낼 수 있었습니다. 들

유엔 직원으로서 지녀야 할 태도와 구체적인 직무능력을 기술하고 있는 3대 핵심 가치와 8대 핵심 역량

3대 핵심 가치(3 Core Values)

1. 고결성(Integrity) : 업무를 진행할 때 유엔의 고유한 가치를 실행

2. 전문성(Professionalism) : 주어진 업무에 대한 전문적 역량 확보

3. 다양성 존중(Respect for Diversity) : 다양한 문화, 인종, 언어 등에 대한 열린 태도

8대 핵심 역량(8 Competencies)

1. 의사소통(Communication) : 본인의 의사를 명확히 표현하고 상대방의 의견 경청

2. 팀워크(Teamwork) : 개인의 목표보다 팀의 목표를 우선시 하여 동료들과 협동

3. 기획 및 조직력(Planning & Organizing) : 협의된 전략과 일치하는 분명한 목표 설정 후 우선 순위에 맞게 시간과 자원 배분

4. 책임감(Accountability) : 주어진 업무에 주인의식을 갖고 헌신

5. 고객중심(Client Orientation) : 업무의 대상을 고객으로 여기고, 고객의 입장에서 업무 추진

6. 창의성(Creativity) : 문제 해결 및 고객의 필요를 채우기 위한 창의적 방법 제공

7. 평생학습(Commitment to Continuous Learning) : 담당하고 있는 업무 분야에 대한 새로운 흐름과 동향 파악

8. 기술활용(Technological Awareness): 업무에 활용 가능한 기술을 계속해서 습득

자세한 내용은 구글에서 "UN core values and competencies"를 검색하거나, 아래 링크에서 확인할 수 있습니다. http://www.un.org/staffdevelopment/DevelopmentGuideWeb/image/OHRM_CDG.pdf

같은 사무실에서 근무한 호주 출신 인턴과 함께

리는 소문에 의하면 홍 선배의 한국 인턴 챙기기는 요즘에도 계속되고 있다고 합니다.

저는 간혹 주말과 공휴일을 이용해 자원봉사를 했습니다. 한번은 같은 한인교회에 다니던 선배의 소개로 워싱턴 D.C.에 위치한 평화나눔공동체로 자원봉사를 간 적이 있었습니다. 그곳에서는 전쟁 후유증을 겪고 있는 미국인들과 홈리스를 돌보는 일을 맡고 있었는데, 담당하시는 한인 목사님이 알고 보니 대학원 선배였습니다.

목사님은 미국의 이라크 전쟁으로 많은 군인들이 전쟁 후유증을 겪고, 심지어 노숙자로 전락하는 모습을 안타깝게 여겨 이 일을 시작했다고 말씀하셨습니다. 거리와 공원 벤치에 앉아 값싼 패스트푸드로 하루하루를 살아가는 노숙인들을 돌보며, 세계 최강국이라 불리는 미국의 어두운 부분 또한 볼 수 있었습니다.

Think Globally
Act Locally

유엔 인턴십이 끝나갈 즈음 유엔사무총장과 함께 사진을 찍을 기회가 있었습니다. 유엔 총회가 열리는 'General Assembly Hall'에 인턴들이 모여 코피 아난Kofi Annan 당시의 사무총장과 함께 사진을 찍었습니다. 사진 촬영 후 코피 아난 사무총장은 유엔 인턴으로 수고가 많다는 말과 함께 기억에 남을 만한 말을 해주었습니다.

"여러분이 유엔 인턴십을 끝내면 여러분은 다시 원래의 자리로 돌아가게 될 것입니다. 비록 더 이상 유엔 본부에 있지는 않지만 여기에서 보고 배운 것들을 항상 마음에 품고, 여러분이 있는 그곳에서 세계적인 문제를 어떻게 해결할 수 있을지 고민하고 실천을 했으면 합니다."

다양한 글로벌 이슈 해결을 위해 현재 자신이 처한 곳에서 어떠한 일을 할 수 있을지 생각하고 실천하라는 강력한 메시지였습니다.

워싱턴 D.C.에 위치한 평화나눔공동체에서 자원봉사 후 참가자들과 함께

코피 아난 당시 유엔 사무총장과 함께한 전 세계에서 온 유엔 인턴들

국내 첫 유엔 인턴 최준희씨 "환상은 금물"

"평화유지·빈곤퇴치·인권보호 유엔의 역할 막중함 깨달아"

"국제기구에서 일하려면 철저한 사명감이 필요하며 막연한 환상은 깰 필요가 있습니다."

국내 최초로 대학과 유엔 사이에 맺은 양해각서에 따라 미국 뉴욕 유엔본부에 파견돼 6개월 간 인턴으로 일하고 돌아온 경희대 평화복지대학원 **최준희**(27)는 21일 "국제기구에서 일하려면 환상은 금물"이라고 강조했다.

최씨는 지난해 9월부터 올해 2월까지 유엔 경제사회국(DESA)에서 인턴 생활을 마치고 최근 귀국했다. 그는 유엔 생활을 동경하는 한국 대학생들에게 "유엔에서 근무하려면 각별한 사명감이 필요하다는 사실을 인턴 경험을 통해 절감했다"고 밝혔다.

최씨는 인턴 기간 경제사회국이 개최하는 워크숍 프로그램을 짜고 세계 여러 대학과 국제 기구에 보내는 공문을 작성하는 일을 주로 맡았다. 그는 일하는 과정에서 프로 정신의 중요성과 세계의 방대함을 뼈저리게 느꼈다고 말했다. 최씨는 "유엔 직원들은 자신의 임무에 대해 놀라울 정도의 책임감을 보여줘 깊은 인상을 받았다"며 "평화유지, 빈곤퇴치, 인권보호 등 유엔이 맡은 역할이 얼마나 크고 중요한 지 깨닫는 소중한 기회였다"고 밝혔다.

최씨는 한국인이 유엔에서 일할 때 가장 필수적이면서도 준비가 소홀한 부분으로 외국어 구사 능력을 꼽았다. 그는 "영어를 원어민 수준으로 유창하게 구사할 필요는 없겠지만 토론을 할 정도는 돼야 한다"며 "영어 이외에 불어나 스페인어 등 유엔 공용어를 한 가지 이상 구사할 수 있으면 일하는 데 큰 도움이 된다"고 전했다. 최씨는 "대학원을 마친 뒤 유엔 같은 국제기구에서 봉사할 기회를 갖고 싶고 특히 평화유지활동(PKO) 업무를 하는 곳에서 일하고 싶다"고 말했다.

필자의 유엔 본부 인턴십에 대한 내용이 실린 기사
출처 | 〈한국일보〉 2007년 3월 21일자
http://news.hankooki.com/lpage/people/200703/h2007032119041584800.htm

유엔 진출 6가지 경로

유엔이 워낙 다양한 이슈를 다루고 있는 거대한 조직
체인 만큼 유엔의 길로 들어서는 경로 또한 여러 개

가 있습니다. 채용 방법이 다양한 것이 국제기구의 특징이라 할 수 있습니다. 여기에서는 6가지 진출 경로를 소개합니다.

첫째, 인턴을 통한 진출입니다. 처음 국제기구에 발을 들여놓을 수 있는 좋은 방법이 인턴십입니다. 인턴기간은 보통 2개월에서 6개월까지 연장이 가능합니다. 국내에서 흔히 부르는 인턴과는 많이 다른데, 국제기구에서의 인턴은 채용되는 즉시 자신의 업무에 투입될 수 있어야 할 정도로 관련 분야에 대한 지식과 경험을 필요로 합니다. 그렇기 때문에 보통 석사 또는 박사 학위 과정에 있는 사람들에게 지원 자격이 주어집니다.

인턴이 주로 담당하게 되는 업무는 공문서 작성 준비와 작성 보조, 언론 동향 파악 및 정리, 통계자료 조사, 컨퍼런스 준비 보조, 회의록 작성 등이 있습니다. 인턴십 기간 동안 자신이 정말 국제기구에 뜻이 있는지 한 번 더 점검해볼 수 있고, 어떠한 부분을 더 준비해야 하는지 생각해볼 수 있는 기회가 될 것입니다. 인터넷을 통해 인턴십 지원이 가능하며 뉴욕 유엔 본부는 겨울, 여름, 가을 3회에 걸쳐 인턴이 진행됩니다.

둘째, 국제기구 초급전문가Junior Professional Officer 시험을 통한 진출입니다. 보통 JPO라고 불리는 국제기구 초급전문가 시험은 대한민국 외교통상부에서 주관하고 있습니다. 매년 1회씩 5명을 선발하다가 몇 해 전부터 예산이 늘어 15명을 선발해 세계 각지로 파견하고 있습니다.

1년에서 2년까지 파견된 부서에서 준전문가 또는 초급전문가로서 일을 하는 동안 성과를 인정받거나 정규직 공석지원 등으로 정규직 진출을 모색할 수 있습니다. 국제기구 초급전문가 시험 공고는 매년 3월 초에 나오며, 4월 중순에 1차 TEPS 시험, 2차 논술 및 인터뷰 순으로 진행됩니다. 최종 합격은 6월 말쯤에 발표됩니다.

선발 시 추가 배점항목으로는 제2외국어, 석사 또는 박사 학위, 전문 분야 자격증변호사, 공인회계사 등, 유관 분야 근무 경력, 전국대학생 모의 유엔회의 참여 경력, 전국대학생유엔논문경연대회 수상 및 여타 국제정치 등 국제법 관련 국내외 논문상 수상 경력이 있습니다.

셋째, 유엔봉사단United Nations Volunteers을 통한 진출입니다. 'UNV'라고 불리는 유엔봉사단은 정식 유엔직원은 아니지만 유엔 직원과 함께 일하거나 실제 유엔 직원이 담당하는 업무를 맡게 되는 경우가 많으므로 유엔으로 발을 들여놓을 수 있는 좋은 기회입니다.

현재 160개국 출신의 7천5백여 명의 유엔 봉사단원

들이 130개국에서 인권, 공중보건, 농업, 문화보호, 소액 대출, 엔지니어링, 홍보 및 미디어, 도시계획, IT 등 다양한 분야에서 활동 중입니다. 지원 자격은 보통 학사 학위 이상, 2년 이상의 실무 경력, 영어, 불어, 또는 스페인어를 유창하게 구사할 수 있어야 합니다. 한국인이 유엔봉사단에 진출할 수 있는 방법에는 KOICA-UNV 봉사단을 통한 방법도 있습니다. 한국국제협력단이 후보자를 선발하면 유엔봉사단에서 최종 선발하는 절차를 거칩니다.

넷째, 국내 소재 유엔기구로의 진출입니다. 유엔난민기구UNHCR 한국사무소, 세계식량계획WFP 한국사무소, 국제이주기구IOM 산하 이주정책연구원 등 국내에 유엔기구 설립이 점점 많아지고 있는 가운데, 유엔 진출의 첫 걸음을 국내에서 시작할 수 있는 기회도 점점 늘어나고 있습니다.

국내 소재 유엔기구의 경험을 발판으로 해외 국제기구에 도전해볼 수 있습니다. 채용 공고는 각 사무소 홈페이지 또는 인터넷 채용 카페를 통해 이뤄지고 있습니다. 국내 소재 유엔기구의 경우 국제 직원과 현지 직원으로 구성되어 있는데, 보통 국제 직원이 관리자 역할을, 현지 직원이 실무자 역할을 담당하고 있습니다. 직원 채용 외에도 국내 소재 유엔기구에서 채용하는 인턴십 기회 또한 국내에서 유엔 인턴십을 경험할 수 있는 좋을 기회가 될 수 있습니다.

다섯째, 젊은 전문가 프로그램Young Professional Program 을 통한 진출입니다. YPP는 일종의 수습 직원 제도로서 특정 국가의 진출 비율이 낮은 경우 해당 국가 출신을 국제기구가 자체 비용을 들여 채용하는 경우를 말합니다. 보통 1~2년의 수습 기간을 거쳐 정식 직원 채용으로 연결되는데 경쟁률이 치열합니다.

유엔아동기금UNICEF, 유엔교육과학문화기구UNESCO, 유엔개발계획UNDP, 세계은행World Bank에서 대표적으로 젊은 전문가 프로그램을 시행하고 있습니다. 각 프로그램마다 지원 자격이 다르므로 자신이 진출하고자 하는 기구에서 어떠한 자질과 요건을 갖춘 지원자를 찾고 있는지 유심히 살펴보며 준비할 필요가 있습니다.

여섯째, 공석 공고 지원을 통한 진출입니다. 전임자가 퇴직했거나 여러 가지 이유로 맡고 있는 업무를 그만두었을 때, 새로운 업무가 추가되어 담당자가 더 필요할 때 공석 공고가 게시되어 지원자를 받습니다. 일반적으로 특채 형식의 공고에 지원하는 것과 비슷합니다.

채용 공고와 지원은 'careers.un.org'에서 진행됩니다. 공석 공고 지원 시 한 가지 유념해야 할 사항은 내부에서 유력한 후보자를 이미 뽑아 놓은 상태에서 채용 공고를 낸다는 점입니다.

유엔 인사제도의 한 가지 특징이 공석이 생겼을 때 내부 직원의 지원을 먼저 받는다는 것입니다. 그럴 경우 이후 채용 절차는 말 그대로 절차상 필요한 서류접수와 후보 선발, 인터뷰로 끝나버립니다. 따라서 공석 공고를 통해 유엔으로 진출하려 한다면 무엇보다 목표로 하는 국제기구와의 '안면'을 가질 것을 경험자들은 조언합니다. 안면을 익히는 좋은 방법 중 하나는 유엔과 전략적 공동사업을 벌이는 국내 기관, 연구소, 기업, 단체에 들어가 경력을 쌓으면서 실제로 유엔과 접촉해보는 것입니다.

국제기구 진출 정보 얻을 수 있는 곳

국제기구 채용정보

외교통상부에서 운영하고 있으며, 국제기구 진출 가이드, 공석 공고 외에 인력 Pool 제도를 시행하여 정부차원의 국제기구 직원 추천 기회가 있을 때 등록되어 있는 사람들에게 관련 정보를 제공하여 희망자 중 적격자를 추천 http://www.mofat.go.kr/unrecruit

유엔 직원 공식 채용 사이트

유엔 직급, 진출 가능 분야, 공석 공고 등 정보 제공

https://careers.un.org

유엔과 국제활동 정보센터(ICUNIA)

회원 수 5만2천 명을 확보하고 있는 다음의 인터넷 카페로 국제 활동 정보, 체험담, 공석 공고 등 정보 제공

'뉴욕 유엔 본부에서의 인턴 경험과 유엔 진출 경로를 소개'한 최준희 씨의 강연에 대한 참가자들의 한마디!

평소 유엔 등 국제기구 홈페이지에서 정보를 얻기 위해 자주 찾아보곤 했는데, 이번 최준희 님의 강의를 통해 더 생생하고 정확하게 알 수 있어서 좋았습니다. 영어로, 그리고 프레지를 사용한 프레젠테이션은 별 5개!
☆☆☆☆☆

'3 core values & 8 skills'에 대한 명확한 분류가 제 생각 다지기에 큰 도움이 되었습니다!

진로의 고민, 정보검색, 실무경험을 들으며 마치 한편의 성장 드라마를 보는 듯……. 아이들을 지도하며 무엇보다 꿈과 목적 없이 급류에 밀려 떠다니는 안타까움이 있었는데, 이를 통해 다양한 경험과 탐색의 과정으로 인도해줄 수 있을 것 같습니다.

남 돕는 일도 배워야 잘한다

공적개발원조(ODA)와
개발교육의 선진국 사례와
한국의 현주소

박수연 | 한국국제협력단 ODA교육원

05

박수연은 이화여대에서 심리학을 전공했고, 뒤늦게 국제학에 흥미를 느껴 경희대 평화복지대학원에서 국제정치학을 전공하였다. 석사과정 수료 후 한국국제협력단 동계인턴으로 정책연구실에서 일하면서 제1회 ODA Conference를 준비했다. 2007년 3월부터 2009년 5월까지 한국여성정책연구원의 성인지예산 연구센터에 재직하면서, 젠더와 개발문제를 고민하며 〈효과적인 국제 개발을 위한 성평등 증진-한국 공적개발원조의 성인지 예산 적용을 통하여〉란 대학원 논문을 완성했다. 본격적으로 국제개발을 공부하고자 콜롬비아 대학교 SIPA(School of International and Public Affairs)에 진학하여 경제학, 정책학, 국제개발, 평가를 심도 있게 배웠다. 유엔 본부 경제사회부(DESA, Department of Economic and Social Affair)의 여성지위향상국(DAW, Division for the Advancement of Women) 부서 내의 성별분석팀(Gender Analysis Section) 인턴 및 지구연구소(Earth Institute) 밀레니엄 빌리지 프로젝트(MVP) 모니디링 및 평가 부서 인턴으로 일했으며, 멕시코 치아파스 지역의 교육 프로젝트를 실행 중인 미국 NGO인 Foundation Escalera의 컨설턴트로 교육 영향평가 프로젝트를 수행하기도 했다. 현재 한국국제협력단 ODA교육원의 상임연구원으로 일하고 있다.

한국 국제협력단 (KOICA)은 1991년 4월 개발도상국가들에게 정부차원의 개발원조를 제공하는 우리나라의 대외 공적개발원조 전담 실시기관으로 설립되었다. 우리나라와 개발도상국가와의 우호협력관계 및 상호교류를 증진하고 이들 국가들의 경제사회발전을 지원하여 국제개발협력을 증진하는 것을 목적으로 하고 있다. 이를 위해 프로젝트사업, 국내 초청연수, 전문가 파견, 해외봉사단 파견, 개발조사, NGO 지원, 재난복구 지원, 국제기구협력사업 등 다양한 사업을 수행하고 있다. 본부는 이사장, 4명의 이사, 1본부, 7개의 부, 1개의 센터, 27개의 팀으로 구성되어 있으며 세계 28개국에 28개의 해외 사무소를 두고 있고, 16개의 주재원 사무소를 두고 있다.

KOICA ODA 교육원은 ① 핵심역량 강화를 통한 국제개발협력전문가 육성 ② 원조 관련 이해관계자 간의 파트너십 강화 ③ 국민의 공적개발원조 이해도 제고를 목표로 2010년 개원하였으며, 전문적이고 체계적인 교육과정을 통하여 국제개발협력 전문가를 양성하고 원조에 대한 국민들의 이해를 도와 더 나은 세상을 만들려 노력하고 있다.

1999년의 중국,
국제개발협력과 조우하다

사람의 일은 정말 모를 일입니다. 영어와 비행기를 정말 싫어하고 겁이 많던 저는 한때 우리나라 국경 밖으로는 한 발짝도 나가지 않겠다고 다짐했던 시절이 있었습니다. 하지만 대학 시절 활동했던 'Youth With a Mission'이란 선교단체에서 예수제자훈련학교의 마지막 과정이 중국으로의 전도여행이었기 때문에 몇 년간 가져온 다짐을 포기할 수밖에 없었고, 이 여행은 저의 삶을 180도 바꿔놓았습니다.

현재의 중국은 미국과 어깨를 겨룰 정도의 막강한 힘을 자랑하고 있지만, 당시의 중국은 단기간에 경제성장을 이룬 한국을 부러워하며 동경할 정도로 가난과 미개발의 굴레 속에 갇혀 있던 나라였습니다.

이러한 가난은 특별히 중국의 도시보다 주변부로 갈수록 심하여 제가 방문했던 많은 농촌 지역의 위생, 보건 상황은 상당히 열악했습니다. 그 여행에서 많은 사람들을 만났지만, 특별히 아픈 아기를 안은 여인의 희망 없는 눈빛이 제게는 상당히 오랜 시간 잊히지 않았습니다. 그녀의 절망이 온 마음으로 읽혀졌기 때문입니다. 그녀는 자신의 아픈 아기의 머리에 제 손을 얹고 기도를 하게 했지만, 제가 이들에게 무슨 도움이 될 수 있을지, 그들의 가난과 절망에 무

슨 도움이 될 수 있을지 알 수 없어 마음이 먹먹했습
니다.

선진국에도 극심한 빈곤은 존재하지만, 이는 분배의
문제이자 국가 정책의 문제입니다. 하지만, 총체적
인 가난을 경험하고 있던 그 당시 중국에게는 가난한
사람들이 손을 뻗어 도움을 청할 수 있는 국가는 존
재하지 않았습니다. 국가 자체가 그러한 역량을 지
니고 있지 못했기 때문입니다.

'사람들의 아픔과 고통에 응답해줄 국가와 조직이
이 나라에 있지 않다면, 국경 밖의 나라와 조직이 이
에 응답해야 하지 않겠는가'

그것이 처음으로 제가 '국제개발협력'의 필요성을
깨달았던 순간이었습니다.

국제사회와 NGO
그리고 르완다

해결되지 않은 숙제에 대한 먹먹함이 기억 저편으로
사라질 즈음에, 우연히 신청했던 '국제사회와
NGO'라는 수업을 통해서 '국제개발협력'과 또 한
번 조우했습니다. 수업 중에 교수님은 지구 반대편
에 있는 르완다라는 나라에서 일어난 끔찍한 사건에
대해 이야기해주셨습니다.

르완다 대학살은 1994년 르완다의 지배계층으로 군림했던 소수민족인 투치족을 다수민족인 후투족이 대거 살해한 사건으로 1994년 4월 6일부터 7월 중순까지의 100일 동안 50만 명의 사람들이, 그 이후로 전체 인구의 20%에 달하는 총 80만 명의 사람들이 살해당한 사건으로 인류 역사상 가장 끔찍한 인종청소 중 하나로 일컬어집니다. 당시 이 이야기가 나에게 충격적이었던 점은 르완다 사태의 잔인함보다 그런 엄청난 일이 벌어지고 있던 순간 세계가 침묵하고 있었다는 것, 그리고 그런 일이 일어난 것도 모른 채 제가 일상을 살고 있었다는 사실 때문이었습니다.

어린 시절, 한국의 역사를 공부하며 한국이 강점기 일본의 강압과 폭력에 신음하던 우리나라가 세상을 향해 보낸 구조요청에 세계가 침묵했었던 것을 생각하면서 분노하고 아파했던 적이 있었습니다. 르완다 대학살은 제가 밥을 먹고, 학교를 가고, 수업을 듣고, 친구들과 수다를 떠는 일상적인 삶을 살던 때에 지구 반대편에서 일어난 일입니다.

누군가가 살인의 공포 속에서 부르짖고, 눈물 흘리고, 고통스러워 하며, 죽임을 당하며, 누군가의 도움을 처절히 요청하던 시간에 다른 누군가는 그런 끔찍한 대학살의 소식을 몇 년이 지난 다음에서야 처음으로 듣게 되었다는 사실에 경악했습니다. 물론 이 일은 한국의 고통에 왜 세계가 침묵했는지에 대한 답을 알게 된 계기이기도 했습니다. 이는 지구촌 어딘가에서 신음하는 타인의 아픔과 가난에 공감하며 같이 살아갈 길을 모색하는 국제개발협력의 필요성을 다시 한 번 깨닫게 해주기도 했습니다.

공적개발원조ODA를 만나다

알고 싶고 하고 싶은 분야를 만났지만, 당시 이 분야가 잘 알려진 분야도 아니었고, 어디로 가야 이 일을 할 수 있을지 알 수가 없었습니다. 월드비전World Vision 및 머시십Mercyship 에서 문서 및 영어번역 자원봉사, 아르바이트 등을 해봤지만, 전공도 다르고 별다른 경력도 없는 제가 이 분야에 뛰어드는 것은 거의 불가능한 듯이 보였습니다.

우연한 기회에 한국국제협력단KOICA 개도국 공무원 연수사업 코디네이터 일을 하게 되면서 이게 제 천직이라는 것을 알 수가 있었고, 국제대학원에 진학하기로 결정을 했습니다. 당시 국제대학원들은 개발을 전문적으로 다루는 곳이 없었기 때문에 진학 후에도 제 고민에 대한 해결책은 스스로 찾아야만

● **머시십(Mercyship)이란?**
1978년부터 세계의 가난한 사람들에게 소망과 치유를 주기 위해 사역하고 있는 초교파 국제 기독교단체. 미국의 국제본부를 비롯하여 전세계 17개국 사무실과 병원선(病院船)에서 40개의 국가 출신 인력들이 자원봉사 중이다(www.mercyship.or.kr 참조).

했습니다. 빈곤과 개발에 대해서 고민하며 가장 효과적인 방법과 재원에 대해 고민하다가 어느 순간 무릎을 탁 치면서, '국가! 그래 정부에 돈이 있잖아. 그 돈으로 원조를 하면 되는 게 아닐까'란 생각을 했었습니다. 그리고 1년 뒤, 저는 제가 혼자서 생각한 개념이 실제로 존재한다는 사실을 알게 되었습니다.

공적개발원조ODA, Official Development Assistance란 중앙 및 지방정부, 그 집행기관 등의 공적기관이 개발도상국에 제공하는 자금으로, 주요 목적이 개도국의 경제발전과 복지증진에 기여하는 데 있으며, 양허적 성격으로 증여율이 25% 이상인 자금을 말합니다. 이러한 정의에 의거, 상업적 목적 및 군사적 목적으로 제공되는 자금은 ODA로 계상되지 않으나, 분쟁 및 재난지역의 평화구축 및 지역개발을 위해 파견된 평화유지군 및 기타 군 병력에 사용되는 자금은 ODA에 포함됩니다.

ODA 자금은 다시 양자 간 및 다자 간 원조로 나누어집니다. 양자 간 원조는 공여국이 수원국에 직접 지원하는 형태를 일컫습니다. 다자 간 원조는 공여국들이 유엔이나 세계은행WB, World Bank, 지역개발은행 등의 국제기구에 분담금을 지불하면, 이러한 국제기구들이 이 자금을 다시 수원국에 분배하는 방식을 의미합니다.

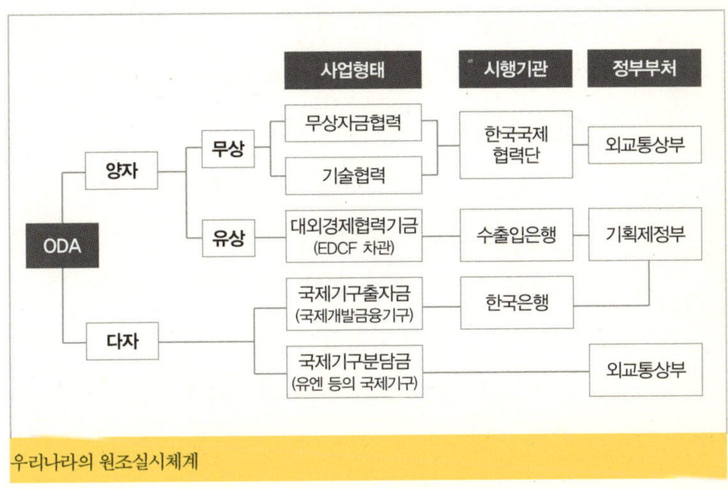

우리나라의 원조실시체계

양자 간 원조는 다시 무상원조와 유상원조로 나뉘는데 무상원조는 무상협력, 기술협력 등을 제공하는 것을 의미하며, 외교통상부 산하의 한국국제협력단이 주책임을 맡고 있습니다. 유상원조는 양허성 공공차관을 제공하는 것을 의미하며 이에 대한 실행책임은 수출입은행에서 맡고 있으며 주무부처는 기획재정부입니다.

국제개발협력의 주체

ODA를 제공하는 주체는 다양합니다. 맨 먼저 앞서 언급한 양자 간 원조를 담당하는 공여국 정부를 들

수 있습니다. 특별히 가장 많은 양의 원조를 제공하는 선진국 공여국 모임인 경제협력개발기구 개발원조위원회OECD DAC, Development Assistance Committee가 가장 대표적인 주체라고 할 수 있습니다.

OECD DAC는 OECD의 부문별 산하위원회 중 명실상부한 '부자클럽'으로서 OECD 34개 회원국 중 24개국이 이에 참여하고 있으며, 우리나라는 지난 2009년 11월 25일 가입이 결정되어 2010년부터 24번째 회원국으로 활동하고 있습니다. 양자 간 원조를 담당하는 것이 비단 OECD DAC 국가들에 국한되는 것은 아닙니다. DAC에 정식으로 가입하지는 않았지만 원조를 제공하는 OECD 회원국인 터키, 체코, 폴란드, 그리스 같은 국가들이 있으며, 또한 원조 수혜국이면서 동시에 공여국 역할을 하고 있는 중국, 인도, 태국, 말레이시아와 같은 신흥 공여국들이 있습니다.

다자원조를 제공하는 유엔과 국제개발 금융기관인 세계통화기금IMF, 세계은행WB, 아시아개발은행ADB, 아프리카개발은행AfDB 같은 지역개발은행 역시 국제개발협력의 주요한 기관들입니다.

유엔 체계 속에서 개발협력 업무를 담당하고 추진하는 유엔개발계획UNDP, 세계식량계획WFP, 유엔아동기금UNICEF, 유엔무역개발회의UNCTAD, 세계보건기구

WHO들도 국제개발협력의 대표적인 주체입니다.

NGO 역시 국제개발협력에서 빼놓을 수 없는 주체입니다. 모금운동으로 모은 자금을 직접 원조에 사용하는 경우에는 ODA로 계상되지 않지만, 정부로부터 받은 자금으로 NGO가 개발사업을 하는 경우는 ODA로 계상됩니다. 특별히 NGO는 정부 간 협력사업의 상호보완적인 역할을 하며, 주로 지역주민 자립을 위한 지역개발활동이나 교육 및 보건 등 인간개발Human Development 측면에서 다양한 활동을 펼치고 있습니다.

마지막으로 최근 들어 국제개발협력 분야에서 가장 각광 받고 있는 민간기업을 주체로 꼽을 수 있습니다. 다국적기업이 일반화되고 국가 간 무역량이 급증함에 따라, 민간기업이 개발도상국에서 지켜야 할 윤리에 대한 각성의 목소리와 기업 자체의 단순이익 추구를 넘어선 지구적 과제를 함께 해결할 주체로 기업의 역할에 대한 기대가 높아지게 되었습니다. 특별히 정부자금의 부족분을 민간자금으로 채우고, 효과 및 효율에서 미흡하다고 여겨지는 정부부문의 부족한 실행력을 채워줄 민간의 역량과 노하우를 활용한다는 점에서 민관협력Public Private Partnership이 국제개발협력 분야에서 주목 받고 있습니다.

● 기업의 윤리적 역할과 책임에 대해서는 이은경 님의 글 '인간다운 세상을 향하는 따뜻한 비즈니스'를 참조하시기 바랍니다.

다양한 국가별 원조와
개발교육

전통적인 공여국들은 OECD DAC라는 틀 안에서 원조를 집행하고 있지만, 국가마다 다른 색깔의 원조방식, 체제, 규모를 보여주고 있습니다. 먼저 패권국가인 미국은 효과적인 대외정책 수단으로 전략형 원조를 추구해왔습니다. 특별히 2차 세계대전 이후 공산진영과 자유진영으로 갈린 냉전체제에서 미국은 제3세계로 공산주의 이념의 확산을 방지하기 위하여 전략적으로 원조를 사용했습니다. 이에 따라 구소련이 붕괴하면서 미국의 원조량은 현격히 줄어드는 양상을 보이기도 했습니다.

하지만 9·11 사태로 테러와의 전쟁을 선포하며 벌인 이라크 및 아프간 전쟁 이후, 이 지역에 대한 전략적 원조 증액으로 세계에서 가장 많은 양의 원조를 제공하는 국가의 위치를 유지하고 있습니다. 지원전략이 매우 정치적일 뿐 아니라 국민총소득 대비 공적개발원조ODA/GNI 비율도 유엔이 권고하는 수준인 0.7%에 현격히 미치지 못하는 0.2%에 불과합니다.

일본은 개발원조를 자국의 산업 및 무역 정책과 긴밀히 연계시켜 경제대국화의 수단으로 활용한 상업형 원조를 추구해왔습니다. 이전 식민지였던 아시아 국가들이 주된 원조 수혜국이며, 경제력에 비해 원조의 증여율 및 최빈국 비중이 낮은 것으로 비판 받아왔습니다.

반면 북유럽의 국가들은 미국과 일본의 전략적이고 이해타산적인 원조와는 다른 원조를 제공하고 있습니다. 스웨덴은 자국의 이익보다 빈곤국의 수요에 맞춘 원조를 실시하고 있습니다. 또한 대부분의 국가가 ODA/GNI의 비율이 0.7%에 현저히 미치지 못하는 원조를 제공하는 데 반하여 스웨덴은 1974년 이래 매년 같은 목표를 달성하고 있습니다. 그리고 100% 무상원조 실시와 함께 최빈국과 다자간 원조의 높은 비중을 보여주고 있습니다.

노르웨이는 2003년 ODA/GNI 0.92%를 제공하면서 DAC 국가 중 최고치를 기록했습니다. 또한 노르웨이는 최빈국에 100%의 부채탕감을 제공한 첫 번째 채권국가이며, 주요 원조 파트너 국가 7개국 모두가 최빈국이며, 개도국의 인도주의적 필요에 가장 잘 응답하는 공여국 중 하나로 평가받고 있습니다. 노르웨이는 전체 ODA의 55% 이상을 사회자본에 투자하고 있으며, 전체 ODA의 22%를 NGO를 통해 공여하고 있습니다. 이러한 원조 역량을 바탕으로 노르웨이는 많은 다자원조 기관 중에서 리더십을 발휘하고 있습니다.

북유럽 국가들의 위상에는 미치지 못할지라도 영국

역시 상당한 양질의 원조를 제공하는 것으로 유명합니다. 특별히 영국은 많은 식민지 경험으로 오랜 역사와 그에 따른 연륜과 체계적인 시스템, 방대한 규모를 지니고 있습니다. 영국 원조의 목표는 빈곤퇴치에 있으며, 부문별로 보면 부채탕감에 가장 많은 비중을 두고 있습니다. 영국 국제개발부DFID, Department for International Development는 저개발국, 특히 사하라 이남 아프리카와 남아시아에 자원을 집중하고 있습니다.

'미국과 일본에 비해 경제력에서는 결코 우세하다고 할 수 없는 북유럽과 영국이 어떻게 양질의 원조를 제공할 수 있게 되었을까? 왜 국가마다 이렇게 원조의 성격이 다를까?'

저는 이 궁금증의 해답을 찾기 위해서 해외탐방 장학제도에 지원하였습니다. 영국과 노르웨이에서 원조기관들을 방문하고 개발협력을 하는 사람들을 만나면서 그 해답이 '개발교육'이라는 것을 얻을 수 있었습니다.

영국의 개발교육

1999년 DFID가 실시한 여론 조사에 의하면 영국 국민들의 70%가 개발협력을 지지하고 있습니다. 미국의 정치적 원조나 일본의 상업적 원조와는 다르게 영국은 개발원조의 이유를 빈곤퇴치로 잡고 있습니다. 세계는 점점 좁아지고 있으며 영국에 직접적인 영향을 주는 전쟁, 국제 범죄, 난민, 마약, 에이즈 같은 세계적인 문제들은 가난한 국가들의 빈곤에 의해 심화되기 때문에, 빈곤퇴치야말로 영국의 국익에 도움을 주는 일이자, 세계 모두를 위한 더 좋은 세상을 만드는 일이라고 믿고 있습니다. 미국이나 일본의 현실주의적인 시야가 아닌, 이러한 영국의 자유주의적인 시야가 어떻게 영국에서 가능했을까, 저는 그 답을 개발교육에서 찾았습니다.

영국은 국제개발에 대한 오랜 역사로 잘 조직된 원조 체계를 보유하고 있을 뿐 아니라, 국제개발에 대한 교육 시스템도 잘 구비되어 있는 나라입니다. 영국의 국제개발에 관여된 NGO의 수는 3백 개가 넘습니다. 옥스팜Oxfam, 유니세프UNICEF, 세이브 더 칠드런 Save the Children 등의 NGO들이 개발교육 자료 편찬, 개발교육 커리큘럼 개발, 세미나 개최 등의 사업을 할 수 있도록 영국정부는 매년 한화로 총 19억~28억 원 가까이를 NGO에 제공하고 있습니다.

이러한 개발교육의 효과가 고스란히 양질의 원조로 이어지고 있으며, 이는 단지 영국 원조의 성격을 결정지을 뿐 아니라 지구적 차원의 변화와 변혁을 이끌

옥스팜(Oxfam)의
개발교육

영국의 옥스팜은 1940년대부터 활동을 시작한 세계에서 가장 영향력 있는 국제개발 NGO 중 하나이다. 영국 시민들에게는 옥스팜에 대한 인지율이 정부 부처인 국제개발부(DFID)보다 높다. 옥스팜은 영국 개발교육에 있어서 중추적인 역할을 담당하고 있다. 옥스팜은 교사들이 교실 환경에서 학생들에게 국제 개발에 관한 교육을 가르칠 수 있는 교과서를 직접 제작하며, 교사들이 더욱 효과적으로 이를 학생들에게 전달할 수 있도록 교사들을 훈련하는 세미나도 정기적으로 개최한다. 옥스팜을 비롯한 영국의 많은 개발 NGO 그리고 개발교육 연구기관들의 개발교육은 개발교육이라는 협의의 개념보다는 세계 시민 교육이라는 큰 틀 속에서 다루어진다. 옥스팜이 정의하는 세계 시민은 다음과 같다.

- 더 넓은 세계에 대해 인지하고 있으며, 세계 시민으로 스스로의 역할에 대한 감각을 지니고 있는 자
- 다양성을 존중하고 가치 있게 여기는 자
- 어떻게 세계가 돌아가는지에 대한 이해가 있는 자
- 사회적 불의에 대해 분노하는 자
- 지역적 그리고 세계적 차원의 공동체 활동에 참여하는 자
- 세계를 좀 더 공평하고 지속가능한 곳으로 만들려고 노력하는 자
- 자신들의 행동에 책임을 지는 자

이 정의에서도 볼 수 있듯이 영국 개발교육은 장단기 국익을 따지거나 선진국 지위를 유지하는 발판으로 원조를 바라보도록 하지 않는다. 옥스팜의 세계 시민의 정의는 개도국의 공통 문제에 대한 이해, 사회적 정의와 세계적 평등에 관한 주제를 전 지구적 관점에서 조망

하는 것 등을 담고 있다. 또한 옥스팜의 개발교육은 비단 교과서를 읽는 활동을 통한 정보 습득에 그치지 않고, 토론과 토의, 역할 놀이와 게임 등 다양하고 창조적인 방법을 통해서 이루어진다. 현실 속에서 지식을 행동으로 끌어낼 수 있는 기술과 그러한 행동을 끌어낼 가치와 태도를 교육하여 미래의 지구 사회를 이끌 시민들을 육성하고 있는 것이다.

어 내고 있습니다. 그 대표적인 사례가 바로 '빈곤을 역사 속으로Make Poverty History' 운동입니다. 이 캠페인은 MDG 달성을 향한 다소 느린 진행 상황에 불만을 느낀 세계 시민들이 참여한 행사로, UK Aid NetworkUKAN를 중심으로 540개가 넘는 영국, 아일랜드 구호기관, 종교기관 등이 참여하여 벌인 집회입니다.

특별히 글렌이글스Greneagles G-8 정상회담에 맞추어 영국 에덴버러에서 2005년 7월 1일 개최된 모임에서는 전 세계에서 22만 5천 명의 사람들이 G-8 정상들에게 부채탕감과 공정한 무역구조를 만드는 것을 요구했습니다. 또한 44만 4천 명의 사람들이 빈곤문제 해결을 촉구하는 이메일을 영국 수상에게 보냈습니다.

'빈곤을 역사 속으로' 집회 장면
출처: 위키피디아(http://en.wikipedia.org/wiki/Make_Poverty_History)

이에 응답하여 G-8 정상들은 2010년까지 추가로 480억 달러를 빈곤퇴치를 위해 공여하기로 약속했으며, 매년 18개 고채무 빈곤국에 10억 달러의 빚을 탕감해주기로 했습니다. 이러한 면에서 2005년의 '빈곤을 역사 속으로' 캠페인은 정치와 경제를 바꾸는 것은 국민의 힘이며, 세계의 정의와 빈곤에 관심을 가진 세계 시민들만이 이런 세상을 만들어낼 수 있다는 것을 보여준 역사적인 사례라고 할 수 있습니다.

노르웨이의 개발교육

북유럽의 원조 대표주자인 노르웨이는 개발교육에 있어 많은 정신적 인프라를 갖추고 있습니다. 일반적으로 노르웨이는 노동의 가치 존중, 기독교 정신, 그리고 인도주의의 정신이 사회 전반에 흐르고 있는 것으로 알려져 있습니다. 경쟁보다는 노동을 통해 연대하고 협력하여 살아나가는 삶의 가치, 인구의

95%에 이르는 복음주의 루터교 정신에 입각한 '선한 사마리아인'의 행동방식, 국가 내에 굶주리는 사람이 없게 하려는 인도주의 정신의 국제적 확대 지향은 노르웨이의 개발협력 분야에도 고스란히 영향을 미치고 있습니다.

특별히 2차 세계대전 이후, 전쟁을 싫어하던 이 나라 평화주의자들은 국제연대에 관심을 갖고, 트뤼그베리Trygve Lie 유엔 제1대 사무총장을 배출하는 등, 유엔 및 다른 여러 국제기구에서 활발히 활동하여 어느 나라보다 국제연대를 열심히 하는 나라가 되었습니다. 실제로 제가 참관했던 '성 평등과 여성 권한에 관련하여 국제적으로 합의된 목표와 공약의 이행Implementing the internationally agreed goals and commitments in regard to gender equality and the empowerment of women'이라는 주제로 열린 2010년 경제사회이사회ECOSOC, Economic and Social Council 연례 장관 회의에서 참여한 대다수의 국가별 대표가 여성이었던 데 반해서 노르웨이 대표는 남성이었던 점이 매우 인상 깊었습니다. 대다수의 남성들은 성 평등 이슈에 관심이 없기 때문에 성 평등 이슈에 남성 대표가 참여하여 활발히 의견을 개진하는 것은 흔한 일이 아닙니다. 이는 그 나라가 얼마나 성 평등 이슈를 중요하게 생각하는지, 그리고 그 나라의 성 평등 수준이 어디까지 발전했는지를 보여주는 좋은 지표가 됩니다. 2007년의 노르웨이 방문은 이러한 면에서 왜 노르웨이가 유엔에서 의제설정Agenda Setting의 주요 참여자가 되는지를 이해할 수 있었던 시간이었습니다.

북부 유럽 구석에 위치한 이 조그마한 나라가 어떻게 그렇게 국제적인 문제에 민감할까에 대한 대답을 개발교육에서 찾았습니다. 노르웨이 유엔협회UNA, United Nation Association of Norway는 교육기관, 미디어, 일반 대중들을 대상으로 환경, 분쟁, 빈곤 등과 같은 국제적인 이슈에 대한 인식 수준을 높이기 위해 다양한 활동을 펼치고 있는 기관입니다.

국제사회의 문제와 전 지구의 미래에 대해 교육받은 어린이들이 세계 문제에 대해 책임감을 갖게 되기 때문에, 노르웨이는 어린 시절부터 체계적인 시스템을 통해 이들을 교육시키고 있습니다. 이를 위해 UNA는 관련 교육을 위해 일반 초등학교 및 중등학교와 파트너십을 맺고, 'UN 학교'라는 이름을 이 학교에 부여합니다.

UN 학교는 노르웨이 UNA만이 가지고 있는 독자적이고 독특한 시스템으로 이러한 UN 학교를 통해 UNA는 국제 이슈 및 개발 이슈를 학생들에게 효과적으로, 손쉽게 전달하고 있습니다. UNA는 이들 학교에 일 년에 두 차례(가을 학기를 위한 8월, 봄 학기를

UNA 방문 당시 사업설명을 듣는 모습

위한 1월) 개발 교육을 포함한 제반 세계 시민 교육과 관련된 교과서, 그 외 교육 자료가 포함된 패키지를 전달합니다.

UNA를 통해 제공된 이러한 자료들을 사용하는 것이 의무는 아니지만, 노르웨이 교육부 교과 과정은 유엔과 제반 국제 이슈들을 가르치도록 규정하고 있어서 이들 학교들이 UNA의 자료들을 사용할 가능성은 매우 높습니다. 개발교육에 있어서 교사들이 차지하는 역할이 매우 크기 때문에, UNA는 교사훈련과 개도국 현장 체험 등의 기회를 제공하고 있으며, 교사훈련의 경우 UN 학교의 교사들이 선발될 가능성이 높으며, 개도국 현장 체험의 경우는 UN 학교의 교사들만 과정에 지원할 수 있게 되어 있습니다.

이렇게 체계적으로 교육 받은 아이들이 세계 시민의식과 폭넓은 전문성을 가지고 NCANorwegian Church Aid

와 같은 노르웨이 NGO나 NORAD와 같은 정부 개발원조기관, 그리고 국제기구나 국제 NGO에 들어가게 됩니다. 국제기구, 정부기관과 NGO에서 활동하는 실무자들은 서로 정보를 교환하고 협력해 개발협력의 이해와 기술을 늘려나갑니다. 이렇게 얻어진 전문성과 경험은 다시 개발교육, 국민인식증진, 캠페인의 자료로 활용되는 선순환을 반복하게 됩니다. 이러한 환경에서 나고 자란 노르웨이 사람들이 국제기구나 국제 NGO에서 선도적인 역할을 담당하리라는 점은 충분히 예측할 수 있습니다. 따라서 노르웨이를 비롯하여 이러한 인력들을 보유한 북유럽 국가들이 국제사회에서 리더십을 발휘하는 것은 어쩌면 필연적인 결과일 수밖에 없습니다. 아니 어쩌면 이마저도 지극히 제 중심적인 생각일지 모릅니다. 이들에게 중요한 것은 리더십의 발휘라기보다 다른 나라들과 연대와 협력을 이루어 좀 더 나은 세계를 만들어 나가는 것일지도 모르기 때문에 말입니다.

개발교육의 한국적용

영국과 노르웨이 개발교육 현장을 답사한 후 저는 '한국국제협력단의 대학(원)생 논문공모전'에 도전했습니다. 한국 개발교육의 현황을 조사하고, 영국

과 노르웨이 개발교육의 적용점을 기술한 논문을 작
성하여 한국국제협력단 총재상을 수상했습니다.

이후에 ODA Watch 활동을 하면서 만나게 된 외교
부 당국자에게 개발교육의 중요성과 영국의 개발인
지자금에 대해서 말씀드릴 기회가 있었는데, 실제로
얼마 뒤 한국에도 개발인지자금이 생겨났습니다.

그 자금 활용의 일환으로 개발교육과 관련된 초중고
용과 대학생 및 일반인용 국제개발협력 교재발간 프
로젝트가 발족되었습니다. 용역을 맡았던 해외원조
단체협의회 측에서 대학생 및 일반인용 교재의 적임
자로 저를 추천하였고 이에《함께 사는 세상을 위한
국제개발협력》이란 책을 집필하게 되었습니다.

책을 쓰면서 그동안 궁금했었던 개발의 다양한 주제
들 보건, 아동, 젠더, 캠페인, 부채탕감, 공정한 무역
구조, ODA 등 다양한 부분을 심도 있게 공부할 수
있었습니다. 이렇게 공부를 하다 보니 더 체계적으
로 국제개발을 배우고 싶었고, 용기를 내어 유학길에
올랐습니다.

미국 콜롬비아 대학교의 SIPASchool of International and
Public Affairs에서 배운 학문들은 정말 굉장했습니다.
가히 생애 최고의 지적 유희를 즐긴 시간이었다고 할
수 있으며, 또한 수명이 줄어든다고 느낄 정도로 혹
독하게 공부를 했던 시절이기도 했습니다.

유학이 끝나고 구직활동을 시작하던 시점에 한국국제협력단의 ODA교육원에 전문연구원 선발 공고가 났고, 이를 본 순간 '나를 위한 자리'라는 확신이 들었습니다. ODA교육원은 개발교육을 전담하기 위해서 제가 미국에서 유학 중이던 2010년에 설립되었고, 유학을 마치고 구직을 막 시작할 무렵, 전문연구원 자리 공고가 난 겁니다.

입사 시 제출해야 하는 직무계획서도 일사천리로 작성했고, 서류전형과 면접도 쉽게 통과되었습니다. 그렇게 2011년 7월부터 ODA교육원의 전문연구원으로 한국개발교육의 저변 확대를 위해 교재발간, 교육과정 계획, 신규과정개발 등 다양한 분야의 업무를 맡고 있습니다.

우리나라도 경제력과 국제적 위상에 걸맞게 지구촌의 가난한 이들을 돕고 더불어 살아갈 길을 실천하는 법을 잘 배우고 가르쳐야 할 때입니다. 원조선진국의 사례를 보자면, 단순히 경제력이나 나라의 규모가 중요한 것이 아니라, 얼마만큼의 세계 시민으로의 감수성과 책임감을 국민들이 보유했느냐가 중요하다는 것을 알 수 있습니다. 우리나라에도 이런 세계 시민적 감수성과 연대의식이 뿌리박고 싹틀 수 있도록 오늘도 최선을 다하고 있습니다.

길이 없었다,
그래서 길을 만들다

처음 국제개발협력에 눈을 뜬 것은 1999년, 그 길을 걷고 싶다고 막연히 소망하기 시작한 것이 2001년, 구체적으로 내 심장이 뛰는 일을 하고 싶다고 결정하고 이 길을 걷기로 시작한 것이 2003년이었습니다.

그 10여 년의 시간 동안 정말 많은 일이 있었습니다. 심리학과 전공에 관련 분야 경험이나 경력도 없던 제게 이 길은 부모해보였고 너무나 멀어보였습니다. 그래서 방황도 많이 했고 이 길을 걷기로 결정하는 데도 상당한 시간이 걸렸습니다.

결정한 후에도 셀 수 없이 많은 눈물을 흘려야 했습니다. 이 길을 처음 걷기 시작했을 때는, 이 분야로 가는 것에 대한 집안의 이해를 구할 수도 없었고, 제 자신도 이 길을 확신할 수 없었기 때문에, 동대문 시장의 옷가게에서부터 초등학생 대상 방문 영어 선생님 등 온갖 일들을 공부와 병행해야 했습니다. 그 길이 너무 힘들어 길거리에서 주저앉아 울거나, 방에서 혼자 목 놓아 울던 시간들이 셀 수 없이 많았습니다. 한국에서 이 분야가 생소했기 때문에 처음 몇 년간은 주위에서 끊임없이 "도대체 뭘 하려는 거니?"란 공격을 받아야 했습니다.

정말 오랜 시간 동안 길이 없는 것처럼 보이는 시간

들을 보냈습니다. 하지만 이제야 느끼는 것은 세상에 정형화된 길은 없다는 것, 그 사람에게만 맞는, 오직 그 사람에게만 보이는 길이 있다는 것입니다. 그리고 그 길에서 중요한 것은 스펙이 아니라 스토리입니다. 최고가 되려고 하는 것이 아니라 자기 마음의 비전을 그려온 사람들이 만들어내는 최선은 최적의 결과를 만들어냅니다. 다른 분야뿐 아니라 국제개발협력 분야는 특별히 그러합니다. 어느 잘난 한 명의 인간이 전 지구적 과제를 실현하는 것은 불가능하기 때문입니다. 각자의 마음에 심겨 있는 꿈과 비전을 따라 열심히 살아온 사람들이 퍼즐처럼 맞춰질 때 우리 모두가 소망하는 가난 없는 세상, 정의와 사랑이 가득한 세상이 만들어질 수 있을 것입니다.

그래서 마음속에 품는 그 소망과 비전을 잃어버리지 말라고 말하고 싶습니다. 그렇게 자기에게만 보이는 그 길을 한 발 한 발 걷다 보면, 그 꿈을 향해 함께 달려가는 사람들을 만나게 될 것입니다. 혼자라면 이뤄지지 않을 요원한 꿈이지만, 꿈꾸는 한 명 한 명이 모이면 불가능하지 않을 꿈입니다. 그런 꿈을 꾸며 치열한 삶을 살아가는 당신을 응원하며, 당신에게만 보이는 그 길과 저에게만 보이는 이 길의 접합점에서 각자의 길을 열심히 달려온 서로를 격려하며, 또 함께 꿈을 실현해나가게 될 날을 희망해봅니다.

'ODA와 개발교육'을 주제로 펼쳐진
박수연 씨의 강연에 대한 참가자들의
한마디!

강연
후기

돈이 많다는 것만으로 다른 나라를
도울 수 없다는 것을, 개발교육의
필요성에 대한 이야기를 들으며 잘
인식할 수 있었습니다.

낯선 길을 두려워하지 않고
도전한 강사님의 열정과
노력에 감동했습니다.

우리나라도 경제력과 국제적
위상에 알맞은
국제개발협력의 길을 걸어야
한다는 걸 다시 한 번
깨달았습니다.

원조를 받던 나라에서 원조를 주는
나라가 된 대한민국에서 개발교육의
새바람이 불어야 한다는 걸 알 수
있었습니다.

우리나라의 가난도 구제하지 못하면서
다른 나라의 가난을 구제한다는 일에
의문을 품었는데 개발교육의 목적과
원조선진국 사례를 보며 새롭게
생각한 점이 많아졌습니다.

희망 디자이너의 NGO 만들기

실무자로 참여해본
NGO 창설,
기획부터 안착까지의 풀 스토리

최홍섭 | 대한민국교육봉사단

06

최흥섭
(레오)은

희망디자이너로 불린다. 서울과학고등학교 재학 시절 국제물리올림피아드에서 동메달을 수상하고 서울대학교 물리학부 3학년에 재학 중이던 2008년, 리더십학교 과정 중 TFA(Teach for America)의 설립자 웬디 콥의 강연을 듣고 2년 간 휴학을 결정했다. 휴학 중 리더십학교 동문들과 함께 대한민국교육봉사단의 희망디자이너(간사)로 섬겼다. 리더십학교와 대한민국교육봉사단에서의 경험을 통해 진로를 변경, 현재 서울대학교 행정대학원에서 공부하며 통일 직후 북한 사회의 재건을 위해 쓰일 날을 준비하고 있다.

대한민국
교육봉사단은

'나눔과 동행을 통한 변화!'를 추구한다. 2008년 한국의 TFA를 만들어보자는 생각을 가지고 한국리더십학교, 기독교윤리실천운동, 기독경영연구원, 좋은교사운동, 한국학교사회복지사협회, 한빛누리재단 등 6개 단체가 모여 발족한 교육봉사단체이다. 대학생 봉사자들을 체계적으로 훈련시켜 취약 지역 중학생들에게 비전코칭과 학습코칭을 제공하는 씨드스쿨을 메인 프로그램으로 운영하고 있다. 현재 서울 근교 6개 학교와 4개 교회, 광주의 2개 학교에서 2백여 명의 봉사자가 활동하고 있다.

자신이 선택할 수 없는 과거의 환경과 상황 때문에 미래가 불안할 수밖에 없다는 사실이 너무 가슴 아팠습니다. 대한민국교육봉사단은 자신의 꿈을 포기하지 않고 도전한다면 얼마든지 그 꿈을 이룰 수 있음을 보여주고 싶습니다

— 대한민국교육봉사단의 캐치프레이즈

작지만 강한 단체

대한민국교육봉사단은 교육을 통한 나눔으로 우리 사회의 심각한 교육 불평등 문제를 해소해보자는 취지로 2009년 1월 발족한 비영리단체입니다. 주로 서울 근교와 전라도 광주 지역을 포함하여 2012년 현재 8개의 학교와 4개의 교회 현장에서 매 학기 2백 명 이상의 봉사자가 활동하고 있습니다.

대한민국교육봉사단의 주요 사업은 '씨드스쿨'입니다. 씨드스쿨은 대학생 자원봉사자들을 체계적으로 훈련시켜 미래세대 희망의 씨앗인 취약 지역 중학생들에게 1:1로 1년 과정의 비전코칭과 학습코칭을 제공하고 있는 프로그램입니다.

씨드스쿨은 봉사자와 학생, 학교와 교사, 학부모 그리고 후원자 등 모두에게 큰 감동을 주는 프로그램으

취약 지역이란?

국민기초생활보장제도 수혜자와 차상위 가정 아이들의 비율이 30%를 넘는 지역을 의미한다. 이전까지 교육봉사의 패러다임은 단순히 취약 계층 혹은 국민기초생활보장제도 수급자 대상으로 진행되는 경우가 많았는데, 이렇게 진행되는 프로그램에 참여하는 아이들은 낙인감을 겪는 문제가 있었다. 그래서 씨드스쿨 프로그램은 취약 계층만을 대상으로 하는 것이 아닌 취약 지역 학교 전체를 대상으로 삼았다. 씨드스쿨 프로그램에는 전교 1등부터 꼴찌까지, 상대적으로 잘 사는 학생과 교복을 한 번도 빨지 못하는 학생 등 다양한 스펙트럼의 학생들이 함께 참여한다.

대학생 멘토 봉사조직 '씨드(Seed)스쿨'

멘토링 봉사를 하고 있는 여대생 A씨. 지난 연말 인터넷 메신저에 접속하자 6개월 전부터 멘토링을 해온 중학생 P양이 평소 하지 못한 얘기를 했다. '어떤 친구가 자주 싸이월드 도토리를 달라고 해요.' A씨는 처음엔 대수롭지 않게 여겼다. 한데 대화를 해보니 P양이 꾸준히 갈취를 당해오고 있었다. 학교나 집에서 내색하지 못했던 고민을 매주 한번 꾸준히 만나는 멘토에게 드디어 털어 놓은 것이다. A씨는 곧바로 해결책을 찾아 나섰다. "P양을 괴롭히던 친구를 직접 만났어요. 그게 가장 좋은 방법이라고 생각했지요. 차분하게 대화를 나누면서 더 이상 갈취행위를 않겠다는 약속을 받았어요. 그리고 그 후론 그런 일이 일어나지 않았지요."

A씨는 교육NGO인 대한민국교육봉사단(이사장 우형록·법무법인 율촌 대표)이 운영하는 씨드(Seed)스쿨의 120명 멘토 봉사자 중 한 사람이다. 씨드스쿨은 이 단체가 2009년에 결성되면서 주력해온 멘토링 봉사조직이다. 대학생 봉사자(멘토)와 학생(멘티)이 1대1로 만난다. "멘티들이 가진 꿈의 씨앗이 싹 틀 수 있도록 도움이 되고자 노력해요."

"꿈의 씨앗 싹틀 수 있게 도움줄 것"
취약계층 학생에 1년간 1대1 멘토링
정서적 소통으로 폭력성 해결에도 도움

지난해에는 경기도 성남시 창곡여중 등 6개 학교에 20명씩 멘토링 봉사를 나갔다. 창곡여중은 성남 구시가지의 외진 곳에 위치해 교육 여건이 열악한 학교다. 2년 전 송영자(52)예 교감이 씨드스쿨을 성공적으로 도입한 고양시 덕양중학교의 사례를 보고 2년 전 봉사단에 도움을 요청했다. "롤모델이나 미래에 대해 생각할 시간이 없는 아이들에게 꿈에 대한 희망을 심어주고 싶었죠." 이 학교 학생 20명은 매주 목요일 본교로 찾아온 20명의 대학생 멘토 선생님과 일대일로 개인 만남을 가졌다. 멘토링 프로그램은 학기 별로 나눠 비전 학습 지도로 짜였다. 송교감은 "처음 시작한 2010년에는 아이들을 모으기가 어려웠는데 지난해에는 학생들의 반응이 좋아 많은 아이들이 신청을 했다"고 소개했다.

멘토들은 나름대로 전문성을 갖추기 위해 필요한 공부를 해야 한다. 아이들과 만나기 전 사전 교육을 받고 3년 동안 꾸준히 활동할 수 있는 멘토에게만 '티(T)'라는 자격이 부여된다. '티'는 '티처(Teacher)'의 머릿글자를 딴 것. 씨드스쿨의 전문 교사를 지칭한다. 한 명의 학생을 담당하고 있기 때문에 ...

씨는 "아무래도 나이 차이가 작다 보니 언니·오빠처럼 편하게 생각한다"며 "학생들 나름의 문제가 있는데 그걸 대화로 풀어내면 후련해 한다"고 말했다. 실제로 처음 씨드스쿨 프로그램을 시작한 덕양중학교는 지난해 교내 폭력사건이 한 건도 일어나지 않았다.

"아이들을 보면서 저도 인생의 목표를 다시 세웠어요." 김현복(29·남아공대 상업법학 2)씨는 군 제대 후 3년 동안 '티'와 멘토들을 관리하는 '엠(M)'으로 봉사활동을 했다. 남아공 ...

대부분 씨드스쿨에 오는 학생들은 ...

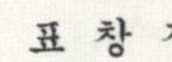

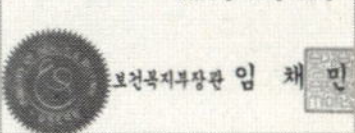

표창장

대한민국교육봉사단

귀 기관은 휴먼네트워크 멘토링 활동을 통하여 우리사회 나눔문화 조성에 크게 기여하였으므로 이에 표창합니다.

2011년 11월 22일

보건복지부장관 임채민

로 성과를 내고 있습니다. 매 학기 씨드스쿨 프로그램을 도입하기 원하는 학교의 신청이 쇄도하고 있습니다.

●HD
대한민국교육봉사단에서는 간사를 HD(Hope Designer, 희망디자이너)라고 부른다.

대한민국교육봉사단은 연 예산 3억 정도에 본부장 1명과 3명의 HD가 일하고 있는 작은 규모의 단체이지만, 취약 지역 청소년들이 자신의 꿈과 재능을 발견하는 것을 도와 미래세대에게 희망의 씨앗을 심는 역할을 잘 감당하고 있는 '작지만 강한' 단체입니다.

취약 지역 청소년들에게 정말 필요한 프로그램을 지원하고 있어서 언론에 모범적인 사례로 보도되기도 했습니다. 제3회 대한민국휴먼대상에서는 보건복지부장관상을 수상하기도 하는 등 꾸준한 행보를 보여주고 있습니다.

나눔과 동행을 통한 변화
씨드스쿨

씨드스쿨 프로그램은 취약 지역의 중학교의 아이들을 대상으로 하는 프로그램입니다. 일반적으로 말하는 멘토링 프로그램과 유사하지만, 대한민국교육봉사단에서는 비전코칭1학기 과정, 학습코칭2학기 과정으로 부르고 있습니다.

씨드스쿨이 기존의 프로그램들과 차별되는 점은 학생들에게 학교 바깥의 공간에서 서비스를 제공하지 않고, 직접 학교 현장으로 찾아가 프로그램을 진행하는 학교 안의 학교, 즉 'School in school' 모델이라는 점입니다.

처음 씨드스쿨 프로그램을 시작한 2009년 당시까지만 해도 방과후학교 프로그램으로 전문 업체를 불러들여 비용을 지불하고 프로그램을 진행하거나, 학교가 직접 인근 지역 대학생들을 모집해 학교의 관리 하에 과외지도 봉사활동을 진행한 사례는 있었지만 비영리단체의 교육봉사 프로그램을 학교의 공식 방과후학교 프로그램으로 채택하고, 직접 단체에서 운영을 맡아 진행한 사례는 찾아보기 어려웠습니다.

학교 안에서 진행되는 프로그램에서 행여나 사고가 날 경우 학교에서 책임을 져야 하기 때문에 대외적으로 인지도가 없는 봉사단체가 학교에서 프로그램을 진행하는 것은 쉽지 않은 일이었습니다. 그러나 이런 어려움에도 대한민국교육봉사단은 교육문제를 해결하려면 공교육을 도와야 하고, 그러려면 학교 밖에서 교사의 역할을 대체하는 프로그램을 진행하는 것보다 학교 안에서 교사가 학생들을 지도하는 데에 도움을 주는 프로그램을 설계해야 한다는 철학을 가지고 있었습니다.

이런 생각으로 가지고 단체 설립을 추진하던 2009년 당시 우리 사회에서 가장 큰 이슈는 날로 심화되는 사교육비와 교육의 양극화 문제였습니다. 당시 언론의 교육과 사회 분야에서 머리기사로 다루던 내용들은 '개천에서 더 이상 용이 나지 않는다'는 것이었습니다.

많은 명문대 학생들이 취약 지역에서 무료로 과외봉사를 하고 있었지만, 이렇게 도움을 받은 아이들이 당당히 명문대에 합격했다는 소식이 가뭄에 콩 나듯, 찾아보기 힘들게 되었습니다. 취약 지역 학생들에게 도움과 희망의 손길이 절실하던 때였습니다.

취약한 환경에 처해 있는 아이들이 자신의 정체성과 재능을 찾아 명확한 꿈과 희망을 가지게 하는 일이 가장 시급한 일이었습니다. 그래서 씨드스쿨이 가장 중요하게 생각한 일은 아이들의 꿈이었습니다. '가난해도 꿈을 꿀 수 있고, 공부를 못해도 행복할 수 있다'는 것을 보여주고 싶었습니다.

씨드스쿨 프로그램은 총 1년 간 두 학기, 각 학기당 12주 과정으로 중학교 1학년 2학기 아이들 20명이 비전코칭과 학습코칭을 통해 정체성 발견과 재능개발, 자기주도적 학습과 미래 직업 탐색 등을 경험할 수 있게 구성되어 있습니다.

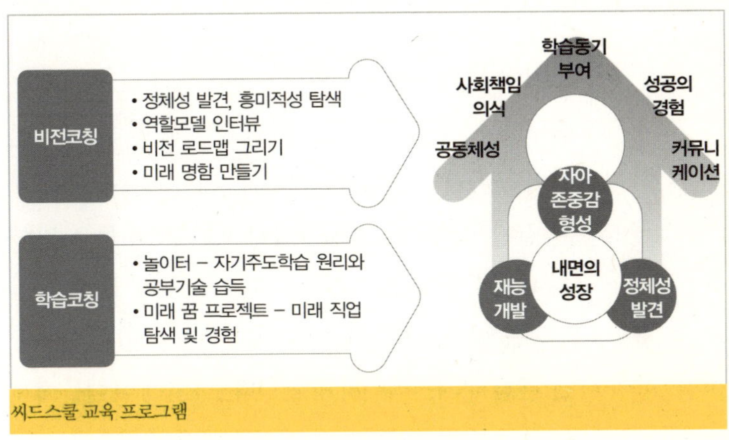

씨드스쿨 교육 프로그램

씨드스쿨은 아이들이 행복한 학교입니다. 학생들은 비록 어려운 현실 속에 놓여 있지만 씨드스쿨에 참여하는 그 순간만큼은 최고로 대접 받고 행복을 느끼게 해주자는 철학으로 프로그램을 디자인했습니다.

대개 취약 지역 아이들은 정규수업을 마치고 방과후학교도 마친 저녁 5~6시 이후 제대로 된 돌봄을 받지 못합니다. 편부모 가정이나 맞벌이 가정이 많기 때문에 저녁을 제대로 먹지 못하는 경우도 많습니다. 그래서 씨드스쿨은 통상적인 방과후학교보다 시작 시간을 늦추어 오후 5시부터 8시까지 프로그램을 진행하고, 중간에 뷔페식으로 양질의 저녁을 제공했습니다. 프로그램에 참여하는 아이들이 더욱 행복할 수 있도록 방과 후, 이후의 프로그램까지도 신경을 쓰는 'After after school'을 콘셉트로 잡았습니다. 그런데 프로그램 종료시간이 늦어지니 문제가 생겼습니다. 아이들이 늦은 시간에 귀가해야 하는, 안전상의 문제가 그것이었습니다. 그래서 매주 프로그램이 끝난 이후에는 봉사자들이 1:1로 아이들을 집까지 데려다줬습니다. 집이 가까운 친구는 걸어서, 먼 친구는 함께 버스를 타고 데려다주고 나면 봉사자들은 완전히 기진맥진하게 됩니다. 하지만 아이들에게는 누군가가 자신의 든든한 보호자가 되어준다는 것이 소중한 경험이 됩니다.

씨드스쿨에서 아이들은 공부를 하지 않습니다. 아이들이 5시가 되어 교실로 들어오면, 최신 유행하는 신나는 음악이 나옵니다. 프로그램 시작 시간이 되면 멋진 오프닝 영상과 함께 진행자가 그날의 프로그램에 대해 간략하게 소개하고, 매주 봉사자들이 돌아가면서 준비하는 창의상상타임을 진행합니다.

저녁을 먹고 나면 본격적으로 봉사자와 학생들이 1:1로 흩어져 대한민국교육봉사단에서 자체 개발한 교재를 가지고 '세상에 너를 소리쳐' 활동을 합니다. 이 활동을 통해 학생들은 자신의 꿈과 재능을 확인하고, 직접 자신의 장래 희망 직종에 종사하는 역할모델을 만나러

씨드스쿨의 실제 활동 모습

가기도 합니다. 한 학기 동안의 이러한 활동이 끝나면 아이들이 직접 디자인하고 전문 디자이너의 손을 거친 예쁜 미래 명함이 나옵니다. 마지막 날 이것을 친구, 선생님, 학부모님들께 드리면서 프로그램을 마칩니다.

이와 같이 씨드스쿨이 아이들에게 행복한 학교라면 동시에 봉사자들에게는 성장의 기회를 제공하고 있습니다. 씨드스쿨이 특히 강조하는 핵심가치 중 하나는 '동행'입니다. 기존의 많은 단체들은 학생들에게 교육봉사를 전달하는 데에만 초점을 맞췄습니다. 이럴 경우 봉사자들은 금방 소모됩니다. 이러한 문제의식에서 씨드스쿨은 봉사자에 대한 사전교육과

씨드스쿨의 'T스쿨'

씨드스쿨에서는 봉사자를 'T'라 부르는데, 이는 영어 단어 'Teacher'의 앞글자로, 인도 영화 《블랙》에서 보지도 듣지도 못하는 미셸이 자신을 헌신적으로 가르쳐준 사하이 선생님을 부르는 말에서 따온 것이다. 미셸은 태어날 때부터 눈도 안보이고 귀도 안 들리고 말도 못하는 아이여서 아이의 부모도 포기한 상태였지만 사하이 선생님은 이 아이를 끝까지 포기하지 않고 결국 대학까지 입학시킨다. 씨드스쿨의 봉사자들이 바로 이 사하이 선생님처럼 아이들을 헌신적으로 섬기기를 원하는 마음에서 'T'라고 부르기 시작했다. 그래서 T가 되기 위해서는 3박 4일 동안 40시간의 힘든 교육을 반드시 이수해야만 한다.

사후관리를 강화했습니다. 봉사자들은 아이들과 만나기 전, 먼저 방학 중에 3박 4일 동안의 'T스쿨' 교육프로그램을 이수해야 하며, 여기에서 전반적인 멘토링 이론과 취약 지역 아이들의 특성, 씨드스쿨 커리큘럼 등을 배웁니다.

특히 여기에서부터 형성된 봉사자들끼리의 친분은 이후 12주 동안 프로그램을 지속하는 데에도 큰 도움이 됩니다. 매주 현장에서는 전반적인 행사를 기획하고 진행하며 T들을 돕는 현장담당자가 있어 봉사자들에게 힘이 되어줍니다. 봉사자들은 학생들과의 관계에서 어려운 점이 있을 때 현장담당자에게 상담을 할 수 있습니다. 이처럼 체계적인 관리를 통해 봉사자들은 학생들과의 1:1 관계에 더욱 집중할 수 있고 그러한 과정에서 자신도 변화하고 성장하는 것을 느끼게 됩니다. 말 그대로 12주간 봉사자와 학생이 '동행'하는 것입니다.

이렇게 씨드스쿨 프로그램이 아이들의 행복과 봉사자의 성장을 염두에 두고 진행되니, 출석률이 98%이상 되는 놀라운 결과가 나타났습니다. 아이들이 100% 가까이 출석하는 것은 어느 정도 설명이 되지만, 대학생 봉사자들이 학기 중에 중간·기말고사 기간에도 빠짐없이 진행되는 프로그램에 거의 빠지지 않고 오는 것은 기존의 프로그램들에서 쉽게 찾아볼 수 없는 현상입니다.

이렇게 높은 출석률이 말해주듯 씨드스쿨은 봉사자와 아이들 모두 꼭 다시 하고 싶은 프로그램으로 자리 잡고 있습니다. 한 학년, 40명의 절반이 씨드스쿨에 참여하는 덕양중학교에서는 씨드스쿨을 하고 나서 폭력사건이 한 건도 없었다는 보고도 있었습니다. 이렇게 프로그램이 성공적으로 안착하기까지 수많은 사람들의 역동적인 상호작용이 있었습니다. 지난 3년 동안 대한민국교육봉사단이라는 이름으로 단체를 만들고 하나의 프로그램을 안정화시키기까지 실로 많은 일들이 있었습니다. 대한민국교육봉사단의 사례를 중심으로 한 단체의 설립 과정을 실무자의 시각에서 정리해보겠습니다.

한국의 TFA를 만들자
대한민국교육봉사단의 태동

"한국의 TFA, Teach for Korea를 만들자!"

2008년 여름, 한국리더십학교 필수과정인 미국 필드스터디의 마지막 일정인 월로우크릭 리더십 서밋에서, 대한민국교육봉사단 탄생의 계기가 된 TFA Teach for America의 설립자 웬디 콥의 강연을 들을 기회가 있

TFA의 웬디 콥이 리더십 서밋에서 강연하고 있다.

었습니다.

TFA는 미국의 명문대를 졸업한 학생들을 5주 동안 교육시키고, 미국의 낙후된 지역 공립학교에 교사로 파견하는 비영리단체입니다. 미국의 하버드대나 프린스턴대와 같은 명문대를 나온 친구들은 금융가에 취직하면 연봉 20만 달러 이상을 받을 수 있음에도, 그것을 포기하고 TFA에 지원하여 낙후된 지역의 공립학교에서 연봉 2~3만 달러를 받으며 일합니다. 현재 TFA는 매년 5천 명 정도 뽑는 교사 정원에 수만 명이 지원을 한다고 합니다.

웬디 콥의 강연을 들은 후, 전체 일정을 정리하는 모임에서 일이 터졌습니다. 한국리더십학교의 이장로 교장선생님께서는 강연을 들으면서 TFA 모델을 한국적 상황에 접목시켜 "Teach for Korea"를 만들어보면 어떨까 생각하셨다고 털어놓으셨습니다.

이 한마디에 저는 온몸에 전율이 느껴지는 동시에 구체적인 계획들이 머릿속을 스쳐지나갔습니다. 대학 화장실 소변기 앞에 붙어 있는 공부방 전단지를 보면서 '언젠가 한번쯤 나도 이런 봉사를 해보고 싶다'는 생각을 품곤 했었는데, 직접 단체를 만들어 체계적으로 해볼 기회가 생긴 것입니다.

당시 리더십학교 학생들은 필드스터디를 떠나기 몇 개월 전부터 정치·문화·과학기술·교육 등 분과를 나누어 준비했습니다. 저는 당시 물리학을 전공하고 있었음에도 평소 교육문제에 대한 관심을 가지고 있었기 때문에 과학 분과가 아닌 교육 분과에 소속되어 있었습니다. 이렇게 사소한 사건 하나가 한 단체를 만드는 데에 결정적인 역할을 한 셈입니다.

가을부터 교육 분과 멤버들과 함께 'Teach for America'의 한국적 모델인 TFKTeach for Korea를 기획하기 시작했습니다. 그런데 미국과 달리 교원임용 절차가 까다로운 우리나라의 현실에서 TFA처럼 명문대 졸업생들을 취약 지역에 유급교사로 보내는 것은 불가능한 것이었습니다. 또한 공립학교 교사에 대한 처우가 열악한 미국과 달리 우리나라에서 교사는 누구나 되고 싶고, 선망 받는 자리이기 때문에 졸업생들을 교사로 보낸다는 것이 큰 희생이라는 생각이 들지 않았습니다. 따라서 처음에 TFK는 대학생 자원봉사자를 훈련시켜, 취약 계층 청소년들에게 무료과외를 제공하는 단순한 콘셉트로 기획되었습니다.

당시 '교육봉사'라는 개념은 새로운 개념이었지만, 이미 대학마다 공부방에서 아이들을 무상으로 가르쳐주는 형태의 활동은 활발히 이루어지고 있었기 때문에 사업의 형태를 상상하는 것은 어렵지 않았습니다. 다만 제가 주목한 부분은 이를 '조직적'으로 해보자는 것이었습니다. 이렇게 해서 사업의 기획안이 나오고, 대략적인 예산안까지 만들었지만 여전히 이것은 사회생활조차 경험해보지 못한 일개 학생의 조잡한 기획안에 불과했습니다. 이대로 리더십학교를 졸업하면 이 기획안은 서서히 기억 속에서 잊힐 것이 분명했습니다.

2008년 12월 7일. 대학 3학년 2학기 마지막 기밀시험을 치르고 있던 제게 연락이 왔습니다. 새문안교회 교육관에 TFK사업을 구체적으로 만들어가고자 하는 사람들이 모여 있고, 이들 앞에서 기획안을 발표해야 하니 참석하라는 것이었습니다. 저는 곧바로 답안지 작성을 멈추고 달려갔습니다. 영문도 모른 채 도착한 그곳에는 기독교윤리실천운동, 기독경영연구원, 좋은교사운동, 한국학교사회복지사협회 등 굵직굵직한 단체들의 대표급 인사들이 모여 있었고, 이분들은 제가 서툴게 준비한 기획안을 진지하게 경청해주셨습니다. 그러나 이 역사적인 첫 번째 모임은 사업에 대한 뚜렷한 확신이 있었던 저의 생각과는 달리 서로 생각하고 있는 그림이 다르다는 것만 확인하고 마무리되었습니다.

큰 소득이 없었던 첫 모임 후, 약 한 달이 지난 2009

년 1월 15일, 같은 멤버들이 기독교윤리실천운동 사무실에서 두 번째 모임을 가졌습니다. '프리미엄 공부방을 만들자', '주부 봉사자를 활용하자', '학습지원보다는 멘토링을 하자'는 등 각자가 생각하는 이상적인 교육봉사의 모습을 이야기하며 별다른 진척 없이 두 번째 모임도 끝나가는 듯했습니다.

이때 이장로 교수님께서 우선 이름부터 정하자고 하시며, 지금은 정식명칭이 된 '대한민국교육봉사단'이라는 가칭을 제안했습니다. 동시에 회의에 참석한 사람들을 운영지원팀, 교사양성팀, 커리큘럼개발팀으로 나누어 일을 진행해보는 것이 어떻겠냐는 의견을 내셨습니다. 그 순간 신기하게도 서로 다른 목소리를 내던 사람들이 일사분란하게 팀을 나누기 시작했습니다. 그런데 딱 한 가지 부족한 것이 있었습니다. 실제로 일할 사람이 없었던 것입니다.

그 자리에 계신 분들은 모두 소속된 단체가 있는 분들이었습니다. 현직 학교교사, 교수, 시민운동가, 복지사 등 각자 자신의 일을 가진 사람이었습니다. 전업으로 새로운 단체의 기획과 설립을 위해 뛸 사람이 없었습니다. 그때 저는 그동안 마음속으로만 생각하고 있었던 것을 입 밖으로 냈습니다.

"제가 2년 간 휴학을 하고 간사로 섬기겠습니다."

일은 실무자가 한다
희망디자이너 이야기

2009년 1월 회의 이후 실제로 일이 급물살을 탔습니다. 기독교윤리실천운동에서 사무실 공간을 무상으로 빌려주었고, 당시 기독교윤리실천운동의 양세진 사무총장님이 대한민국교육봉사단의 본부장으로 실무를 총괄하기 시작했습니다.

정말 아무것도 없이, 뭘 해야 하는지, 어떤 프로그램인지, 이떤 사람들을 대상으로 할 것인지에 대한 계획도 없이 이름이 생기고 조직이 생기게 되었습니다. 저는 사실 처음에는 완전히 무급 자원봉사로 결합하려고 생각하고 있었습니다. 그러나 운영지원팀의 팀장으로서 실질적인 실무를 총괄하게 된 당시 양세진 본부장님의 생각은 달랐습니다.

단돈 몇 십만 원을 받더라도 반드시 유급이어야 하고, 또 반드시 상근이어야 한다는 것이었습니다. 당시 전혀 일을 해본 경험이 없었고, 철없는 일개 휴학생이었던 저는 조직에 얽매이지 않고 자원봉사로, 그렇지만 열정적으로 활동하면 아무런 문제가 없을 것이라 생각했습니다.

신생 조직인데 돈을 받고 일하는 것보다 그 돈을 아껴 사업비로 쓰는 게 낫다고 생각했습니다. 이미 역량이 훌륭한 다양한 분야의 전문가들이 모여 있기 때문에 실무자는 여기에 그저 숟가락만 얹으면 되는 줄 알았던 것입니다. 결국 "급여를 받아서 다시 후원하는 한이 있더라도 일단 유급이어야 한다. 급여라고 생각하지 말고, 너의 책임성을 담보해주는 족쇄라고 생각하라"는 양 본부장님의 말에 설득됐습니다.

막상 일을 해보니 회의준비를 제외하곤 별다른 할 일이 없었던 첫 달을 제외하고는, 급여를 받는 것이 전혀 마음의 부담이 되지 않을 만큼 할 일이 많았습니다. 다만 시간이 지난 지금 당시를 돌이켜보면 일을 많이 하기는 했으나, 제 자신이 아찔할 정도로 일을 못하기도 했습니다.

고등학교 시절부터 물리 공부만 하고 살아왔던 풋내기 실무자는 그렇게 하나하나 일을 배워갔습니다. 특히 인상적이었던 것은 양 본부장님의 "일은 실무자가 하는 것이다. 회의에 90%를 들고 가서 전문가에게 남은 10%를 채워 달라 하지 말고, 100%를 준비해서 120%를 만들어와야 한다"는 말이었습니다.

전문가에게 모든 것을 의존하지 말고 실무자가 높은 수준의 결과물을 준비할 수 있는 역량을 갖춰야 효과적으로 일을 진행할 수 있다는 말이었습니다. 너무나 당연한 말이지만 이러한 개념은 제가 실무자의 중요성을 인식하게 되는 중요한 계기가 되었습니다.

4월에는, 자기주도적 학습으로 유명한 교육회사에서

근무하던 리더십학교 동문 오사라 HD가, 5월에는 리더십학교 재학 당시 함께 교육 분과에서 활동하며 기획안 작성에도 참여했던 용지혜 HD가 합류했습니다. 교육 분야 전공자인 두 사람의 합류로 구체적인 프로그램 개발에 박차를 가할 수 있었습니다.

이때부터 저희는 간사라는 호칭 대신 희망디자이너 HD라는 별칭을 사용하기 시작했습니다. 이름과 직함을 부르는 대신 '레오최홍섭', '알리양세진'와 같이 닉네임을 사용하였습니다. 어린 학생들을 대상으로 하는 교육봉사단체이니 만큼 딱딱한 호칭보다는 누구나 부르기 쉽고 친근하게 다가갈 수 있도록 하는 게 좋겠다고 판단한 것입니다. 또한 희망디자이너라는 표현에는 대한민국교육봉사단이 '더 이상 개천에서 용이 나지 않는다'고 할 정도로 날로 심화되고 있는 교육 양극화 현실에서 취약 지역 청소년들에게 희망이 되어주기를 바라는 마음도 담겨 있었습니다.

첫 학기
씨드스쿨 개강까지의
쉽지 않았던 여정

처음 단체를 기획하고 구체적인 프로그램을 고민하기 시작했을 때에는 여느 공부방 봉사처럼 무료과외

형식의 교육봉사를 상상했습니다. 막연하게 '교육봉사'를 하면 될 것이라 생각하고 구체적으로 어떤 대상에게 어떤 프로그램을 제공하는 것이 좋을지에 대해서는 크게 고민하지 않았습니다. 그러나 막상 단체를 조직하고 나니 가장 시급한 문제는 사업의 대상과 프로그램이었습니다.

초창기 모임에서부터 유독 프로그램에 대해서만큼은 회의에 참석한 전문가 사이에서 의견이 분분했습니다. 어린 나이인 초등학생을 대상으로 해야 효과가 있다는 의견, 대학생들은 봉사자로서 부적합하다는 의견, 공부를 가르치는 것보다는 멘토링이 더 중요하다는 의견 등등. 실제로 현장에 가기도 전에 프로그램을 구상하려니 더욱 어려웠습니다.

갑론을박 끝에 우리의 활동이 교육문제를 해결하는 데에 영향력을 미치기 위해서는 학교 안에서 학교를 돕는 것이 좋겠다고 합의하였습니다. 학교 밖에서 학교의 역할을 대체하는 무료 사교육보다는 학교 내에서 영향력을 발휘하는 방향으로 가닥을 잡았습니다. 그런데 문제는 학교가 검증되지 않은 봉사단체에게 학교를 오픈하지 않는다는 것이었습니다.

다행히 이 문제는 좋은교사운동의 정병오 대표님께서 경기도 고양시 덕양중학교에 부임한 김삼진 교장 선생님을 소개해주면서 해결되었습니다. 김삼진 교장선생님은 2008년 당시 우리나라 최초로 시행된 교장 공모제로 당선되었고 좋은교사운동 출신이었습니다. 김삼진 교장선생님은 적극적으로 환영하시면서 당장 3월 학기부터 봉사자를 파견해주기를 원하셨습니다. 저 역시 이것이 한 학기 정도 활동하면서 프로그램을 만들어갈 수 있는 좋은 기회라고 생각했습니다. 그러나 양 본부장님의 생각은 달랐습니다. 구체적인 프로그램도, 매뉴얼도, 훈련된 봉사자도 없는 상황에서 무리하게 사업을 상행했다가 학교로부터 신뢰를 잃을 수도 있다고 판단했던 것입니다. 당시 학교 내부에서 학교의 공식적인 방과후 프로그램으로 진행되는 비영리단체의 교육봉사 프로그램은 거의 없었고, 다른 프로그램들처럼 학교 밖으로 아이들을 불러내 진행하는 프로그램이 아닌 만큼 학교와의 협력이 중요했기 때문에 신중하게 접근하기로 했습니다.

이렇게 구체적으로 프로그램을 진행해본 적도 없는 상황에서 교재와 봉사자들을 위한 매뉴얼을 만드는 일이 시작되었습니다. 구체적인 사업의 형태도 없는 상황에서 단체 소개 자료를 만들어 후원금을 요청해야 했습니다. 당시 주 업무는 매주 회의를 진행하는 것이었습니다. 단체에 전문가들이 포진해 있으니 그분들의 조언을 받아 교재를 만들고 커리큘럼을 만드는 것이었습니다.

인터넷에서 '사공이 많으면 배가 산으로 간다'는 속담을 검색하면 군인들이 보트를 어깨에 메고 산을 오르는 사진이 나옵니다. '사공이 많으니 정말 배가 산으로 간다'는 농담 섞인 설명을 달아서 말입니다. 그런데 당시 대한민국교육봉사단에게는 이 때가 그런 시기였습니다.

'한 가닥' 하시는 전문가들은 너무 많고, 그에 비해 실무자들은 경험도 없는 '어리바리'한 상황이었습니다. 당시에 "우리 단체는 가분수다"라는 말을 종종 듣곤 했었습니다. 따라서 손발이 될 실무자의 역할이 더욱 중요했습니다.

짧은 시간 동안 작업을 마무리하기 위해 4월, 한 달은 평일이나 주말 관계없이 매일 12시까지 규칙적으로 야근을 하면서, 매뉴얼을 개발하는 작업에 매달렸습니다. 매뉴얼을 만드는 작업이다 보니 하루 종일 자리에만 앉아서 일하고, 또 '일을 잘하려면 잘 먹어야 한다'며 단체에서 제공하는 매 끼니 양질의 식사로 한 달 동안 20kg이 넘게 살이 찔 정도였습니다.

우여곡절 끝에 교재를 완성한 직후, 9월 학기에 시작될 씨드스쿨 프로그램에 대한 설명회를 위해 덕양중학교를 찾았습니다. 그런데 의외로 교사들의 반응은 싸늘하다 못해 적대적이기까지 했습니다. 알고 보니 김삼진 교장선생님은 호의적이고 적극적이었지만 일반 교사들의 반응은 어디서 듣도 보도 못한 단체가 왔느냐는 의심의 눈초리가 대부분이었던 것입니다. '뭘 믿고 우리 아이들을 맡기느냐', '전도하려는 것 아니냐'며 적대적이던 분위기는 완성된 교재와 매뉴얼을 보자 호의적으로 바뀌었습니다.

당시 자기주도적 학습 프로그램이나 비전·리더십 코칭과 같은 프로그램들은 주로 강남 지역에서 만들어진 고가의 프로그램민으로 진행되고 있었는데, 저희가 이런 프로그램을 제공하고 이미 교재와 매뉴얼까지 갖추고 있는 것을 보며 '듣도 보지도 못했던 단체라고 생각했는데, 뭔가 있긴 있구나'라고 생각이 바뀌게 된 것입니다. 그 자리에서 교사들은 모두 씨드스쿨 프로그램을 진행하는 데에 동의했습니다.

이렇게 사업이 확정된 이후 여름 동안에 봉사자를 모집하고, 사전교육을 실시하여 2009년 9월에 씨드스쿨 첫 학기를 열 수 있었습니다. 씨드스쿨은 첫날부터 엄청난 호응을 받았습니다. 개강식 참가자들은 대부분 별 기대감 없이 왔는데, 교실이 예쁘게 꾸며져 있고, 신나는 음악이 나오는 등, 잘 준비된 행사가 펼쳐지자 다들 놀라는 눈치였습니다.

방문한 사람들도 교실이 미어터질 정도였고, 대학생 봉사자들과 아이들이 뒤섞여 즐거워 하는 모습을 보며 참석자 대부분이 놀라움을 금치 못했습니다. 또 한 가지 결정적인 것은 저녁식사였다고 생각합니다. 보통 NGO는 사업비가 부족하기 때문에 싼 가격의 적당한 식사를 제공하는 경우가 많았습니다. 하지만 저희는 역발상으로 이 아이들이 가난한 아이들이지만 씨드스쿨에 오는 시간만큼은 최고의 대우를 해주자고 생각했습니다. 개강식에 참석한 사람들의 기대치를 뛰어넘었던 것입니다.

이렇게 최고로 맛있는 뷔페식 저녁을 제공하고, 대학생 형과 언니들이 재미있고 유익한 프로그램에 함께 해주는 씨드스쿨은 한 학년 재학생이 40명에 불과한 덕양중학교에서 20명이 넘는 학생이 참여하여, 단숨에 학교에서 가장 인기 있는 프로그램이 되었습니다. 처음에는 의심의 눈초리로 바라보던 교사들도 저희를 열렬히 환영해주기 시작했습니다.

한 교사는 "내가 퇴근하는 시간에 우리 아이들을 위해 멀리서부터 오는 대학생 봉사자들을 보면서 원래 내가 해야 하는 일이 아닌가 돌아보게 되었다"고 고백하기도 할 정도였습니다. 선생님들의 업무 부담을 줄이기 위해 씨드스쿨 프로그램이 있는 매주 수요일마다 교감선생님은 자진해 당직을 서시기도 했습니다. 아주 조금씩이지만 분명히 학교가 변하고 있었습니다.

한 학기 12주 과정을 마무리하는 비전코칭 수료식인 씨앗축제는 큰 성공을 거두었습니다. T와 부둥켜안고 우는 아이들, 모두의 앞에서 당당하게 자신의 꿈을 이야기하는 달라진 아이들, 이들을 보며 참석한 학부모님들과 선생님들 모두 감동했습니다.

이날 이후 덕양중학교의 김삼진 교장선생님께서 가시는 곳마다 씨드스쿨을 추천해주시는 바람에 매 학기마다 여러 학교에서 씨드스쿨 프로그램을 도입해달라는 문의가 들어옵니다. 재정과 봉사자 모집의 한계로 인해 그 모든 요청에 응할 수 없는 것이 안타까울 뿐입니다.

2년이 지난 후 덕양중학교는 자발적으로 예산을 만들어 식비를 지원해주기도 하였습니다. 한때 인근 지역 학생들이 다른 지역으로 위장전입해 떠나서 학생 수가 계속해서 줄어들던 덕양중학교에는 최근 몇 년 동안 다른 지역에서도 들어오려는 사례까지 있다고 합니다. 그중 상당수는 씨드스쿨 프로그램에 지대한 관심을 가지고 학교에 입학하기도 전에 청탁을 하는 경우도 있다니 나름대로 대단한 성공을 거둔 것입니다.

재정과 모금의
어려움

대한민국교육봉사단을 조직하고, 씨드스쿨 프로그램을 안착시키면서 하게 된 생각은 비영리단체라고 일을 탁월하게 하지 않거나 제공하는 서비스가 저렴해서는 안 된다는 것이었습니다. 사업의 대상자가 취약 계층이고, '어차피 가난한 사람들이니 이 정도면 되겠지'라고 생각하는 순간 그 사업은 결코 감동을 줄 수 없습니다. 오히려 우리나라에서 최고로 대접 받는 부자들보다 더욱 대접 받는다고 느끼게 해야 합니다. '이 시간만큼은 당신들에게 최고로 헌신하겠다'는 진정성을 보여주는 것이 중요하다고 생각했습니다.

하지만 비영리단체로 진정성을 가지고 프로그램을 진행하는 데에는 많은 어려움도 있었습니다. 그 중에서도 특히 대부분의 비영리단체가 그렇듯이 재정과 모금문제는 피할 수 없는 어려움이었습니다.

한 교회가 한 학교 현장의 재정과 봉사자를 섬기는 모델을 개발하여 교회로부터 충분한 재정지원을 받을 수 있을 것이라는 예상과 달리 대한민국교육봉사단은 항상 재정문제에 시달렸습니다. 전도목적이 아닌 사업에 교회들이 적극적으로 후원하려고 하지 않았던 것입니다.

기독교윤리실천운동의 배려로 사무실의 한쪽에서 돈 한 푼 내지 않고 더부살이를 했음에도 불구하고 늘 간사들의 많지 않은 급여를 지급하는 것조차 빠듯했습니다. 갓 만들어져 아직 손에 잡히는 성과가 없는 단체에 후원하는 기업이나 개인을 찾는 것 역시 쉽지 않았습니다.

씨드스쿨 프로그램은 한 사람의 후원자가 한 아이에게 들어가는 교육비용을 후원하는 결연회원 모집도 가능한 모델이었으나, 월드비전이나 컴패션 같은 기존 단체들의 결연후원 방식에 대한 사람들의 피로도 때문에 이마저도 쉽지 않았습니다.

대한민국교육봉사단의 회계 담당자로서 모든 수입·지출내역을 상세하게 파악하고 있었던 저로서는 간사들의 급여날이 다가오는 것이 심각한 압박이었습니다. 항상 월급날이 지나고서야 이사님의 눈치를 살피며 지난 달 월급이 미지급되었다고 조심스레 말씀 드리는 것이 반복되었습니다.

대학 입학 때부터 이어오던 학원 강의를 주말마다 계속하여 그나마 상대적으로 재정적 여유가 있었던 제가 부족한 운영비를 사비로 쓰거나, 영수증을 일부 청구하지 않고, 받은 월급을 다시 후원하여 급한 불을 꺼야 할 정도였습니다. 물론 감사하게도 아이들에게 투자할 돈을 줄인 적은 한 번도 없었습니다.

다행히 3년이 지난 지금 대한민국교육봉사단에는 매달 적게는 5천 원에서부터 많게는 20만 원까지 후원하는 수십 명의 개인후원자가 생겼습니다. 저도 아르바이트를 해서 번 돈 중 10%를 대한민국교육봉사단에 후원하고 있습니다. 재미있는 점은 개인후원자의 상당수가 씨드스쿨 프로그램에 참여했던 봉사자들이라는 점입니다.

이들은 씨드스쿨에 참여하여 봉사도 하고, 졸업 후에는 월급과 용돈을 쪼개어 다시 금전후원까지 하는 것입니다. 그러면서도 자기가 계속 T를 하지 못해 미안하다는 친구들, 지금은 후원하지 못하지만 나중에 직장에 들어가면 꼭 후원하겠다고 말하는 친구들이 많습니다. 이들을 보면서 장기적으로는 희망을 가져볼 수 있을 것 같습니다.

비영리단체 실무자의 자질

대학 3학년을 마치고 2년 간 휴학하며 대한민국교육봉사단에서 일했던 것은 제게도 정말 소중한 경험이었습니다. 아무것도 없는 백지 상태에서 기획안을 만들고, 그 기획안이 수정을 거듭해 현실이 되어가는 모습은 늘 즐겁고 놀라운 일이었습니다.

물론 대외적으로 드러나는 것은 이사진이나 대학생 봉사자들입니다. 하지만 물 위를 헤엄치는 우아한 백조도 수면 아래에서는 발을 열심히 휘젓고 있듯이, 잘 드러나지 않아도 실무자들의 역할은 매우 중요하다는 점을 깨달았습니다.

대한민국교육봉사단에서의 경험으로 저는 더 나은 사회를 만들고자 하는 제 꿈을 찾았고, 망설임 없이 전공을 바꾸어 행정대학원으로 진학하는 모험도 감행할 수 있었습니다.

대한민국교육봉사단에서 일하기 전까지 제대로 일해본 경험이 없었던 저는 간사로 일한 2년 6개월의 시간 동안 해볼 수 있는 일은 모두 해본 것 같습니다. 단순 사무에서부터 회계, 회의준비, 프로그램 개발, 펀드 레이징, 현장 진행, 연구 등 다양한 실무 경험을 할 수 있는 좋은 기회였습니다.

특히 설립 초창기에 있는 NGO에서는 사소한 것 하나하나가 일이기 때문에 제너럴리스트Generalist가 필요합니다. 그런데 여기에서 말하는 것은 특별히 잘하는 일 없이 이것저것 손만 대는 제너럴리스트를 의미하는 것은 아닙니다.

저는 NGO에 필요한 실무자의 두 번째 자질을 역량 있는 제너럴리스트Professional Generalist라고 부릅니다. 분명히 대체로 실무자에게 요구되는 것이 어떤 한 분야의 전문가Specialist가 되는 것은 아닙니다. 그러나 반대로 여러 사람과 협력해서 작업을 해야 하는 일은 더욱 많이 생깁니다.

최근 정부나 시민사회에서 많이 이야기하는 협력적 거버넌스 방식으로 교수님들이나 여러 분야의 전문가들과 회의를 해서 결과를 만들어내는 것이 점점 보편적인 일의 방식으로 자리 잡고 있습니다. 실무자 한 사람이 모든 것을 할 수 없기 때문에 '협력하는 능력'이 중요해지고 있습니다. 제가 말하는 역량 있는 제너럴리스트란 이렇게 다양한 분야의 전문가들과 협력할 수 있는 능력을 갖춘 실무자의 자질을 의미합니다.

실무자에게는 전문가들의 깊고 전문적인 통찰을 빠르게 흡수하고, 이를 종합하여 새롭고 혁신적인 결과물을 창조해내는 역량이 필요합니다. 이러한 역량이 일종의 새로운 전문성이 될 수도 있습니다. 앞으로는 비영리단체뿐 아니라 정부나 기업에서도 이러한 역량 있는 제너럴리스트들이 중요해질 것이라고 확신합니다. 그런 의미에서 젊은 나이에 다양한 전문가들과 협력하며 일할 수 있는 비영리단체에서의 경험은 좋은 기회가 될 수도 있다고 생각합니다.

마지막으로 제가 비영리단체 실무자에게 가장 중요한 자질로 꼽는 것은 '인忍', 즉 '견디는 힘'입니다. 한

단체를 설립해본 경험으로 배운 것을 딱 하나만 꼽으라면, 주저 없이 '인내' 혹은 '버티는 힘'을 꼽을 것입니다.

설립 단계의 조직은 마치 한 치 앞도 보이지 않는 안개와 같아서 하루 앞도 예측할 수 없고, 무엇이 최선인지도 가늠할 수 없습니다. 때로는 도무지 대처할 방법을 알지 못하는 상황에 처하기도 하고, 자신이 바꿀 수 있는 것은 아무것도 없다는 자괴감에 빠질 수도 있습니다. 대한민국교육봉사난노 그러한 과정을 숱하게 넘기면서 지금처럼 자리를 잡았습니다. 때로는 단체의 해산을 고민할 정도로 어려운 '폭풍' 같은 시기도 있었지만, 그럴 때는 반드시 일이 이루어질 것을 믿으면서 납작 엎드려 버텼습니다. 버텨내기만 한다면 폭풍은 반드시 지나가고, 다시 전진할 수 있다고 믿었습니다. 그리고 그러한 과정을 이겨낸다면 실무자는 반드시 성장하기 마련입니다.

얼마 전 한국계 최초로 월드뱅크의 수장이 된 김용 총재가 화제가 됐습니다. 그런데 김용 총재는 의사 및 의료행정가 출신으로 금융전문가는 아니며, 경제학 근처에도 가본 적이 없는 문외한이나 다름이 없는 사람이었습니다. 그런데 그가 어떻게 세계인의 은행이라 불리는 월드뱅크의 수장이 될 수 있었을까요?

지난 2011년에는 서울시장 재보선에서 박원순 씨가

시민단체 인사 최초로 서울시장에 당선되면서 화제를 불러왔습니다. 얼핏 아무런 공통점이 없어 보이는 이 두 사람은 모두 비영리단체에서 활동한 경험이라는 공통점이 있습니다. 박원순 시장은 우리나라 시민사회의 대부로 워낙 잘 알려져 있고, 김용 총재 역시 하버드 의대 재학 시절 의료봉사단체인 PIHPartners in Health를 설립해 활동한 바 있습니다. 이 경력이 이번 월드뱅크 총재 지명에 큰 영향을 주었습니다. 김용 총재를 지명한 오바마 대통령 역시 과거 큰 돈을 벌 수 있는 안정된 직장을 포기하고 시카고 빈민가에서 공동체 조직운동을 했던 경험이 있습니다. 웬디 콥의 TFA가 비영리단체임에도 불구하고 미국 명문대 졸업생들이 들어가고 싶은 10대 기업에 꼽혔다는 사실 역시 세상이 분명히 이전과는 뭔가 달라졌다는 점을 보여줍니다. 이러한 사실들이 시사하는 바는 이제 더 이상 시민사회는 사회의 변두리만 지키는 것이 아니며 사회에 엄청난 영향력을 끼치고 있다는 것입니다. 따라서 오늘날 청년들이 비영리단체의 실무자로 일하고, 더 나아가 새로운 단체를 설립하는 길은 비록 안정적이지는 않지만 선한 일을 하면서 사회적으로도 영향력을 발휘할 수 있는 좋은 기회가 된다고 생각합니다. 그리고 앞으로 이러한 영향력은 더욱 커져갈 것입니다.

물론 비영리단체도 점점 많이 생기고 있기 때문에 앞으로 비영리단체를 설립하려고 준비하는 분들은 매력적인 아이템을 고민해 열심히 준비해야 할 것입니다. 앞으로 무슨 일을 해야 할까 열심히 고민하며 준비하는 이 시대 청년들의 손에서 대한민국교육봉사단보다 더 멋진 다양한 비영리단체가 탄생하기를 소망합니다.

씨드스쿨을 통해 변화된 사람들

"내가 갈 길, 내 꿈을 만들어준 씨드스쿨."

— 2기 모현중학교 씨드스쿨 Seed A

"씨드스쿨은 저의 꿈과 인생을 바꾸는 데 결정적인 계기가 되었습니다."

— 3기 덕양중학교 씨드스쿨 루키 T

"제가 퇴근하는 시간에 학교로 들어오는 T들을 보며, 교사인 제가 제대로 역할을 해야겠다고 반성했습니다."

— 덕양중학교 교사 김영식

"세상에, 아직도 그런 사람들이 남아 있니! 너무 고마운 분들이다."

— 3기 창곡여자중학교 씨드스쿨 Seed B의 어머니

저는 지금 학교에서 운영하고 서대문구에서 지원하는 멘토링을 하고 있습니다. 하지만 아이들과 대화를 나누고 꿈을 심어주라고 하면서도 시험을 볼 때마다 성적에 연연해하고 진도 나가기에도 급급해하면서 멘토링에 대한 회의감을 느끼고 있었습니다. 씨드스쿨을 보며 많은 교육봉사단체들이 멘티 학생에게 공부 이외의 것들에도 관심을 가져주었으면 좋겠다는 생각을 했습니다. 지금 하는 멘토링이 끝난 후 씨드스쿨에 지원하고 싶다는 생각이 듭니다.

NGO 실무자로 있으면서 조직 탓을 하고 주인의식을 가지고 일하지 못했었는데, 스스로의 모습을 돌이켜 볼 수 있어서 유익했습니다.

아이에게 가장 두려운 것은 매를 드는 것보다 무관심이라고 합니다. 기대하는 마음으로 희망의 씨앗을 심고 수고하고 노력하여 거두는 기쁨의 열매들이 지역과 연계되어 실현되길 바라며 기존의 지역과 학교, 교회에서 운영되던 곳에 본 시스템을 배워 적극 활용해보고자 합니다.

꿈꾸던 일들이 현실에서 성공적으로 이루어질 수 있다는 것에 도전받고 돌아갑니다.

탄소시장, 기후변화와 최빈국의 경제성장을 이야기하다

기후변화의 완화와 함께
개도국의 지속가능한 발전을 촉진시킬 수 있는
탄소시장에 적극적인 관심을 가져야 할 때

황진솔 | 에코프론티어

0
7

황진솔은 ____ 한동대에서 경제학과 국제지역학을 전공했고 'University of Texas
__________ at Austin'에서 공공정책학 석사학위를 받았다. 유엔글로벌콤팩트(UN
__________ Global Compact), 유엔개발프로그램(UN Development Program) 등에서
인턴십을 하면서 기업의 사회적 책임(CSR)과 지속가능한 개발에 대해
관심을 갖게 되었다. 미국 CSR 그룹에서 컨설턴트로 일하다가 에코프
론티어 탄소전략팀으로 이직하여 선임 컨설턴트로 근무 중이다. 현재
청정개발체제(CDM, Clean Development Mechanism)를 비롯한 탄소상
쇄사업 컨설팅과 기후변화대응을 위한 정부 정책연구 등을 담당하고
있다.
sadus1@gmail.com http://www.facebook.com/jinsol.hwang

에코 __________ 1995년에 국내 최초로 설립된 '지속가능한 발전' 전문 컨설팅 회사
프론티어는 ____ 다. 현재 에너지 환경 사업본부와 녹색경영 사업본부, 'Sustainability
__________ Value' 사업본부, 바이오퓨얼센터, 탄소배출권 사업본부로 구성되어
있다. '내일을 위해 오늘을 바꾸는 인재들이 세계 지속가능한 발전에
헌신하고, 건전한 기업생활을 도우며, 국민의 질을 향상시킨다' 라는
경영목표를 가지고, 국내 지속가능성과 관련하여 기업 및 정부 컨설팅
뿐만 아니라 중국, 말레이시아, 인도네시아, 영국 등에서 신재생에너지
사업을 진행하고 있다.

학부 시절 경제학과 국제지역학을 공부하면서 '빈곤과 전쟁의 원인이 무엇인가'에 대한 답을 열심히 찾아 헤매며 고민하던 기억이 납니다. 그리고 문제의 근원이 인간의 지나친 이기심으로부터 비롯된다는 나름의 결론을 내리게 되었습니다. 모든 인간에게 내재되어 있는 선과 악의 혼재함 속에 지나친 이기심을 악한 것으로 규정한다면, 과연 인간의 선한 영향력을 확장할 수 있는 현실적인 방법은 무엇이 있을까요?

〈쉰들러 리스트〉라는 영화는 이 질문에 대한 저의 궁금증을 풀어가는 데 큰 도움을 주었습니다. '쉰들러'라는 독일 사업가는 2차 대전 당시 개인의 부를 축적하기 위해 유대인들에게 뇌물을 받고, 그들이 포로수용소로 끌려가는 것을 보호해주는 일을 합니다. 궁극적 목적은 사리사욕을 채우기 위한 것으로 악한 동기였지만, 행위 자체는 약자를 도와주는 선한 것이었습니다. 이와 같이 유대인에게 도움을 주고 자신의 부를 축적하기를 반복하던 쉰들러는 영화의 후반부에서는 내면에서 들려오는 양심의 소리에 귀를 기울이기 시작합니다. 그리고 결국 선한 양심의 지배를 받게 되면서, 자신의 모든 것을 팔아 유대인을 구해내려고 노력하게 됩니다. 영화는 쉰들러가 자신의 능력으로 모든 사람들을 구하지 못했다는 괴로움으로 눈물을 흘리며 막을 내립니다.

이 영화는 빈곤에 대한 저의 고민에 대해 매우 현실적인 해답을 주었습니다. 빈곤이라는 거대담론을 해결하려고 많은 NGO를 비롯한 기관들이 캠페인이나 시위를 통해 문제를 공유하고 참여를 권면합니다. 그럼에도 많은 사람이 자신의 지나친 이기심에만 집중하여 살기 때문에 타인의 가난에는 관심을 갖지 않습니다. 그들에게는 〈쉰들러 리스트〉에서 적용된 접근이 더 적합힐 수 있습니다.

다시 말해, 사적 이익을 위해 선한 활동들을 시작할 수 있지만 그러한 행동이 궁극적으로 선한 양심을 자극하여 한 사람의 인격을 바꿀 수 있다는 것입니다. 사람들의 집합체인 기업이란 조직도 동일한 원리가 작용할 수 있을 거라 생각합니다.

저는 인턴십을 통해 기업의 사회책임 활동CSR, Corporate Social Responsibility이 좋은 모델이 될 수 있다고 생각하게 되었습니다. CSR은 기업이 법적인 혹은 경제적인 피해를 보지 않고 이윤을 극대화시키기 위해 환경, 인권, 노동기준, 반부패 사회적 책임을 지는 수동적인 형태로 시작되어 최근에는 수익 창출을 위한 전략으로 발전하고 있습니다. CSR의 동기가 모두 선하다고 할 수 없지만, 행위 자체는 선한 것으로 평가할 수 있습니다. 이 활동이 지속된다면, 점차적으로

CSR은 기업이 진정성을 가지고 사회적 책임을 감당하여 내재된 선한 영역의 확장에 기여하는 역할을 할 수 있을 것입니다.

탄소시장에서도 유사한 가능성이 잠재되어 있습니다. 탄소시장의 참여 동기 자체가 모두 선할 수는 없지만, 탄소시장을 통해 기후변화를 막고 개도국의 지속가능한 발전을 도울 수 있는 행위를 반복한다면 이것은 궁극적으로 개인과 기업의 인식을 변화시킬 수 있을 것입니다. 이러한 가능성과 기대감이 탄소시장에 대해 관심을 갖게 했습니다. 특히, 탄소시장은 빈곤과 기후변화에 대한 이슈를 함께 이야기할 수 있다는 것에 더 큰 매력을 가지고 있습니다.

'빈곤'이라는 이슈는 유엔의 새천년개발계획MDGs, Millenium Development Goals을 통해 공포되고, 이를 극복하기 위해 통합적인 노력들이 진행되고 있습니다. 이와 함께 현시대에는 '기후변화'라는 전 지구적인 문제가 드러나기 시작합니다. 그리고 '빈곤'과 '기후변화'라는 두 가지 이슈에 대한 통합적 접근이 인류의 지속가능한 발전을 가져올 것이라는 기대가 커지고 있습니다.

각국의 정상들이 모였던 'Rio+20'의 의제는 '지속가능발전과 빈곤퇴치 관점에서 녹색경제'와 '지속가능발전을 위한 제도적 틀'을 살펴보면 이러한 기대를 그대로 반영하고 있습니다. 이를 달성하기 위해 다각적인 노력이 국제사회에서 진행되고 있습니다. 특히, 시장 메커니즘을 이용한 온실가스 저감과 함께 빈곤을 완화시켜 지속가능한 발전을 지향하는 제도들이 활성화되고 있습니다.

'빈곤'과 '기후변화'라는 이슈를 개별적으로 접근하는 것은 어렵지 않으나, 이 두 가지 이슈의 연관성을 이해하는 것은 쉽지 않을 수 있습니다. 하지만 두 가지 이슈를 동시에 다룰 수 있다면 그것은 매우 매력적인 방안입니다. 빈곤과 기후변화를 연결시키는 다리 역할을 하는 것이 '탄소시장'이라고 불리는 온실가스 저감을 위한 시장 메커니즘입니다.

탄소시장, 기후변화 대응을 위한 국제사회의 움직임

'탄소시장'은 온실가스 저감사업을 통해 감축된 온실가스 양에 해당하는 탄소배출권을 거래하는 시장을 말합니다. 탄소시장은 현재 유럽의 경제 위기로 주춤하고 있긴 하지만, 2013년 600조 원의 거대한 규모에 도달할 것이라고 예측될 만큼 급성장하고 있습니다. 유럽연합을 비롯한 선진국에서 탄소배출권 시장은 이미 생소한 개념이 아닙니다.

유럽의 탄소거래시장인 EU-ETSEU-Emission Trading Scheme는 2005년도에 시작되어 전 세계에서 가장 큰 탄소시장입니다. 국내에서는 2012년 5월에 배출권 거래제 법안이 통과되어 2015년부터 시행을 준비하고 있습니다. 탄소시장 중에서 가장 대표적인 것은 유엔의 주도하며 전 세계 다양한 국가들의 참여하는 '청정개발체제CDM: Clean Development Mechanism'라고 불리는 제도입니다.

CDM은 온실가스 저감과 개도국의 지속가능한 발전을 목적으로 국제사회가 합의한 시장 메커니즘입니다. EU-ETS 시장과 연계가 되어 있어 거래할 수 있는 참여자가 충분히 존재합니다. 선진국이 기술과 자본을 개도국에 투자하여 진행되는 온실가스 저감 활동이 CDM의 사업 범위가 됩니다. 현재 저는 선진국과 개도국간의 CDM 사업을 유엔에 등록하고 관리하는 컨설팅 업무를 담당하고 있습니다.

기후변화에 대한 대응은 '적응Adaptation'과 '완화Mitigation', 크게 두 가지로 구분할 수 있습니다. 여기서 적응은 자연재해 방지 및 복구와 같이 기후변화로 인한 피해를 최소화하기 위한 사후적 활동을 의미합니다. 반면에 완화는 기후변화의 근본적 원인인 온실가스를 저감하는 사전적 활동에 해당합니다.

탄소시장을 통한 온실가스 저감 활동은 '기후변화 완화'를 위한 제도입니다. 이를 위해 매년 유엔기후변화협약UNFCCC, United Nations Framework Convention on Climate Change에서 주관하는 기후변화협상에서는 가장 첨예한 이슈로, '선진국뿐만 아니라 개도국도 의무적으로 온실가스를 저감해야 하는가'에 대한 당위성이 대립합니다.

교토의정서는Kyoto Protocol UNFCCC를 통해 합의된 국가 간 온실가스 저감을 위한 내용을 담고 있습니다. 산업화를 지나면서 기후변화의 주범인 온실가스를 다량으로 배출해온 선진국들은 교토의정서에 따라 정해진 양의 온실가스를 감축해야 하는 의무를 지게 됩니다.

반면에 현재 중국*, 인도와 같은 신흥개도국들은 최근 급격한 경제성장으로 에너지 사용량이 증가하면서 엄청난 양의 온실가스를 배출하고 있으나 개도국으로 분류되기 때문에 온실가스를 감축할 의무는 없습니다.

● **중국**은 현재 전 세계에서 가장 많은 온실가스를 배출하고 있다. 중국을 이어 미국, 러시아, 일본, 인도, 독일의 순으로 대량의 온실가스 배출하고 있으며 한국은 전 세계 10위의 다배출국가이다.

기후변화협상에서는 한국 역시 개도국으로 분류되어 있습니다. 지난 2011년 18차 유엔기후변화 당사국총회COP 18에서는 2020년부터 모든 국가들이 의무감축을 시행하고 그 전까지 선진

기후변화협약의 역사

1992년 '리오 유엔환경개발회의'에서 '유엔기후변화협약(UNFCCC)'이 채택되었다. 1995년부터는 매년 당사국총회(COP: Conference of the Parties)를 통해 협약의 이행방법 등 주요 사안들을 결정하고 있다. 1997년 제3차 당사국총회에서 '교토의정서(Kyoto Protocol)'를 채택했고, 2005년도에 발효했다.

국들이 기후변화대응과 관련하여 개도국에 기술과 재정 등의 지원을 하는 것으로 방향성을 설정했습니다. 즉, 당장 개도국에게 감축의무를 부여하지 않고 감축이 가능할 수 있는 지속적인 지원을 통한 역량강화를 선행할 계획입니다. 이를 통해 개도국의 기후변화대응을 위한 국제사회의 다각적 지원이 증가할 것을 예상할 수 있습니다.

어떻게 탄소시장이 개도국의 지속가능한 발전을 촉진할 수 있을까?

교토의정서에 따라 선진국은 시장 메커니즘을 통한 구체적이고 효과적인 온실가스 감축의무를 준수하고 있습니다. 온실가스 저감을 위해 시장 메커니즘을 사용하는 이유는 기업의 적극적인 참여를 유도하기 위함입니다.

기후변화대응이라는 전 지구적인 문제로 인해 온실가스 저감에 대한 당위성은 인식하고 있지만, 개별적 기업의 입장에서 온실가스 저감은 추가적인 설비와 노동력으로 비용이 추가될 수밖에 없습니다. 추가비용의 지출은 기업의 경쟁력을 떨어뜨리기 때문에, 기후변화라는 위기 앞에서도 개별 기업은 자신이 아닌 다른 누군가에 의해 온실가스 감축이 일어나길 기대하는 수동적인 자세를 취하게 됩니다.

하지만 온실가스 저감량만큼 탄소배출권을 인정해주고 거래할 수 있는 시장 메커니즘을 활용하면 기업의 적극성을 이끌어낼 수 있습니다.

다음 [그림1]과 같이 선진국에 A, B라는 두 기업이 100만큼만 온실가스를 배출할 수 있는 배출할당량을 가지고 있다고 가정합시다. 여기서 A기업은 적극적 노력을 통해 20만큼을 추가적으로 감축하여 20만큼의 탄소배출권을 획득하게 됩니다. 반면에 B기업이 20만큼 초과 배출했다면 20만큼에 대한 벌금을 지불하거나 A기업에서 20만큼의 배출권을 구입해야 합니다. 벌금보다는 배출권 가격이 저렴하도록 설정되기 때문에 탄소배출권 거래가 자연스럽게 발생하고 시장을 형성하게 됩니다.

요약하면 규제는 각 기업이 온실가스를 의무적으로

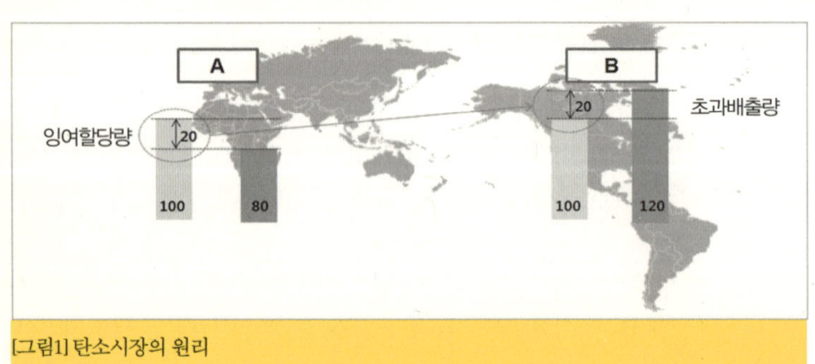

[그림1] 탄소시장의 원리

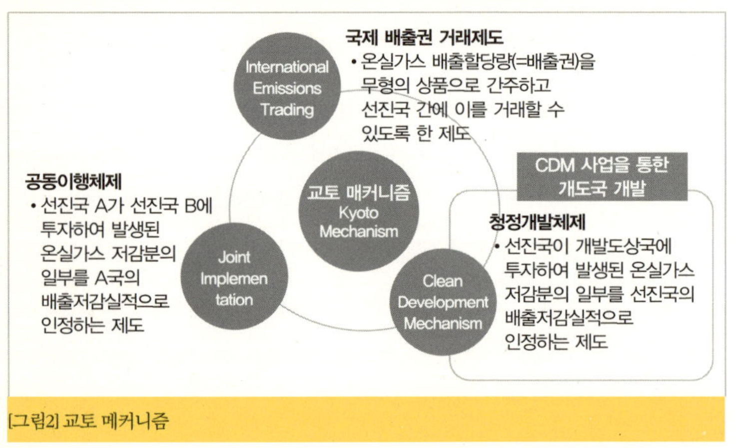

[그림2] 교토 메커니즘

저감하도록 하지만, 시장 메커니즘은 추가적인 감축 활동을 통해 발생한 탄소배출권으로 새로운 수익을 창출할 수 있도록 하기 때문에 기업이 자발성과 적극성을 갖고 온실가스를 저감하게 합니다.

이 시장 메커니즘을 '교토 메커니즘Kyoto Mechanism'이라고 하며 이것은 '국제배출권 거래제도IET: International Emissions Trading', '공동이행체제JI: Joint Implementa

tion', '청정개발체제CDM: Clean Development Mechanism' 세
가지로 구성됩니다[그림2].

교토 메커니즘 중에서 중점으로 설명할 청정개발체
제 CDM는 선진국이 개도국에 친환경 기술과 자본을
투자하여 저감된 온실가스량을 선진국의 배출감축
실적으로 인정받고 탄소배출권을 소유할 수 있는 제
도입니다[그림3].

이미 고효율화된 시스템을 가지고 있는 선진국 기업
들이 스스로 저감할 수 있는 온실가스량이 제한적이
기 때문에 감축 시 높은 기회비용이 발생하게 됩니
다. 개도국 온실가스 저감사업에 대한 감축실적을
인정해주는 CDM 사업은, 선진국 기업들이 비용효
과적으로 개도국에서 감축사업을 할 수 있도록 합니

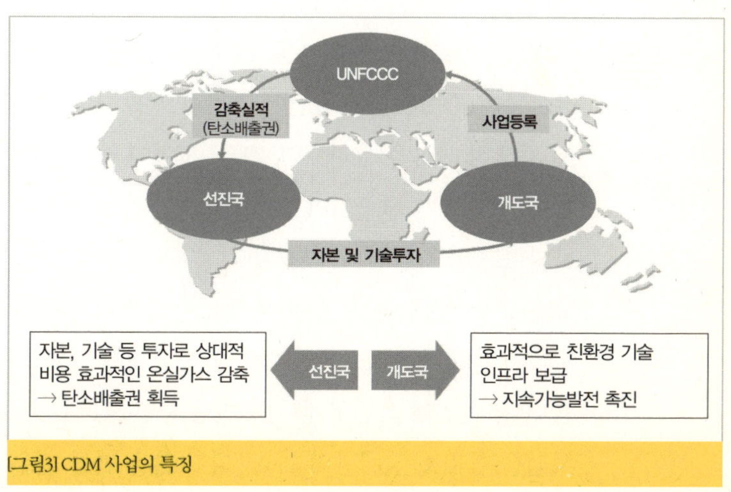

[그림3] CDM 사업의 특징

다. 이는 온실가스 저감뿐만 아니라 개도국에 친환경 기술이 보급되어 지속가능한 발전에도 기여하게 됩니다.

교토의정서 12조 2항에는 CDM의 목적을 다음과 같이 세 가지로 명시하고 있습니다.

— 개도국의 지속가능한 발전을 지원하고,

— 기후변화협약의 궁극적인 목표 달성에 기여하며,

— 동시에 선진국의 온실가스 배출감축 의무의 달성을 도움

(Article 12.2. The purpose of the clean development mechanism shall be to assist Parties not included in Annex I in achieving sustainable development and in contributing to the ultimate objective of the Convention , and to assist Parties included in Annex I in achieving compliance with their quantified emission limitation and reduction commitments under Article3)

앞에서 명시된 것처럼, CDM은 시장 메커니즘을 통해 선진국이 낮은 비용으로 온실가스 저감을 달성할 수 있고, 개도국은 무상으로 친환경 기술을 보급 받음으로써 지속가능한 발전이 촉진됩니다. 그러나 좀 더 자세히 시장을 살펴보면, CDM 사업의 혜택을 누리는 개도국이 편중되어 있어, 이로 인한 문제점이 나타나고 있음을 알 수 있습니다.

[그림4]에서 확인할 수 있듯이 개도국 중에서 신흥개도국인 중국과 인도 등에 CDM 사업이 집중되고 있습니다. 반면에 최빈국에서는, 진행 중인 모든 CDM 사업을 합쳐도 전체량의 1%도 되지 않을 만큼 매우

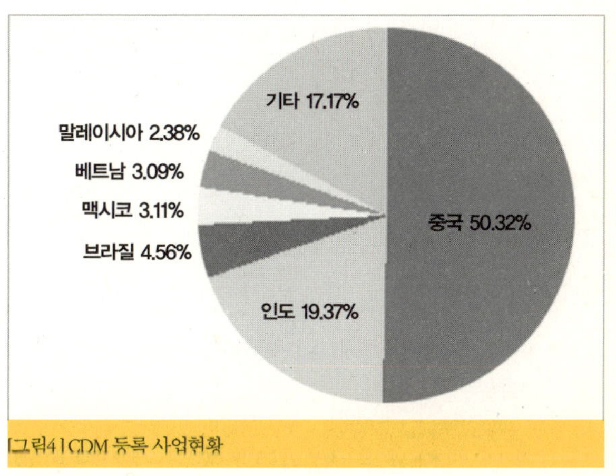

[그림41] CDM 등록 사업현황

미미한 수준의 사업이 존재합니다.

온실가스배출 잠재저감량이 많아야 획득할 수 있는 탄소배출권의 양이 많습니다. 이 때문에 현재 온실가스 배출량이 매우 많은 중국, 인도와 같은 신흥개도국에서만 CDM 사업이 활발하게 진행되는 것은 당연한 현상입니다.

문제는 이로 인해 CDM의 목적 중 하나인 개도국의 지속가능한 발전의 기여가 국가에 따라 매우 불균형적으로 나타나는 것에 있습니다. 즉, 최빈국에서의 CDM 사업을 촉진하지 못한다면 원래의 목적과는 다르게 신흥개도국에만 편중된 발전을 가져오는 결과를 낳게 됩니다. 따라서 CDM 시장으로 인한 친환경 기술이 최빈국에 보급될 수 있는 장치를 마련하지 않으면 지속가능한 발전의 촉진이 불균형적으로 이루어져 왜곡된 결과를 초래할 수 있습니다.

기후변화대응과 지속가능한 발전을 위한 국내외 동향

최근 들어 기후변화와 지속가능한 발전에 대한 노력이 국내외에 모두 활발히 진행 중에 있습니다. 국내에서는 2010년 6월 녹색성장의 기조를 가지고 GGGI Global Green Growth Institute를 설립하여 개도국으로써 기후변화대응의 선구자 역할을 감당하고 있고, 2020년까지 녹색 공적개발원조 ODA: Official Development Assistance를 30%까지 확대할 것을 발표하며 개도국의 녹색기술 보급에 적극적인 노력을 하고 있습니다. 또한 우리나라 정부에서도 2008년부터 2012년까지 동아시아기후파트너십 EACP: East Asia Climate Partnership을 통해 기후변화대응을 위한 개발도상국과의 협력에 약 2천억 원의 자금을 투자했으며, 2013년부터 글로벌녹색성장파트너십 GGGP: Global Green Growth Partnership을 발족하여 개도국의 포용적 녹색성장을 중점적으로 지원할 계획을 가지고 있습니다. 뿐만 아니라 녹색 분야의 세계은행이라고 불리는 녹색기후기금 GCF: Green Climate Fund을 인천 송도에 유치했습니다. 하지만 아직 기후변화와 지속가능한 발전의 이슈를 해결하기 위한 연구가 충분히 이루어지지 않고 있습니다. 따라서 이 두 가지 이슈가 좀 더 연관성을 가지고 새로운 형태의 전략적 ODA와 같은 정책 수립과 국제협상에서의 적극적 논의가 함께 진행되어야 할 것입니다.

국제적으로도 새로운 시장의 변화가 일어나고 있습니다. 최근 유엔에서도 기후변화 완화 정책을 통한 혜택이 신흥개도국에 편중되어 있다는 문제의식을 가지고 최빈국을 위한 새로운 금전적 제도적 지원을 제시하고 있습니다. 예를 들면 CDM 사업을 통해 발급된 탄소배출권CERs: Certified Emission Reductions의 대부분이 거래되는 EU 시장에서는 2013년부터 최빈국에서 발행되는 탄소배출권만 거래하겠다고 공식적으로 발표했습니다.

이 결정은 유럽의 최근 경제적 위기와 탄소배출권 수요 공급의 변화 등의 다양한 요인이 있습니다. 이로 인해 CDM 시장의 규모와 거래는 매우 축소될 수도 있겠지만, 한편으로는 최빈국의 CDM 사업 활성화를 통한 '균형적이고 지속가능한 발전'을 촉진하는 데 오히려 기회가 될 수 있습니다. 뿐만 아니라 유엔에서 최근 최빈국 CDM 사업에 유리하게 적용할 수 있는 다양한 금전적 제도적 지원을 발표하여 향후 최빈국에서의 CDM 사업이 점차적으로 확장될 것으로 전망됩니다. 이러한 국내외 제도를 통합적으로 활용하여 기후변화와 최빈국의 지속가능한 발전을 이끌어낼 수 있는 인류의 지혜가 절실히 요구되는 시점입니다.

기후변화 관련 기관의 역할과 업무

기후변화와 관련하여 다양한 국제기구가 존재합니다. 유엔환경계획UNEP, United Nations Environment Program, 세계기상기구WMO, World Meteorological Organization, 기후변화에 관한 정부 간 패널 IPCC, Intergovernmental Panel on Climate Change, 유엔기후변화협약UNFCCC, United Nations Framework Convention on Climate Change 등이 있습니다. 특히 191개국이 가입되어 있는 UNFCCC에 의해 주요한 기후변화협상이 진행 중입니다. UNFCCC 참여국들에 의한 교토의정서를 통해 선진국의 의무감축량이 할당되었으며, 교토 메커니즘을 통해 온실가스를 저감하고 있습니다.

현재 저는 에코프론티어 'Sustainability Value Division'의 탄소전략팀에서 일하고 있습니다. 기후변화

● 유엔정부 간 기후변화 협의체로 1988년 UNEP과 WMO가 함께 설립했다.

에 대한 다양한 컨설팅 영역 중 CDM 사업과 정부 부처별 온실가스 저감 정책연구를 주로 담당하고 있습니다. CDM 사업에서 컨설팅 회사의 주요 업무는 온실가스 저감 사업을 CDM으로 등록하기 위해 사업 타당성을 평가하고, 사업등록에 필요한 문서를 생산하며, 이 자료들을 가지고 UNFCCC와 직접 소통 및 대응하는 업무입니다.

CDM 등록을 위해서는 UNFCCC가 제시한 가이드라인에 따라 사업제안서PDD, Project Design Document를 작성하고, 제3자 검증을 통해 유엔에 CDM 사업등록을 신청하는 절차가 필요합니다. 사업이 UNFCCC에 등록이 되면 사업계획서에 작성된 대로 이행되고 있는지 모니터링이 진행됩니다. 그리고 이 결과를 다시 UNFCCC 사무국에서 보고하고, 최종의결기관인

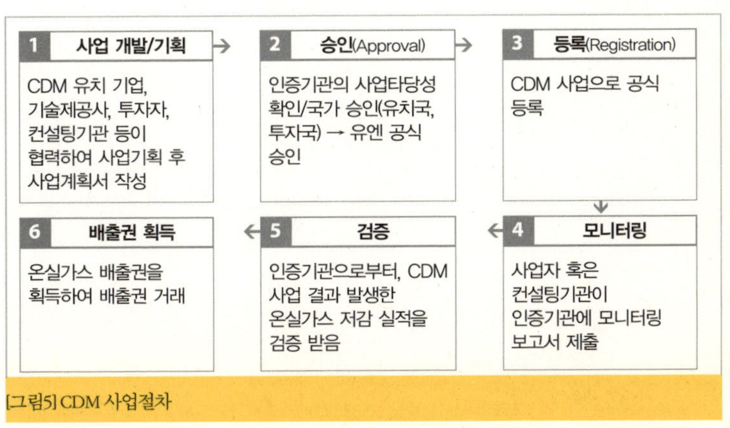

[그림5] CDM 사업절차

UNFCCC의
지원그룹

Methodologies Panel은 온실가스감축 방법론을 검토하는 역할을 하고, Accreditation Panel은 절차에 따라 검증인기관의 승인여부를 결정하는 역할을 한다. Registration and Issuance Team은 집행위원회를 보조하여 평가하는 역할을 하며, Small-Scale Working Group은 소규모 사업과 관련된 제안을 한다. Afforestation and Reforestation Working Group은 산림의 조림, 재조림을 관리하며, 마지막으로 UNFCCC Secretariat은 교토 메커니즘과 관련된 제반 사항을 관리, 조율하는 역할을 한다. 각 지원그룹 내에서도 여러 가지 역할에 대한 채용이 이루어지며 해당 웹사이트는 다음 링크에서 확인할 수 있다. https://unfccc.int/secretariat/employment/recruitment

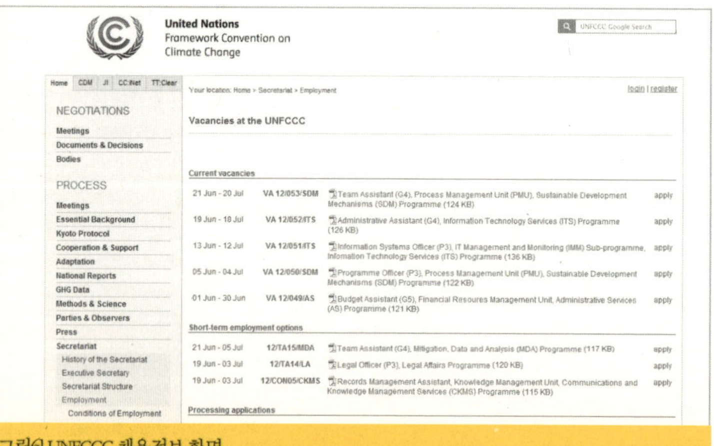

[그림6] UNFCCC 채용정보 화면

UNFCCC 집행위원회EB, Executive Board에서 사업을 승인하면 탄소배출권CERs, Certified Emission Reductions이 발급됩니다[그림5].

탄소배출권의 등록에서 발급까지 짧게는 약 2~3년이 소요되며, 그 기간 동안 UNFCCC 사무국과 진행 과정에서 발생하는 이슈 대응을 위해 지속적인 커뮤니케이션이 필요합니다.

UNFCCC 내부에는 다양한 지원그룹이 존재합니다. Methodologies Panel, Accreditation Panel, Registration and Issuance Team, Small-Scale Working Group, Afforestation and Reforestation Working Group, UNFCCC Secretariat 등의 다양한 조직들이 있습니다.

각 지원그룹 내에서도 여러 가지 역할에 대한 채용이 이루어지고 있습니다[그림 6].

기후변화 컨설팅의 장점 중에 하나는 연료전환, 신재생에너지 산림 재조림 등의 기후변화 및 에너지와 관련된 여러 분야에 대한 광범위한 지식을 습득할 수 있다는 점입니다. 또한 CDM 사업을 위해 다양한 전문가들과의 지속적 정보교환을 통해 관련 분야의 국내외 최신 동향도 파악할 수 있습니다. 습득된 포괄적인 지식을 통해 국내 정부 연구 과제를 수행하여 녹색정책의 방향성을 수립하고 제시할 수 있습니다.

기후변화대응과 지속가능한 발전을 위한 통합적 접근전략

기업의 사회적 책임CSR, Corporate Social Responsibility과 공유가치CSV, Corporate Shared Value에 대한 논의가 활발히 진행되면서 CDM 사업을 전략적으로 이용하는 기업들도 증가하고 있습니다.

2010년 LG전자는 인도의 저소득층에 고효율 냉장고를 보급하고 전력사용량을 줄인 만큼 탄소배출권을 취득하는 CDM 사업을 등록시켰습니다. 이는 배출권에 대한 수익뿐만 아니라 인도에 LG전자를 브랜딩하는 효과를 가져와 새로운 시장을 형성했습니다. CDM을 전략적으로 활용한 좋은 사례입니다.

뿐만 아니라 사막화 및 무분별한 벌목으로 인해 산림들이 줄어드는 것을 막기 위해 나무를 심는 활동이 아시아나, SK 등 대기업의 사회공헌으로 확산되고 있습니다. 온실가스 흡수원인 나무를 심고 관리하는 사업도 CDM으로 등록이 가능하며 이것으로 탄소배출권을 발급받을 수 있습니다.

북한에서는 식량난의 해결과 동절기에 땔감을 위해 산지의 나무들을 무분별하게 벌목하여 수많은 민둥산이 생겨나고, 이로 인한 자연재해도 더 심각하게 나타나고 있습니다. 남북경제협력의 목적으로 북한에 나무를 심어주고, 이를 통해 발생한 배출권으로 재투자하는 것도 북한의 지속가능한 발전을 도울 수 있는 효과적 도구가 될 수 있습니다. 지금까지 이미 남한이 NGO를 통해 북한 나무 심기는 활동을 실행해왔기 때문에, 향후 남북 환경협력의 방안으로 적용해볼 수 있습니다.

빈곤 완화를 위한 도구인 '적정기술'도 CDM 사업과 통합하여 촉진할 수 있습니다. 적정기술의 대표적인 상품 중에 하나인 라이프 스트로(LifeStraw)가 좋은 예입니다[그림7]. 왜 식수를 보급하는 휴대용 정수 필터인 라이프 스트로의 사용이 온실가스를 저감시키는 역할을 하는지 의아할 수도 있습니다. 그 과정을 설명하면 다음과 같습니다.

물은 존재하지만 수질이 좋지 않아 수인성 전염병이 발생하는 지역에서는 물을 반드시 끓여 마셔야 합니

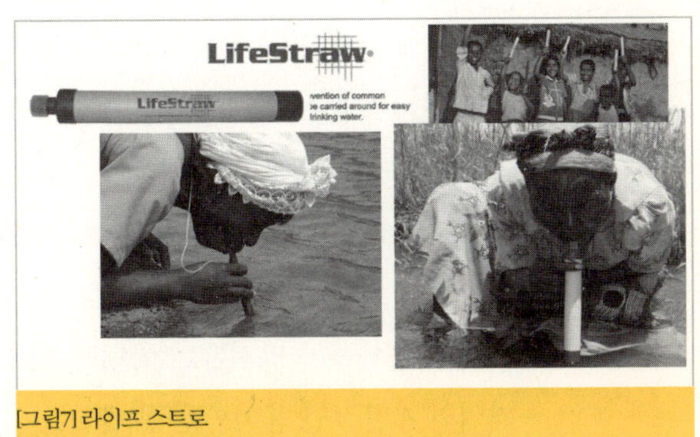

[그림7] 라이프 스트로

다. 이때 화석연료나 나무 땔감을 이용하여 물을 끓이게 되고, 연소를 통해 온실가스가 배출됩니다. 라이프 스트로를 사용하는 경우 기존에 물 정화에 사용된 연료 사용으로 발생한 온실가스를 저감하는 효과가 있습니다. 따라서 라이프 스트로 보급 사업은 CDM으로 등록이 가능하며, 이를 통한 '탄소배출권'이라는 경제적 수익이 발생하기 때문에 기업의 참여를 이끌어내고 보급을 활성화하는 역할을 합니다.

기존의 라이프 스트로의 보급은 빈곤층의 보건의료 개선과 기업의 사회공헌 참여에 집중이 되어 있습니다. 이것을 CDM 사업으로 할 때, 기후변화 대응을 위한 온실가스 저감과 함께 추가적인 탄소배출권 수익이 발생하기 때문에 기업의 사회공헌으로써 좀 더 전략적인 접근과 지속적인 투자를 가능하게 합니다. 실례로 유럽계 사회적 기업인 베스터가드 프란센 Verstergarrd Frandsen은 2011년 약 250억 원을 투자하여 케냐의 90만 가구에 가정용 라이프 스트로를 보급하고 탄소배출권으로 획득했습니다. 연간 약 2백만 톤의 온실가스 저감효과를 가져와 탄소배출권 판매로 2년 이내에 투자비를 회수하고 추가수익을 창출하는 성과를 가져왔습니다. 이러한 비즈니스 모델은 최빈국의 지속가능한 발전뿐만 아니라 기후변화 문제를 기업의 자발적인 참여를 통해 해결할 수 있는 가능성을 보여주고 있습니다.

이 외에도 매우 다양한 적정기술이 CDM 사업으로 등록될 수 있습니다. 아프리카 챠드에 사탕수수 숯을 이용한 연료공급 프로젝트, 몽골 게르의 난방효율을 개선시킨 축열난방기G-Saver, 가축의 배설물을 이용한 바이오가스 발전 사업 등 적정기술과 CDM 사업을 통합하여 촉진할 수 있는 사례는 무궁무진합니다[그림8].

마이크로 파이낸스Micro-Finance로 알려진 무담보 소액대출과 결합한 CDM 사업도 가능합니다. 방글라데시에서 기존에 조리를 위해 등유를 사용하는 가정을 예로 들 수 있습니다. 등유 대신에 태양광 조리기 보급을 위해 무담보로 대출해주고 절약된 등유비용과

[그림8] 적정기술 및 마이크로 파이낸스 활용사례

태양광 조리기를 이용한 추가 생산활동에 의한 수익, 그리고 발급된 탄소배출권으로 대출금을 상환하는 형태의 사업이 진행될 수 있습니다.

현재 제가 속해 있는 팀에서도 솔로몬제도에 빗물식 수 탱크를 보급하는 것과 동남아 최빈국에 라이프 스트로를 보급하는 사업을 CDM으로 추진하기 위해 준비 중이며, 네팔과 방글라데시에 태양광 랜턴과 조명을 보급하는 사업도 그라민 은행 및 현지 NGO와 논의 중에 있습니다.

아직 국내에서는 탄소배출권 사업과 적정기술을 통합한 아이템이 거의 없기 때문에 사업의 취지와 효과를 정부와 기업, 투자자들에게 공유하는 것이 필요합니다. 이는 정부가 추구하고 있는 개도국 녹색성장의 효과적 지원뿐만 아니라 기업의 사회공헌을 포함한 전략적 수익모델을 가져올 수 있는 등의 다각적인 활용을 가능하게 합니다. 따라서 향후 한국사회에도 적극적인 참여가 증가할 것이라고 예상할 수 있습니다.

개도국의 녹색성장을 주도하는 대한민국

'기후변화'와 '지속가능한 발전'은 현 인류가 협력하

여 함께 해결해야 할 이슈입니다. 기존의 기후변화 대응이나 국제개발 사업은 국제 원조에 대부분 의존하여 지속적이지 못하다는 한계점을 가지고 있었습니다. 그러나 CDM 사업은 시장 메커니즘을 통한 기업의 적극적이고 지속적인 참여를 장려하여 효과적으로 두 가지 이슈에 접근하고 있습니다.

여전히 기후변화와 개도국의 지속가능한 발전을 동시에 달성하는 데 장애요인들이 존재하지만 최근 '지속가능한 녹색성장'에 대한 국내외의의 적극적 논의와 활동들은 매우 반가운 소식임은 분명합니다. 국내에서도 배출권거래제 법안이 2012년 5월 2일 18대 마지막 국회에서 극적으로 통과됨에 따라 국제적으로 가장 표준화된 CDM 제도를 기본 틀로 현재 배출권거래제 법률 시행을 준비 중입니다.

다른 개별국가와 국가 간에도 CDM의 한계점을 보완하기 위한 제도들이 설계되고 있는데, 이러한 모든 제도들도 CDM을 기반으로 수정 및 보완되고 있습니다. 따라서 기후변화대응을 통한 지속가능한 발전과 관련된 국내외 수요는 꾸준히 증가할 것으로 예측됩니다.

급변하는 국내외 탄소시장의 움직임과 활용

● **CDM의 한계를 보완하기 위한 제도들**

REDD+(Reducing Emission from Deforestation and Degradation), NAMA(Nationally Appropriate Mitigation Action), BOCM(Bilateral Offset Credit Mechanism) 등이 있다.

이 가능한 유엔 제도 등에 대한 다각적이고 신속한 분석과 함께 국내 기업들의 활발한 투자와 참여가 필요합니다. 이를 통해 한강의 기적을 이뤄낸 한국이 개도국의 지속가능한 녹색성장을 이끌어가는 모델을 제시하며 국제사회에서 기후변화대응과 지속가능한 발전에 주도적인 역할을 할 수 있길 기대해봅니다.

'탄소시장과 개도국의 지속가능한 발전'을
주제로 한 황진솔 씨의 강연에 대한
참가자들의 한마디!

강연 후기

추상적 개념인 빈곤, 기아 등을 수치화하는 사업에 관심을 갖게 되었습니다.

기후라는 주제 자체가 흥미로운 주제여서 재미있었습니다. 기후변화가 정치, 경제, 사회 등과 밀접히 관련되어 있고 단순한 과학적인 요인으로 해결될 것이 아니라는 것이 흥미로웠습니다.

기후변화와 빈곤 관련해서 더 알 수 있어 좋았어요. 꿈과 열정이 느껴져서 너무 좋아요!

탄소배출권에 관련된 현재 기후변화를 고민해보는 시간이어서 좋았습니다.

환경 분야에 대해 미디어를 통해 들은 내용밖에 없었는데 실무자의 생생한 이야기를 들을 수 있어서 좋았습니다.

잘 알지 못했던 분야에 대해 이해하게 되었고 관심을 갖게 된 점이 좋았습니다. '꿈'을 다시금 꿀 수 있는 용기를 갖게 된 점도 좋았습니다. ^^;

어렴풋이 알고 있던 기후변화와 빈곤에 대해 좀 더 구체적으로 생각할 수 있는 계기가 되어서 좋았습니다. 탄소배출권 사업이 어떻게 기업의 사회적 책임과 연결할 수 있는지 알게 된 계기가 되었습니다.

기후 문제의 심각성에 대해서는 오랫동안 들어왔지만, 그에 관련해서는 이만큼 자세한 이야기를 들어본 적이 없었습니다. 온갖 약어들을 보고 좀 당황하기도 했지만! 그만큼 좋은 강연을 들을 수 있었습니다. :)

메마른 땅과 사람에게 생명과 희망을, Yellow to Green!

**기후변화와
아시아 지역 사막화 · 황사 방지를 위한
국제 NGO의 노력**

이승지 | 사단법인 푸른아시아

08

이승지는 대학에서 조경학과 도시계획을 전공했다. 두 번째 사춘기를 맞아 휴학하던 중 지인의 소개로 동티모르의 전쟁 난민을 돕는 '동티모르 평화캠프'에서 단기 자원봉사활동가로 일했다. '평화캠프'를 통해 국제자원봉사활동에 참여하면서 '하늘과 평화하고, 사람과 평화하고, 자연과 평화'하는 삶을 살아가겠다고 다짐했다.

대학 졸업 후 서울대학교 환경대학원에서 기후변화·에너지 정책을 공부하던 중 '(사)푸른아시아'를 알게 되어 아시아 지역 국제환경 문제에 관심을 갖게 되었다. (사)푸른아시아에서 1년 동안 객원 연구원으로 일하면서 몽골의 사막화 현장을 방문할 수 있게 되었고, 사막화와 황사로 인해 '환경 난민'이 된 몽골 사람들을 만난 후 국제 환경문제 해결을 위한 대안을 마련하는 일에 본격적으로 뛰어들었다. 2012년 현재 (사)푸른아시아에서 정책팀장으로 5년째 근무 중이며, 기후변화 정책 연구와 더불어 매년 약 6백여 명의 자원 활동가들과 함께 지속가능한 지역개발을 통한 아시아 지역 사막화 및 황사 방지 활동을 하고 있다.

사단법인
푸른아시아
(Green Asia
Network)는 1998년 기후변화, 사막화, 황사 등 국제 환경문제 해결을 통해 지구적 차원의 지속가능한 발전의 실현 및 확산에 기여하기 위해 설립되었다. 이를 위해 몽골 사막화 및 황사방지 사업을 비롯한 국내외 대안적 모델사업추진, 국제교류 및 네트워킹, 조사연구 및 정책개발, 교육 및 정보제공, 해외 NGO와의 협동 사업을 추진하고 있다. 푸른아시아는 유엔환경기금(UNGEF), 유엔기후변화협약(UNFCCC), 유엔사막화방지협약(UNCCD)의 공인 NGO이며, 유엔경제사회이사회(UNECOSOC)의 특별협의단체이다.

"오늘도 무더위는 연일 이어지겠습니다. 오늘 낮 최고기온은 서울 33℃, 대구는 37℃까지 올라가겠습니다. 이러한 무더위는 8월 중순까지 이어지겠고, 올해는 9월 중순까지 더위가 이어질 것으로 예상됩니다."

몇 년 사이 우리에게 익숙해진 여름철 일기예보 소식입니다. 하지만 4월에 내리는 눈과 한여름의 '정전 대비 위기 대응 훈련'은 아직도 낯설기만 합니다. 이런 낯선 경험을 마주할 때마다 '지구의 환경문제와 기후변화가 정말 심각한 문제구나' 하고 새삼 깨닫게 됩니다. 이러한 생활 속의 작은 변화는 지금 우리가 어떤 환경 속에서 살고 있는지를 알려주는 지표가 됩니다.

정전 대비 위기 대응 훈련

우리나라 정부는 2012년 6월 21일에 여름철 전력수급 여건이 어려워지면서 나타날 수 있는 '정전 상황'에 대비하기 위하여 전 국민이 참여하는 '정전대비 위기 대응 훈련'을 실시하였다.

오후 2시부터 2시 20분까지 20분간 경계, 심각, 경보 해제 등 단계별 상황을 만들어 대응 훈련을 실시하고, 훈련 기간 동안은 불필요한 전원을 모두 끄는 등 절전 상태를 유지했다. 주민 대피나 차량 통제는 실시하지 않았으며, KTX와 철도, 항공, 선박은 정상적으로 운행했고 병원 등 응급 시설도 정상적으로 운영되었다.

기후변화의 위협

산업혁명 이후로 세계는 지구의 한정된 자원을 활용하여 급속도로 발전해왔습니다. 그러나 그에 따른 환경문제는 선진국과 개도국을 구분하지 않고 부메랑처럼 돌아와 전 세계를 위협하고 있습니다. 그 대표적인 증거가 바로 '기후변화'입니다.

기후변화는 단순하게 한 지역 혹은 한 국가에 국한된 환경문제가 아닙니다. 지구상의 공기와 물이 공공재라는 섬에서 보는 환경분제는 지구 전체의 분제로 이해될 수 있습니다. 그러나 '기후변화'는 문제를 제공한 가해국가와 그에 따른 영향을 받는 피해국가가 명

기후변화

지구의 기후시스템은 대기권, 수권, 설빙권, 생물권, 지권 등으로 구성되어 있으며, 각 권역의 내부 혹은 권역 간 복잡한 물리과정이 서로 얽혀 현재의 기후를 유지한다. 대기권에 있는 이산화탄소와 같은 온실가스로 인해 지구는 사람과 생물이 살 수 있는 온도를 유지할 수 있는데, 인간의 활동으로 인해 대기 중의 온실가스 농도가 급격히 높아지면서 지구의 온도를 지나치게 높이는 현상을 '지구온난화'라고 한다. 지구온난화로 인한 지구평균온도 상승, 해수면의 상승, 이상 기후 현상 등 지구 생태계와 인간에게 영향을 미치는 변화들이 나타나는 것을 '기후변화'라고 한다.

— 출처 : 환경부 《지자체 기후변화대응 가이드라인》

확히 구분되는 국제 환경문제입니다. 또한 가해국가는 기후변화의 영향에 대응할 수 있는 능력이 상대적으로 크며, 피해국가는 그 영향에 더욱 취약한 '정의롭지 못한' 국제 환경문제입니다.

이러한 국제 환경문제를 풀기 위해 유엔은 새천년개발목표MDGs, Millennium Development Goals로 '환경의 지속가능성 확보'를 주요 목표로 삼고 있습니다.

물론 국제 협약을 통해 수많은 국가가 국제적 환경문제를 해결하려고 노력하고 있으며, 최근에는 각국 정부뿐 아니라 기업도 자발적 노력과 사회적인 요구에 의해 적극적으로 힘을 보태고 있습니다. 하지만 여전히 기후변화의 악영향이 발생하는 개도국의 현장에서는 자신들이 왜 그러한 위기에 처해야 하는지도 모른 채 삶의 터전을 잃거나 가족과 건강, 재산을 잃고 '환경 난민'이 되고 있습니다.

새천년개발목표

(MDGs, Millennium Development Goals)

새천년개발목표(MDGs, Millennium Development Goals)는 2000년 유엔에서 채택한 의제로 2015년까지 세계의 빈곤을 절반으로 줄인다는 내용을 담고 있다. MDGs의 8대 목표는 ① 절대빈곤 및 기아퇴치, ② 보편적 초등 교육 실현, ③ 양성평등 및 여성능력의 고양, ④ 유아사망률 감소, ⑤ 모성보건 증진, ⑥ AIDS 등 질병 퇴치, ⑦ 지속가능한 환경 확보, ⑧ 개발을 위한 글로벌 파트너십 구축이다.

이제 기후변화와 우리가 살고 있는 아시아 지역이 어떤 연관성이 있는지, 기후변화로 피해 받고 있는 아시아 지역 현장은 어떤 모습인지, 또 그곳의 '환경 난민'들과 함께 '우리 공동의 미래'를 설계하고 실현해 나가기 위해 행동하는 '지구 시민들'의 노력을 소개하고자 합니다.

기후변화, 그 불편한 진실

짐이 가득 실린 수레가 하나 있습니다. 수레 앞에는 그 수레를 끌고 갈 나귀 한 마리가 있는데, 나귀는 지금 네 발이 모두 들린 채 하늘에 떠 있습니다. 무엇 때문이겠습니까? 수레에 짐이 너무 많아 그 무게 때문에 나귀가 들린 것입니다. 지금, 지구는 공중에 들

린 이 나귀와 같은 처지입니다. 인간이 너무 많은 온실가스를 대기 중으로 내뿜어 지구가 감당할 수 없는 수준에 이르렀기 때문입니다.

공중에 들린 나귀를 바닥으로 내려 수레를 끌고 갈 수 있도록 하려면 수레에 실린 짐을 덜어내어야 하는 것처럼 지구상에 있는 온실가스를 줄여야만 지구라는 별에 우리와 우리의 다음세대가 건강하게 살아갈 수 있을 것입니다.

온실가스라고 불리는 대기 중의 기체들은 여러 가지가 있는데, 기후변화의 가장 주요한 원인이 되는 것은 이산화탄소CO_2입니다. '지구'라는 나귀가 정상적으로 자신의 역할을 다하려면 대기 중 이산화탄소의 농도는 350ppm이 적당하다고 합니다. 그런데 2010년 세계기상기구WMO의 발표에 따르면 현재 지구 대기 중의 이산화탄소 농도는 389ppm입니다.

대기 중에 이산화탄소와 같은 온실가스의 농도가 높아지면, 지구의 온실효과 때문에 지구 평균 온도는 상승하게 됩니다. 2007년, '기후변화에관한정부간협의체IPCC : Intergovernmental Panel on Climate Change'가 발행한 제4차 보고서에 따르면 지난 100년간 지구 평균 온도는 0.74℃ 상승하였다고 합니다. 지구의 온도가 올라감에 따라 극지방의 빙하의 면적이 줄어들고, 해수면은 상승하며, 궁극적으로 기후대가 바뀌어

기후변화에관한정부간협의체
(IPCC : Intergovernmental Panel on Climate Change)

기후변화에 관련된 과학적·기술적 사실에 대한 평가를 제공하고 국제적인 대책을 마련하기 위한 유엔 산하 정부 간 협의체로 비정기적으로 발표하는 보고서를 통해 인간이 만든 공해물질에 의해 발생하는 기후변화와 관련된 과학적·기술적·사회경제학적 정보를 제공한다. 유엔환경계획(UNEP)과 세계기상기구(WMO)가 기후변화를 분석하기 위해 지난 1988년 11월 공동으로 설립하였다. IPCC는 2007년에 제4차 보고서 발표를 통해 지구온난화의 주요한 원인으로 화석연료사용에 기초한 인간 활동을 꼽았다.

농업과 수산업에도 영향을 미치게 됩니다.

유난히 자연재해가 많았던 2011년에는 일본의 후쿠시마 대지진, 뉴질랜드의 지진, 태국의 홍수, 유럽의 폭설 등 대규모 자연재해로 전 세계가 입은 경제적 손실이 약 3천5백억 달러에 이르렀습니다. 이러한 현상들이 모두 기후변화의 직접적인 영향으로 벌어진 일이라고 단정 짓기는 어렵지만 기후변화가 직간접적 원인이라는 데에는 많은 과학자들이 동의하고 있습니다.

기후변화의 원인은 인간 활동, 그중에서도 화석연료의 과도한 사용과 그에 따른 온실가스의 과도한 배출입니다. 내 삶의 편리함을 위해 에너지 소비가 증가할수록 지구는 더욱 더워지고 있다는 뜻이고, 나의 안락한 생활이 지구 반대편에 있는 누군가의 삶의 터전을 앗아가고 있다는 사실을 뜻합니다.

지구의 남·북 문제, 기후 부정의

다음의 지도는 특이하게 생겼습니다. 대충 보면 여느 세계지도와 크게 다르지 않습니다. 그런데 조금 더 자세히 들여다보면 뭔가 이상합니다. 지도의 위쪽, 즉 북반구만 무언가로 가득 차 있는 것 같습니다. 그리고 반대로 지도의 아래쪽, 남반구의 대륙들은 유난히 홀쭉하거나 작게 보입니다.

이 지도는 바로 전 세계 온실가스 배출량2007년 기준을 기준으로 새롭게 재구성한 지도입니다. 온실가스를

온실가스 배출량으로 재구성한 세계지도

많이 배출하는 나라는 크고 뚱뚱하게 표현하고, 온실가스를 적게 배출한 나라는 작고 홀쭉하게 표현한 지도입니다. 이 지도를 보면 각 국가들이 온실가스를 얼마나 배출하고 있는지를 한눈에 볼 수 있습니다.

우리나라는 2010년 현재 세계에서 일곱 번째로 온실가스를 많이 배출하는 나라입니다. 온실가스 배출 증가속도는 중국과 인도에 이어 세계 3위입니다. 1인당 이산화탄소 배출량은 12.3톤으로, 우리나라보다 경제적 수준이 높은 독일이나 영국의 국민들보다 더 많이 배출하고 있습니다. 이런 통계로 우리나라 사람들이 얼마나 많은 에너지를 사용하고 있는지 확인할 수 있습니다.

● 유럽합동연구센터와 네덜란드 환경평가청의 2011년 공동발표 (European Commission's Joint Research Center & Netherlands Environmental Assessment Agency)

반면, 동남아시아 국가들이나 남반구에 위치한 아프리카 국가들은 이 지도에서는 매우 작게 표시될 만큼 온실가스를 적게 배출하고 있지만, 기후변화의 피해는 가장 많이 받고 있는 국가들입니다.

투발루공화국이라는 나라를 알고 계십니까? 투발루공화국은 남태평양의 작은 섬나라로 2001년, 국제사회에 국토 포기 선언을 했습니다. 투발루는 해발 2미터가 조금 넘는 작은 섬나라인데 남태평양의 해수면 상승으로 인해 더 이상 국민들이 살 수 없는 지경에 이르렀기 때문입니다. 만조 때가 되면 가축들이 모

기후변화로 인한 해수면 상승으로 위기에 처한 투발루공화국

두 물에 잠기고, 가옥들도 침수 피해를 입고, 농사를 지을 수도 없습니다.

가족들의 생존을 위해 젊은 남성들은 가까운 이웃 나라 호주나 뉴질랜드로 일자리를 찾아 나가보기도 하지만, 아무도 그들을 환영하지 않습니다. 호주나 뉴질랜드에서는 40세 미만의 건강하고 영어가 능통한 자에 한해서만 자국에 출입할 수 있도록 허가를 내주고 있습니다. 투발루공화국 국민들은 기후변화로 인해 '난민'이 되어가고 있습니다. 투발루공화국 국민들이 연간 배출하는 온실가스량은 어느 정도이겠습니까? 이들이 가족과 자국의 영토를 떠나 '기후 난민'으로 살아가야 하는 이유는 무엇이겠습니까?

아시아의 투발루, 몽골

기후변화로 피해를 입는 사람들은 작은 섬나라 국민들만이 아닙니다. 투발루공화국이 해수면의 상승으로 국토를 포기했다면, 몽골은 사막화와 황사로 피해를 입고 있는 또 다른 기후변화의 피해국입니다. 몽골은 '아시아의 투발루'인 것입니다.

사막화는 강수량의 감소, 기후변화 등 자연적 요인과 산불, 과방목 등의 인위적 요인에 의해 토양이 원래 이 기능을 잃고 황무지로 변해가는 과정을 뜻하는데, 몽골은 전 국토의 90% 이상이 사막화의 영향 아래에 있습니다.

몽골은 북으로는 러시아, 남으로는 중국과 국경을 접하고 있는 동북아시아 국가로, 지금의 동유럽에서부터 한반도에 이르는 엄청난 크기의 대제국을 건설했던 칭기즈칸의 영광을 품은 나라입니다.

몽골 국토의 넓이는 약 156만 7천㎢로 한반도의 7.4배, 대한민국 국토의 약 16배에 이릅니다. 하지만 몽골의 인구수는 3백만 명이 채 되지 않습니다. 몽골은 짧은 여름과 긴 겨울을 가진 전형적인 대륙성 기후에 속한 나라로, 연간 강수량은 3백ml 이하입니다. 대초원의 자연적 특성을 활용한 목축이 주요한 경제수단입니다. 이 유목이라는 삶의 방식은 수천 년 동안 그들이 살아온 방식입니다.

몽골의 초원

사막화로 사라진 어르그 호수(몽골 남부)

몽골의 봄, 황사현상

그런데 이러한 몽골의 삶의 방식이 '사막화'로 인해 변해가고 있습니다. 기후변화로 몽골의 평균 기온은 지난 백 년간 약 1.9℃가 상승하였습니다. 이는 지난 백 년간 지구 전체 평균온도가 약 0.74℃ 상승한 것에 비해 약 2.5배 더 상승한 것으로, 몽골의 기후변화의 피해가 상당한 수준임을 짐작할 수 있게 해주는 지표입니다.

또한 최근 20년 동안 1천181곳의 호수와 연못, 852곳의 강, 2천277곳의 시냇물이 사라졌습니다몽골 자연환경관광부 2010년 통계. 강수량의 감소와 수자원 증발산량의 증가는 초원을 감소시키고 토양의 사막화는 황사

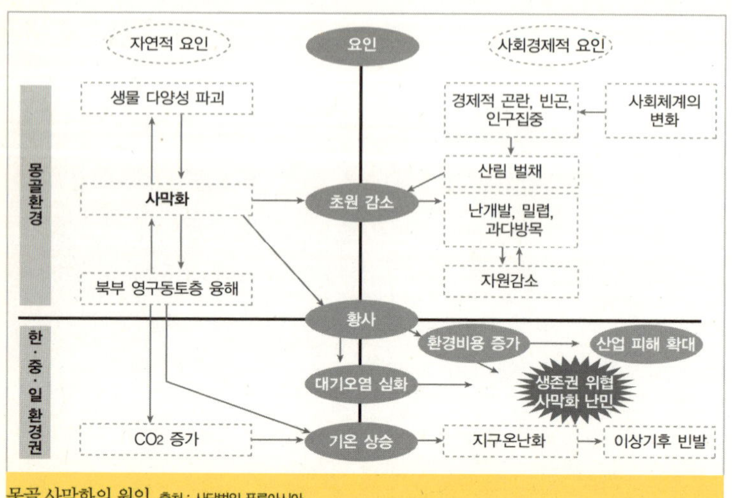

몽골 사막화의 원인 출처 : 사단법인 푸른아시아

라는 불청객까지 만들어 몽골인들뿐 아니라 인근 국
가인 우리나라와 일본에까지 피해를 주고 있습니다.
앞의 그림과 같이 자연적 요인만이 사막화를 초래하
지는 않습니다. 도시화와 수도 울란바타르로의 비정
상적 인구집중, 사막화로 인한 빈곤과 지역사회의 붕
괴, 유목 전통의 단절, 유목생활에 적합하지 않은 비
효율적인 행정구역 구분, 환경관련 법제도의 부실,
환경정보 및 교육의 취약함 등 사회적 요인들도 몽골
의 사막화를 부추기고 있습니다. 이뿐만 아니라 경
작 후의 토지 방치, 염소와 같은 단일 종의 과방목,
자연자원 채취를 위한 난개발, 과도한 산림의 이용
등 인위적인 요인들도 사막화를 일으키는 주요한 요

인으로 작용하고 있습니다.

기후변화로 목축을 더 이상 할 수 없게 된 몽골의 유목민들은 수십, 수백 년간 살아온 자신의 터전을 떠나 일자리를 구하러 도시로 몰려 갑니다. 하지만 도시로 몰려온 유목민들은 적절한 일자리와 주거지를 찾지 못해 도시 외곽에 빈민촌을 형성하거나 온수배관이 지나가는 지하 맨홀에서 겨울을 나는 등 도시 빈민으로 전락하고 있습니다.

겨울철 땔감을 찾지 못한 빈민들은 도시 인근의 나무를 불법 벌채하여 숲을 훼손시키고, 이마저도 못할 처지에 있는 사람들은 도시 내에서 쉽게 구할 수 있는 폐플라스틱이나 폐타이어를 태워 난방을 하고 있어 '환경 난민'들이 환경오염을 재생산하는 악순환이 이루어집니다. 이러한 자연적, 사회적, 인위적 요인들이 몽골사회 전반에 걸쳐 구조적인 악순환의 고리를 만들고 있어 몽골의 사막화는 기후변화를 더욱 심각하게 만들고 있습니다.

책임을 넘어 함께 살아가기, 지속가능한 발전

몽골의 사막화는 단순히 환경문제에 국한되지 않습니다. 몽골 사막화의 원인은 기후변화와 밀접한 관련이 있고, 기후변화의 책임은 우리나라를 포함한 선진국에 있다고 할 수 있습니다.

몽골의 사막화로 인한 황사는 매년 봄, 우리에게 불청객으로 찾아옵니다. 우리나라의 황사 일수는 매년 증가하고 있는데, 우리나라에 도달하는 황사의 50%는 몽골에서 발생하는 것으로 알려져 있습니다. 몽골에서 발생한 황사는 호흡기 질환을 유발하고, 학교를 휴교하거나, 야외 경기를 취소하기도 합니다. 이것을 사회경제적으로 환산하면 우리 국민 1인당 연간 약 12만 원의 손실을 주고 있습니다삼성경제연구소 2007년 조사결과 기준.

따라서 우리는 기후변화의 원인 제공자로서, 한편으로는 황사라는 국제 환경문제의 피해 당사자로서, 몽골의 사막화에 적극적으로 대응할 필요가 있습니다.

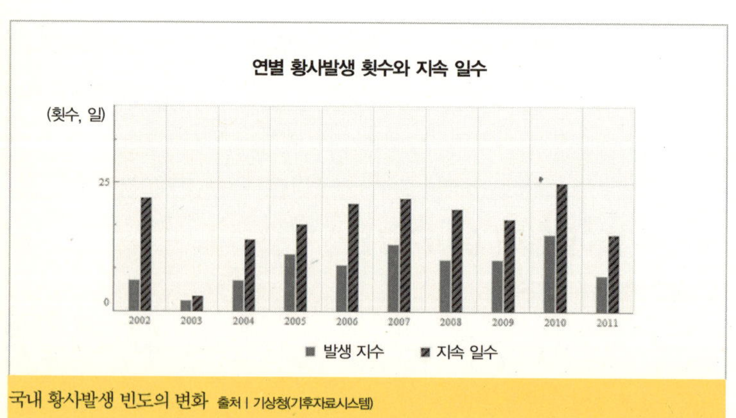

국내 황사발생 빈도의 변화 출처 | 기상청(기후자료시스템)

단, 기후변화에 대한 부채감으로 선진국이 개발도상국을 경제적으로 지원하는 것만으로는 결코 문제를 해결할 수 없습니다.

기후변화 문제를 해결하기 위해 선진국이 책임에 앞장서는 것은 마땅합니다. 하지만 환경이라는 공공재는 지구상 어떤 사람에게도 차별적이지 않습니다. 국적에 관계없이 우리는 지구라는 공동체에서 함께 살아가고 있는 구성원입니다. 따라서 우리는 아시아 지역 공동체의 구성원으로서 환경적, 사회적 그리고 경제적으로 건강하고 지속가능한 '지구 만들기'에 동참해야 할 것입니다.

사람을 심으러 간 사람들

사단법인 푸른아시아는 1998년부터 지구 환경문제에 관심을 갖기 시작했습니다. 세계화가 급격하게 진행되고 지구 환경문제가 국제적 이슈로 떠오르고 있었던 20세기 말, 지구 시민으로서 21세기에 우리가 해야 할, 공동의 의제를 고민하기 시작했습니다.

'지속가능한 동북아시아 공동체' 조성 방안에 대해 고민하던 중, 기후변화 문제와 더불어 몽골의 사막화가 동아시아 지역에 중요한 이슈가 될 것이라 판단하게 되었습니다. 그리하여 이에 뜻을 가진 사람들과 청년 몇몇이 2000년부터 몽골을 방문하여 나무를 심기 시작했습니다. 나무 심기를 통해서 황폐화된 토양을 회복시키고 사막화를 방지한다면, 우리나라나 일본으로 오는 황사를 방지할 수 있다는 아디이어였습니다.

열심히 나무를 심고 잘 관리해 달라고 몽골의 친구들에게 부탁을 했지만, 매년 다시 몽골을 찾을 때마다 지난해 심은 나무들은 상상과는 달리 잘 자라지 못했습니다. 그야말로 100% 실패였습니다. 처음에는 이해가 되지 않았습니다. 외국에서 자신의 나라를 돕기 위해 많은 돈과 시간을 들이고, 찾아가서 활동을 하고 관리를 부탁까지 했는데, 나무가 제대로 살아 있지 못한 점에 화도 났습니다. 그러나 다 이유가 있었습니다.

예로부터 몽골인은 나무를, 사람을 해치려는 맹수들이 은신하는 곳 정도로 여겼습니다. 또한 적을 감시하는 데에도 방해가 되는 요소였습니다. 무엇보다 나무가 사막화와 황사를 방지하는 역할을 한다 할지라도 인위적으로 나무를 심고 가꾸는 일은 '자연 그대로의 모습'을 존중하고 숭배하는 몽골인들에게 어색한 일이었습니다. 뿐만 아니라 나무를 키우기 위해 필요한 '물'은 건조한 지역에서는 매우 귀한 것이었습니다. 즉, 나무 심기와 가꾸기가 그들에게는 자연스러운 일이 아니었던 것입니다.

이런 과정을 겪으면서 푸른아시아는 '아, 나무만 심어서는 안 되겠구나, 사람을 심어야겠구나' 하고 깨달았습니다.

그때부터 푸른아시아는 '나무 심기를 넘어 사람 심기'를 하고 있습니다. 현지 지역 주민들의 참여에 기초한 '지속가능한 지역 개발'의 차원에서 사회적·경제적·환경적으로 진진한 마을 민들기 모델을 시도하기 시작했습니다. 이를 위해 몽골 사막화의 최전선을 찾아다니며 연구를 진행하고 전문가, 공무원, 관련 사업가 등 많은 사람을 만났습니다.

그 다음으로 이 일을 함께할 사람들을 모집하고 이 일에 재원을 투자해줄 기업도 찾아다녔습니다. 몽골 외부에서는 이렇게 한 단계 한 단계 사업을 진행할 틀을 만들어 나갔고 몽골 현지에서는 기후변화와 사막화로 피해를 받고 있는 지역의 주민들을 만났습니다. 그리고 그들의 삶에서 필요한 것들이 무엇인지, 그들이 자신의 고향을 떠나지 않고 사막화의 피해를 스스로 극복할 수 있도록 하는 방법은 무엇인지를 끊임없이 고민했습니다.

한편, 몽골 정부와 지자체와 소통하는 일도 쉬운 일이 아니었습니다. 언어만 다른 것이 아니었습니다.

푸른아시아 몽골 조림사업장에서 고용된 주민과 현장 관리 매니저들

과실수와 농작물은 생산하여 판매수익을
얻거나 주민 직원들이 직접 소비하고 있다.

문화도, 이해의 폭도, 사고방식도, 원하는 바도 차이가 있었습니다. 이러한 차이를 극복하고 푸른아시아의 진정성이 받아들여지기까지 적지 않은 시간이 걸렸습니다. 13년째 이 일에 몰두하고 있는 지금도 여전히 몽골 중앙정부, 지자체, 학교, 마을 리더, 주민, 직원들과 소통하고 일을 진행하는 데에 어려움이 많습니다.

그러나 서로의 다름을 이해하고 그들의 필요와 우리의 진심이 맞닿아 그 차이를 좁힌 결과, 나무 심기를 통해 황폐화된 토지를 회복하고, 황사로부터 마을을 보호하는 '환경 위기 대응 방안'은 물론, 나무 심기를 통해 지역 주민에게 일자리를 제공하고, 나무 열매 판매를 통해 수익을 창출하는 등, '경제적 자립 능력'을 향상시키는 방안도 마련하고 있습니다. 또 나무 심기를 통해 사막화 피해 지역 주민들의 환경인식을 높여가고, 인권과 복지 증진을 유도하고, 주민들이 서로 협력하는 지역 공동체를 만들어 나가는 방안을 지속적으로 연구하고 있습니다.

이와 같이 푸른아시아는 국제 NGO로서 기후변화와 국제 환경문제로 위기에 처한 환경 난민을 현장에서 직접 돕고 있습니다. 무엇보다 사막화 문제를 단순한 환경문제가 아닌 아시아와 지구촌 공동의 과제로 여기고 '사람'을 통해 '지속가능한 지역개발 모델'을 만들고자 노력하고 있습니다.

혼자 꾸는 꿈은 꿈에 불과하지만, 함께 꾸는 꿈은 현실이 된다

이러한 노력을 통해 푸른아시아는 현재 몽골 사막화 지역 4곳에서 약 350ha의 토지에 35만 그루의 나무를 가꾸고 있습니다. 나무 생존율은 평균 70%를 웃도는데, 건조 지역에서 조림 시 평균적인 생존율이 40~50%라는 점을 감안하면, 상당한 성과를 거두고 있다고 할 수 있습니다.

이러한 성과들은 국제 NGO 푸른아시아만의 노력으로 이루어진 것이 아닙니다. 많은 '지구 시민'들이 이 일에 동참했기 때문에 가능한 것이었습니다. 현재 이 일에는 푸른아시아 본부 사무국과 몽골지부뿐 아니라 1년 이상 국제환경문제 해결을 위해 몽골 사막화 지역 현장으로 파견된 장기 자원봉사자들, 그리고 현지의 주민과 직원들, 몽골 지자체, 학교 등 다양한 파트너들이 함께 동참하고 있습니다.

뿐만 아니라 KOICA 등 국내에서도 정부, 기업, 시민사회단체 등이 거버넌스를 이루어 '우리 공동의 미래'를 함께 설계하고 실현에 동참하고 있습니다. 무엇보다 지난 13년간 약 3천여 명의 국내외 자원봉사자들이 직접 몽골의 사막화 현장을 방문하여 나무를 심고, 가꾸는 일에 동참하였기에 지금과 같은 성과를 이룰 수 있었습니다.

푸른아시아의 자원 활동은 힘들기로 유명합니다. 나무 심기를 위한 구덩이 파기, 20kg의 양동이로 나무에 물주기, 물 1 l 로 하루 동안 살아보기, 낯선 맛의 몽골음식 먹기, 재래식 화장실 이용하기, 컴퓨터와 온라인의 사용 불가능, 침낭 이용하기 등 불편하다고 불평하려면 끝도 없는 상황들을 접하게 됩니다. 그런데 매년 이 활동에 동참하는 사람들이 많아지는 것은 무엇 때문일까요?

사막화라는 환경 위기 속에서도 자신의 마을을 가꾸기 위해 기꺼이 자원봉사활동에 동참하는 몽골 청소년들의 웃음과 열정을 보면 한순간 나의 불편함은 투정에 불과하다고 느끼기 때문일 것입니다. 봉사활동을 시작할 때는 말도 통하지 않아 어색하기만 했던 몽골 청소년들과도 손에 손을 잡고 물 양동이를 옮기며, 온몸을 사용해 소통하기 시작하면 어색함은 금세 사라집니다.

서로에게 몽골 이름 혹은 한국 이름을 지어주며, 웃

푸른아시아 몽골 에코투어. 나무에 물을 주기 위해 양동이를 함께 옮기고 있다.

푸른아시아 몽골 에코투어. 한·몽 청소년들이 함께 교류활동을 하고, 헤어질 때는 아쉬움에 눈물을 보이기도 한다.

현지 주민과 어린이가 나무에 물을 주고 있다 (푸른아시아 에르덴 조림사업장).

고 떠들고 함께 마음을 나누다 보면 어느새 친구가 됩니다. 그리고 몽골 친구들과 헤어질 때에는 아쉬움과 서운한 마음에 울컥 눈물이 나기도 합니다. 모든 활동을 마치고 한국으로 돌아오는 길에는 자신이 심은 나무와 친구들을 꼭 다시 만나러 오겠다고 다짐하곤 합니다.

무엇이 이들의 마음을 바꾸는 걸까요. 바로 꿈을 공유하기 때문일 것입니다. 역사상 가장 넓은 영토, 대제국을 건설하였던 황제 칭기즈칸의 어머니가 한 말이라고 전해지는 유명한 말이 있습니다.

"혼자 꾸는 꿈은 꿈에 불과하지만, 함께 꾸는 꿈은 현실이 된다."

푸른아시아시의 꿈은 환경 위기에 처한 자연과 사람이 행복한 삶을 살 수 있는 지구 공동체를 만드는 것입니다. 이를 위해서 자연과 사람이 지속가능한 삶과 미래를 이루도록 노력하고 있습니다.

우리가 몽골 사막화 지역에 나무 몇 그루 심고 돌아오는 일로 몽골의 사막화가 모두 해결되지는 않을 것입니다. 그렇지만 그 하나가 모여 수십 번, 수천 번이 될 때, 나무의 뿌리는 깊어져 숲이 될 것이고, 황폐한 땅은 회복될 것이며, 사막화로 고통 받고 있는 몽골의 환경 난민들은 그들의 삶의 터전을 지키고, 그들의 문화와 전통을 이어갈 것입니다. 지구의 기후변화 문제도 마찬가지로 풀어갈 수 있습니다. 황폐해진 땅과 고통 받는 사람들에게 새로운 생명과 희망을 불어 넣는 이 일. 'Yellow to Green' 디자인에 함께 하지 않으시겠습니까.

‘기후변화와 아시아 지역 사막화·황사 방지를 위한
국제 NGO의 노력’을 주제로 펼쳐진 이승지 씨의
강연에 대한 참가자들의 한마디!

강연
후기

기후 문제의 심각성에 대해서는
오랫동안 들어왔지만, 그에
관련해서는 이만큼 자세한 이야기를
들어본 적이 없었습니다. 좋은 강연
들을 수 있었습니다.

현지 지역 주민들의 참여에 기초한
‘지속가능한 지역 개발’의 차원에서
시도한 건전한 마을 만들기 모델을
보고 NGO에서 하는 일이
다양하다는 것을 알게 되었습니다.

내 삶의 편리함을 위해
에너지 소비가 증가할수록
지구는 더욱 더워지고
있다는 이야기를 듣고,
불편한 것을 참지 못하는
나를 반성하게 되었습니다.

‘혼자 꾸는 꿈은 꿈에
불과하지만, 함께 꾸는 꿈은
현실이 된다’는 말을 듣고
현실에 안주하지 않고,
실천할 수 있도록
노력하겠다고 생각했습니다.

북으로 간 따뜻한 연탄 이야기

남북한 주민들이 함께하는
연탄 나눔 이야기, 북한을 리모델링하는
새로운 전략

박일수 | (사)따뜻한 한반도 사랑의 연탄나눔운동 남북협력팀 차장

09

박일수는 ─── 성균관대 법학과를 졸업했다. 이후 남북관계 및 통일문제에 대한 관심
─────── 을 가지고 경남대 북한대학원(석사)에서 공부했다. 젊은 사람들과 커피
─────── 한 잔 마시면서 즐겁게 통일에 대해 얘기하는 것을 좋아한다. 2009년
부터 사단법인 따뜻한 한반도 사랑의 연탄나눔운동 남북협력팀에서 대
북 지원업무를 담당하면서, 연세대 통일학협동과정(박사수료)에 있다.
peacemakersu@hanmail.net
http://www.facebook.com/peacemakersu

사단법인 ─── 2004년 출범 이후 2백여 차례 방북하여 1천만 장 이상의 연탄을 북
따뜻한 한반도 한(개성, 북고성 지역) 동포들에게 지원했고, 국내에도 2천만 장의 연
사랑의 연탄 탄을 전달해 어려운 이웃들이 겨울을 따뜻하게 나도록 도와주었다. 사
나눔운동은 랑의 연탄나눔운동은 연탄을 통해 함께 더불어 사는 사회, 따뜻한 한
─────── 반도를 만들어가려고 노력하고 있다. 매년 500여 개 기업 및 단체 그
리고 4만여 명의 자원봉사자들이 이 일에 동참하고 있다.
www.lovecoal.org

2010년 가을, 결혼한 지 얼마 지나지 않아서 개성에 갔습니다. 북한 주민들과 함께 25톤 트럭에 올라서 허리를 숙이고 연탄을 하역하고 있었습니다. 몇 마디 말이 오가다가 내가 신혼이라고 하자, 북한 아저씨 한 분이 말씀하셨습니다.

"거, 허리 조심해야겠구만."

가깝게 지내던 동네 젊은이에게 하는 농담처럼 웃으며 한마디 툭 던지셨습니다. 북한 주민에게 그런 일상적인 농담을 듣고 나니 그분이 굉장히 살갑게 느껴졌습니다. 남북의 거리를 넘어, 분단의 세월을 지나 바로 옆집에 사는 아저씨처럼 말입니다.

제가 나른 연탄은 남과 북의 주민들의 따뜻한 만남을 주선하고 있었습니다. 함께 땀 흘리며 연탄을 하역하다 보면 어느새 가까워지기 마련입니다. 이 만남

함께 연탄을 나르는 북한 주민

은 한겨울의 날씨는 물론 차가운 남북관계도 데울 만
큼 따뜻했습니다.

대북 지원
NGO의 실무자란

대북 지원 NGO는 북한에 인도적 지원을 하는 단체
를 뜻합니다. 북한에 대한 인도적 지원은 1995년, 북
한이 연이은 자연재해로 어려움을 겪자 국제사회가
북한을 지원하면서 시작되었습니다. 북한이 먼저 국
제사회에 지원요청을 했고, 국제사회가 이 요청을 받
아들여 지원을 시작하자 국내 시민단체들도 동포애
적 관심으로 북한에 대한 인도적 지원을 시작했습니
다. 그 이후로 현재까지 북한에 대한 인도적 지원이
이어지고 있습니다.

남북관계나 통일에 관심 있는 사람들에게 대북 지원
NGO는 참 매력적인 곳입니다. 남들이 경험하기 어
려운 특이하고, 독특한 긴장감을 경험할 수 있기 때
문입니다. 북한 지역을 둘러볼 수 있고, 북측 파트너
들과의 면담이나 협상을 할 수 있는 것도 그 이유가
됩니다. 실무자로서 그런 자리에 배석하고 자신의
생각을 북한 파트너와 나누는 경험은 기억에 오래 남
기 마련입니다.

이런 대북 지원 NGO의 실무자는 기본적으로 남북 관계에 대한 이해, 북한의 특성에 대한 이해가 필요합니다. 대북 지원 NGO는 현재 통일부의 고시제2조 제2항에 따라 '대북 지원사업자' 지정을 받도록 되어 있습니다. 실무자 입장에서 통일부 담당자, 북측 파트너, 후원자 등과 함께 다양한 업무를 추진하려면 북한에 관련한 지식이 필수적입니다.

대북 지원 업무는 국내 지원과도 다르고, 외국을 대상으로 하는 해외 봉사나 지원활동과는 다른 남북한의 특수 관계 현장에서 이루어지기 때문입니다. 남북한 국경을 통과할 때도 '출입국'이라고 표현되지 않고 '출입경'으로 표현되는 것처럼 대북 지원은 출발점부터 여러 가지로 헤아릴 점이 많습니다.

연탄이 북에 가기까지

'출입경' 절차를 통해 연탄이 북한에 가는 길은 크게 두 가지입니다. 연탄은 경의선과 동해선 육로를 통해서 북한에 전달됩니다. 그리고 북한 주민들과 공동하역 작업을 하는 것이 가장 큰 특징입니다.

실무적으로 이것을 준비하면서 여러 과정을 거치게 됩니다. 우선 가장 중요한 것은 북측으로부터 '초청장'을 받는 것입니다. 대북 지원을 위해서는 우선 북

우리는 협력사업을 위하여 《련탄나눔운동》 관계자들인 손장배, 리동섭, 원기준, 윤유선, 박일수, 김현호선생들이 11월중 금강산지구를 방문하는데 동의하며 체류기간 편의를 보장할것입니다.

2009년 11월 7일

북에서 온 초청장

측 파트너가 '언제, 어디서, 누가, 무엇을 가지고' 방문할 것임을 표시한 '초청장'을 발급해주어야 합니다. 일종의 '비자'인 셈입니다. 이게 있어야 통일부에 '승인' 요청을 할 수 있습니다. 초청장은 주로 팩스로 수신을 하는데, 중국에 있는 북측 민화협(민족화해협의회) 사무소나 제3자를 통해서 수신합니다. 초청장이 도착해야 일정을 확정하고, 구체적인 업무추진이 가능하므로 초청장 발급 시기가 가까워오면 "뚜두두두一" 하는 소리만 들려도 팩스로 달려가기도 합니다.

초청장을 받게 되면 본격적인 연탄 준비 작업에 들어갑니다. 북측과 전화 통화가 가능하다면 의사소통이 자유롭겠지만, 아직까지는 그런 상황이 아니기 때문에 실무자로서 여간 답답한 게 아닙니다. 또 연탄 지원 일정을 추진하는 중에 북측의 사정에 의해 초청장이 발급되지 않거나 남북관계로 인해 정부가 허가하지 않아 연탄 지원이 성사되지 않을 때는 실무자로서 난감한 상황을 맞기도 합니다.

일단 초청장을 받게 되면 통일부에 승인 요청을 하고 최종 승인을 기다리는 동안 후원자 준비, 연탄 준비를 합니다. 후원자들이 방북하려면 통일교육원에서 진행하는 방북교육을 받아야 합니다. 요즘에는 인터넷 사이트에서 사이버 방북교육www.uniedu.go.kr이 가능합니다. 그리고 연탄 차량, 연탄 공장과의 일정 협의를 합니다. 이렇게 해서 연탄 준비가 끝나면 방북길에 오릅니다.

박 간사의 처녀월북

연탄 지원의 방북길을 보면, 보통 개성은 당일 일정, 북고성금강산 지역은 1박 2일 일정으로 진행합니다. 저는 2009년 11월 25일 수요일, 처음으로 북한에 갔습니다. 금강산 지역이었습니다. 처음 방북하는 순간의 긴장감과 떨림은 아직까지 기억하고 있습니다.

전날 고성에 도착해 하루를 묵고, 당일 아침에 준비해서 '동해선도로남북출입사무소'에 도착했습니다. 보통 남측 'CIQ'라고 부르기는 곳입니다.

남측 CIQ를 통과하면 남방한계선과 북방한계선 사이의 DMZ비무장지대, Demiliterized Zone가 눈앞에 펼쳐집니다. DMZ는 군사분계선MDL, Military Demarcation Line을 중심으로 남

● 세관(Customs), 출입국(Immigration), 검역(Quarantine)

첫 방북. 남측 CIQ를 통과해서 기념사진을 찍다.

북으로 각각 2km씩 총 4km가 펼쳐져 있습니다. MDL을 지나 북방한계선을 통과하자 북한 땅이 눈에 들어왔습니다. 산에 있던 울창한 나무들은 온데간데 없고, 키 작은 잡풀과 모래 같은 흙만 눈에 들어왔습니다.

연탄을 실은 차량을 운전하고 북한 땅에 들어가는데 약간 긴장이 됐습니다. 안개가 끼어서 시야가 좋지 않았습니다. 북한 인솔 차량의 속도가 늦춰지면서 북한 군인이 보이기 시작했고, 우리가 타고 있던 차는 북방한계선을 저속으로 통과했습니다.

'이제 북녘 땅이구나!'

철문을 통과하자 긴장감이 더해졌습니다. 북측 CIQ에 도착하자 북측 세관원들이 다가왔습니다.

'두근두근'

북한 세관원들을 보자, 더욱 긴장이 됐습니다.

동승 인원들은 내리고, 북측 세관원이 "운전수는 차량에 타고 있으라"고 했습니다. 장전항 부근에 연탄 차량을 들여놓고, 북측 담당자와 면담을 했습니다. 부임한 지 얼마 안 된 북측 담당자는 세련된 모습이었고, 대화가 잘 통한다는 생각이 들었습니다.

다음날에는 곧 바로 개성으로 향했습니다. 개성은 당일 아침에 문산 통일대교를 건너 남측 CIQ에 9시쯤 도착해서 군 차량의 인솔을 받아서 군사분계선을 통과해 들어갔습니다. 북측의 군 차량이 나와서 우리 차량을 북측 CIQ까지 인솔해주었습니다. 그때의 기분은 참 묘했습니다. 북측 군 지프차의 인솔을 받아 DMZ를 지나 북측 CIQ까지 20여 분이 채 걸리지 않았기 때문입니다. 반세기 넘도록 가지 못하던 북한 땅이 이렇게 가까웠나 하는 생각이 들었습니다.

여기서 통관 절차를 거치고 북측 파트너와 함께 개성공단을 통과했습니다. 그후 개성공단 펜스를 통과했습니다. 봉동역기차역에 연탄을 하역하기 위해 연탄 트럭을 기차 레일 옆으로 줄지어 세웠습니다. 잠시 후, 우리를 기다리고 있던 70여 명의 북한 주민들과 함께 공동하역이 시작됐습니다.

연탄 지원할 때 보통 25톤 트럭 8대에 5만 장의 연탄을 나눠 싣습니다. 1대당 평균 6250장을 싣고 갑니다. 보통 트럭 한 대당 서너 명이 트럭 위에 올라서 연탄을 옮기면 남은 사람들은 아래에서 연탄을 받아 역 선로 변에 쌓아놓는 일을 반복합니다. 이렇게 해서 5만 장의 연탄을 하역하는 데 2시간 정도 걸립니다. 제가 갔을 때는 추운 겨울이라서 하역이 끝나고 나면 하얀 김이 모락모락 피어올랐는데 이 모습은 장관입니다.

보통 연탄을 하역할 때 지게차 등을 이용하는 것이 손쉬운 방법일 수도 있습니다. 하지만 북한에서 지게차를 구하는 게 쉽지 않습니다.
손에서 손으로 연탄을 하역하다 보면 연탄 나눔의 진정한 가치를 실현할 수 있어 뜻깊습니다. 바로 연탄을 주거니 받거니 하면서 남북한 주민들이 보이지 않은 끈으로 이어지는 느낌을 만들어갈 수 있기 때문입니다. 북한 주민들도 군사분계선을 넘어온 남쪽 후원자들에게 대해 모두 고마움을 표시하기도 합니다. 한번은 연탄 하역이 끝날 무렵 북한 아주머니께서 손을 씻으라고 더운 물을 가져오신 적이 있습니다. 온종일 연탄을 나르다 보면 장갑을 껴도 손바닥에 새까맣게 연탄재가 스며들기 마련입니다. 그 손을 씻으라고 추운 겨울에 연료가 부족한 북한에서 더운 물을

개성 봉동역 연탄 하역 후 모습

만들어 가져온 것입니다. 말로 백 번 '고맙다' 하는 것보다 더운 물로 마음을 전해주신 그 배려가 눈물겹도록 고마웠습니다. 함께 간 후원자들도 북한 주민들의 따뜻한 마음에 감동을 받았다고 했습니다. 이런 과정을 겪으며 남북한 주민들이 알게 모르게 끊을 수 없는 인간적 신뢰와 관계를 쌓아가는 것이라고 생각합니다.

북한 주민들의 난방·취사 연료 현황과 사랑의 연탄

북한이 경제적으로 어렵다는 것은 누구나 알고 있습니다. 북한 주민들의 식량 사정이 좋지 않기 때문에 식량 지원에 관해서도 많은 논의들이 있습니다. 하지만 탈북자들을 만나 얘기를 들어보면 난방·취사의 연료 상황도 심각한 지경입니다.

옛말에 '춥고, 배고프다'는 말이 있습니다. 배고픔도 큰 고통이지만 추위를 견디는 것도 그에 못지않게 고통스럽다는 뜻입니다. 우리에게는 옛말이 되었을지 몰라도 북에서는 아직도 현재진행형의 말입니다.

북한의 생활 연료에 관한 자료나 통계가 많지 않습니다. 그나마 북한이 발표한 공식자료인 '2008년 인구 센서스'를 통해서 북한 주민들의 난방·취사 연료 관

북한 주민 난방·취사 연료 현황

난방 연료(%)		취사 연료(%)	
석탄	47	나무	47
나무	45	석탄	47
중앙·지역 난방	5	가스	3
전기 등	3	석유	2
		전기	1

남한의 난방·취사 연료 소비구조 변화

	신탄(나무)	석탄	석유	전력	도시가스	열에너지
1975	32.2	61.9	3.3	2.5	–	–
1980	18.0	61.8	15.8	4.4	–	–
1000	11.2	62.7	19.4	6.4	0.4	–
1995	3.6	41.1	40.4	11.0	3.5	0.3
2000	0.5	2.2	41.7	24.4	27.9	3.4
2004	0.9	2.2	28.1	32.6	32.4	3.8

＊《정선군 석탄산업사》, 66쪽 참고.

련해서 어느 정도 확인할 수 있습니다한겨레신문, 2010년 3월 17일자 참조.

'2008년 인구센서스'는 북한이 유엔인구기금UNFPA의 지원 등으로 북한의 중앙통계국이 주관해서 진행한 조사 자료입니다. 이를 보면 북에서 난방이나 취사용 연료는 석탄이나 나무가 압도적인 비중을 차지하고 있습니다. 난방 연료로는 전체 가구 수588만7471가구의 47%인 277만3238가구가 석탄을 쓰고 있고, 나무를 쓰는 가구는 45%인 265만6866가구입니다. 중앙·지역 난방 방식은 5%인 26만3809가구에 불과

합니다. 전기 등을 난방 연료로 쓰는 가구도 3% 정도에 불과합니다. 취사용 연료도 275만8400가구가 나무를, 271만4511가구가 석탄을 써서 모두 46~47% 정도가 나무와 석탄으로 조리를 하는 것으로 나타났습니다. 그리고 나머지가 가스3%, 석유2%, 전기1%입니다.

이러한 생활에너지 현황은 남한의 1970년대 상황과 비슷합니다. 남한의 가정용 난방 및 취사 연료의 소비구조 변화를 살펴보면 1975년에 신탄나무 및 숯이 32.2%, 석탄이 61.9%, 석유가 3.3%, 전기가 2.5%를 차지하고 있습니다. 이때 신탄과 석탄 소비가 94.1%인데, 북한의 2008년 인구센서스를 보면 난방 연료로 석탄 및 나무가 92%를 차지하고, 취사 연료로 94%를 치지하고 있어서 남한의 1970년대 난방·취사 연료 소비구조와 상당히 비슷한 분포를 보이고 있습니다. 북한 주민들의 일상적인 생활에너지 상황이 이렇기 때문에 이러한 조건 속에서 생활하는 북한 주민들의 난방 및 취사와 관련한 일상생활도 남한의 1970년대와 비슷할 것이라고 짐작할 수 있습니다. 난방·취사 연료는 일상생활의 패턴에 상당히 많은 영향을 미치기 때문입니다.

또한 북한 지역은 산림황폐화가 적지 않게 진행되고 있습니다. 오랫동안 인근 산에서 나무를 해 땔감으로 사용했고, 농업생산량을 증대하려고 뙈기밭을 만들어서 경작했습니다. 그래서 여름에 집중호우가 내리면 산에서 토사가 흘러내려 농경지가 유실되는 경우가 많습니다. 북한 주민들 입장에서는 난방·취사를 위한 연료를 주변에서 구하기가 쉽지 않은 상황입니다.

이러한 상황에서 북으로 간 '사랑의 연탄'은 북한 주민들에게 호응이 좋을 수밖에 없습니다. 개성 봉동역에서 연탄 하역을 했을 때, 함께 연탄 하역을 하는 북한 주민들 말고도 건너편에 수십 명의 주민들이 트럭, 오토바이, 리어카 등을 세워놓고 기다렸습니다. 하역된 연탄을 각 가정으로 가지고 가기 위해서입니

땔감의 벌목과 뙈기밭 이용으로 헐벗은 북한 산하

다. 그들을 보면서 사랑의 연탄 지원으로 북한 주민들이 평생의 겨울을 따뜻하게 지낼 수는 없지만, 잠시라도 추울 때 방구들을 덥힐 수 있도록 도울 수 있어서 다행이라고 생각했습니다.

그동안 '따뜻한 한반도 사랑의 연탄나눔운동'은 2004년부터 개성과 금강산 지역에 2백여 차례 방북해서 1천만 장 이상의 연탄을 지원했습니다. 4천 명이 직접 방북해서 북한 주민들과 함께 연탄 하역을 했습니다. 이 과정에서 남북한 주민들은 함께 어울려서 땀을 흘렸습니다. 남쪽에서 간 후원자들은 남측 CIQ를 통과해서 북측 CIQ에 도착할 때까지 긴장을 늦추지 못합니다. 그러다 북측 주민들과 연탄을 주거니 받거니 하면서 땀을 흘리면 어느새 가까운 이웃처럼 느끼게 된다고 고백하곤 했습니다. 이렇듯 사랑의 연탄은 단순한 연탄 지원을 넘어 남과 북 주민들이 서로 가까워지도록 하는 역할을 해왔습니다. 사람을 통해 보이지 않는 벽을 허물어가는 일, 그게 바로 NGO 활동가의 참모습이 아닐까 싶습니다.

적정기술을 활용한 북한 리모델링 전략

분단의 벽을 넘어 연탄을 지원하는 것도 중요하지만

더 중요한 일은 북한주민들이 연탄을 외부로부터 지원받지 않고도 따뜻한 생활을 할 수 있도록 돕는 일일 것입니다. 그래서 적정기술을 활용한 난방 및 취사 개선 사업에도 관심을 가지게 되었습니다. 단순하게 현장 활동에서 그치는 것이 아니라 지원 대상에 대한 관심과 열정으로 발전적인 활동을 해야 함을 강조하기 위해 몇 글자 덧붙입니다.

적정기술Appropriate Technology은 저개발 지역의 상황에 알맞은 적정한 기술로 저개발 지역의 문제를 해결하는 데 도움이 되는 기술을 말합니다. 적정기술은 현지에서 일자리를 창출하고, 현지의 기술과 노동력을 활용하는 특징이 있습니다.

북한 개발이라고 하면 외부에서 대규모 자본이 들어가서 북한 사회 전체를 개발하는 것을 생각할 수 있습니다. 하지만 적정기술을 활용해서 북한을 리모델링한다는 것은 그러한 방식보다는 현재 북한 주민들의 삶의 패턴을 가능한 유지하면서 삶의 질을 개선하는 방법을 고민하고 대안을 찾아보려는 접근입니다. 물론 전자의 방식도 필요에 따라 활용할 수 있겠지만, 현재 상황에서는 적정기술 등을 활용해서 조심스럽게 접근하는 것이 좀 더 낫지 않을까 생각합니다.

예를 들어 북한 주민들의 난방·취사 연료 개선을 위해서도 적정기술이 활용되면 북한 주민들의 생활 개

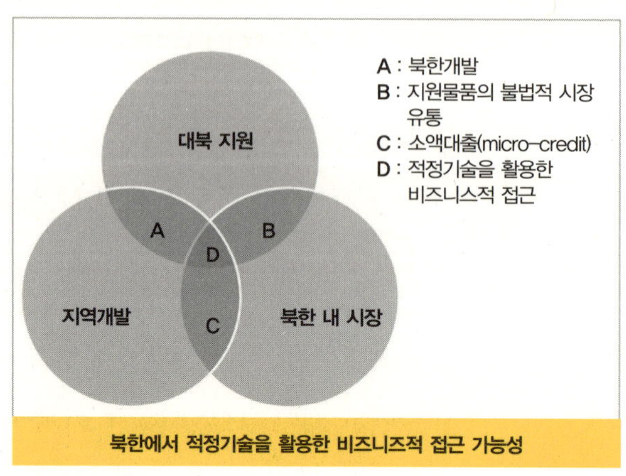

북한에서 적정기술을 활용한 비즈니스적 접근 가능성

선에 도움이 될 것입니다. 실제로 2005년도에 귀뚜라미에서 난방·취사가 동시에 가능한 연탄보일러를 개발해서 북한에 지원했습니다. 일반 연탄보일러를 난방뿐만 아니라 취사에도 용이한 보일러로 개량해서 지원한 것입니다. 또 북한 주민들이 좀 더 효과적으로 연탄을 찍어낼 수 있도록 개량된 연탄 제조기를 만들어서 공급하는 것, 태양광을 이용한 난방기를 설치하는 것 등도 북한 주민을 위한 난방·취사 개선을 위한 좋은 아이디어라고 할 수 있습니다.

대북 지원과 적정기술의 결합이 일어나 실제적으로 시너지 효과가 나타는 경우도 있습니다. 예를 들어 2006년 경기도와 함께했던 우리민족서로돕기운동의 당곡리 협동농장에 대한 농업협력 및 농촌 현대화

사업의 경우를 보면 북한 현지에 필요한 적정한 기술들이 이전되고 이로 인해 협동농장의 생산량이 증대된 결과를 낳았음을 알 수 있습니다《경기도 남북교류협력 10년 백서》(2012). 한 걸음 더 나아가 증대된 농산물이 북한의 시장에서 거래가 된다면 협동농장원들의 소득증대를 가져올 수도 있습니다. 농업 분야에서 적정기술을 활용해서 지원하고 늘어난 생산물이 시장으로 나와서 거래되도록 하는 것은 지역의 문제를 비즈니스적 접근을 통해 해결하는 좋은 사례가 될 수 있을 것입니다.

앞의 그림에는 북한에서 적정기술을 활용한 비즈니스적 접근이 가능한 영역이 나와 있습니다. 대북 지원이 지역개발로 발전하면서 북한 개발(A)이 초기 단계로 이루어진 경우도 있습니다. 그리고 대북 지원으로 북한에 지원된 물품 중에서 일부는 불법적으로 북한 내 시장을 통해 유통(B)되기도 했을 것입니다. 그리고 외국 NGO의 경우는 북한 내 마이크로크레딧(C)을 통해 북한 내 개발을 돕기도 합니다. 실제로 호주 출신의 데이비드 부소David Bussau는 자신의 재산을 출연하여 마라나타 트러스트Maranata Trust를 설립했습니다.

마라나타 트러스트는 2004년 북한 재무성과 합작으로 조선—마라나타 신용회사를 설립해 평양을 중심으로 공장, 기업소, 개인 등에게 경영에 필요한 자금 대출 및 컨설팅 지원을 시작했습니다. 마지막으로 대북 지원 과정이 지역개발로 확대되고, 이 과정이 북한 내 시장과 연계된 메커니즘을 갖는다면 적정기술을 통해 비즈니스적 접근(D)도 가능성이 있다고 볼 수 있습니다. 대북 지원 과정에서 이러한 메커니즘을 활용할 수 있다면 대북 지원의 지속가능성도 엿볼 수 있을 것입니다.

보이지 않는 일, 손에 잡히지 않는 꿈을 가지고 열정으로 부딪히는 일이 대북 지원 NGO 활동가의 일입니다. 지금은 꿈만 같은 여러 계획들이지만 꽉 막힌 분단의 벽을 넘어 연탄을 전달했던 일처럼 우리 사회와 시민들의 저력을 믿는다면 모두 해볼 만한 일입니다. 그 일을 꿈꾸며 이번 겨울에도 연탄 나눔을 준비를 하겠습니다.

북한의 인도주의 지원에 대해 잘 알 수 있었습니다. 따뜻한 강연이었습니다.

북한 개발에 대한 새로운 시각과 북한의 에너지 사용 데이터에 대해 알 수 있어서 좋았습니다.

미디어나 탈북자 학생들을 통해서가 아닌 단체의 관점에서 북한이라는 나라를 바라볼 수 있어서 좋았습니다. 해외에서 다른 나라 친구들이 북한과 우리나라에 대해 물을 때마다 당황스러워 자신 없게 대답해왔는데, 좀 더 알찬 답변을 해줄 수 있을 것 같습니다.

한 번도 생각한 적 없는 북한의 난방 현황에 대해 처음으로 알 수 있었던 기회였습니다.

막연히 듣기만 했던 대북 지원 사업, 그중에서도 따뜻함이 느껴지는 사업에 대해 실무 차원에서 구체적으로 배울 수 있어 즐거운 시간이었습니다.

정치외교학적 관점에서 북한, 대북정책, 외교에 관해 이론적인 측면에서 많이 접근했었는데, 실무적인 내용을 보고 새로운 차원에서 바라보는 것이 신선했습니다. 한계점과 현실성에 대해 좀 더 고민하게 되었습니다.

그들의 땅에서 그들의 힘으로 일궈 발전하지 못하는 북녘의 동포가 안타까웠고, 적정기술을 활용한 비즈니스 접근에 대한 큰 공감이 갔습니다. 자원의 다양한 방법과 경로가 연구되고 활용되고 있다는 점에 대해 자극을 받게 되었습니다.

좀처럼 접할 수 없는 북한의 상황에 대한 이야기가 좋았고, 연탄을 지원한다는 내용 자체가 생소했으나 연탄 지원에 관한 이야기로 북한 지원의 필요성을 느낄 수 있었습니다.

경계선 너머의 북한 인권, 남한사회에 말을 걸다

북한 인권문제를 더 이상 이념 간,
진영 간 논쟁의 대상으로 삼지 말고 북에 대한 개선촉구와 교류협력을
병행하며 인권이 꽃 피우는 통일한반도를 만들어야 할 때

손광수 | 통일한국젊은포럼

10

손광수는 ─── 숭실대에서 정치외교학과 경영학을 전공했고 연세대 일반대학원 정치
─────── 학과에서 국제정치를 공부하면서 틈틈이 북한학을 연구했다. 석사를
─────── 마치고 통일연구원에서 근무하다가 현재 통일한국젊은포럼 사무국장과
한반도평화연구원 연구원으로 섬기고 있다. 중학생 때 판문점을 견학
한 후 북한문제에 관심을 가지게 되었다. 군 제대 후 중국단기선교 과
정에서 탈북자의 현실을 마주하고 본격적으로 통일문제에 뛰어들기로
했다. 좌우에 경도되지 않고 진정한 통일한국을 지향하는 방법과 단체
를 고민하고 있다.
youngforum@naver.com
트위터 @storytellerks

통일한국 ─── '한국리더십학교'가 주관하는 '젊은포럼'의 새 이름이다. 청년크리스
젊은포럼은 ── 천리더십을 훈련하는 한국리더십학교에서는 2008년 1월부터, 학교 졸
─────── 업생이 1년 동안 훈련 받은 과정과 미국 시카고 윌로우크릭처치 주최
'리더십 서밋(Leadership Summit)'에 참여해 배운 것을 바탕으로 '젊은
포럼'을 개최해왔다. 2012년 9월15일에는 '통일시대를 준비하라'는 주
제로 통일한국에 무게를 실은 '통일한국젊은포럼'이 열렸다. 이 포럼
은 기독교정신으로 설립된 '한반도평화연구원'의 협력으로 한국교회백
주년기념관에서 5백 명의 참여자와 함께 성황리에 개최되었다.
http://youngforum.tistory.com
http://www.facebook.com/#!/youngforum4unik

먼 나라 이웃 나라

《먼나라 이웃나라》라는 유명한 만화책이 있습니다. 제가 어렸을 때만 해도 만화책은 오락실과 함께 '불건전 대상'으로 낙인찍혀 금기시되었는데 《먼나라 이웃나라》만큼은 어른들도 권하는, 전 국민의 베스트셀러였습니다.

탈냉전이 시작되고 해외여행이 자유로워진 1980년대 말, 1990년대 초라는 적절한 시기에 적절하게 좋은 만화책이 나왔던 것입니다. 한국사를 재미있어하던 저는 초등학교 4학년 때 아버지가 사주신 이 책을 흥미롭게 읽었습니다. '미국이랑 영국은 알겠는데 네덜란드는 어디이고, 프랑스는 어디인지' 하는 궁금증으로 읽을수록 흥미가 생겼습니다. 제가 중고등학교를 다닐 때는 영어도 중학교에 가서나 접할 수 있었던 교육과정이었고 당시만 해도 세계 여러 나라의 이름을 들어본 적이 없어 더욱 흥미롭기만 했습니다.

지금은 증보판이 나와 미국은 물론 중국과 일본 등 가까운 나라에 대해서도 책이 출판되었으나 처음 이 책이 나왔을 때는 네덜란드, 영국, 프랑스, 도이칠란트, 스위스, 이탈리아 6개국 편이 전부였습니다. 그렇지만 당시에는 그 책을 읽는 것만으로도 유럽여행을 다녀온 느낌이 들 정도였습니다. 세계사를 만화로 읽는 것이기에 깊이에 있어 조금 부족할 수도 있지만 다양한 관점과 민족, 시대를 쉽게 이해할 수 있는, 기초적인 눈을 길렀다는 점에서 아주 좋은 경험이었습니다. 이 책을 처음 읽었을 때만 해도 가장 신기했던 것이 바로 국경을 넘는다는 것이었습니다. 어린 시절 서울에 살던 저는 시집가신 이모님의 결혼을 축하하러 부산을 가본 것이 가장 멀리 가본 경험이었습니다. 어렸던 저는 통일호 기차를 8시간 동안 타고 가는 것이 무척 지겨웠습니다. 그 기차도 명절 때면 암표조차 구하기 힘들었고, 어렵게 입석으로 기차표를 구입해서 신문지를 깔고 바닥에 앉아가면 행복이었던 80년대 후반, 90년대 초반의 시기였습니다.
그 당시에 '국경'으로 내가 살고 있는 세상과 전혀 다른 세계가 있다는 것을 그려본다는 것은 제게 어려운 이야기였습니다. 그래서 《먼나라 이웃나라》에서 국경을 언급하는 그림 장면이 나올 때마다 참 신기하게 느껴졌습니다. '국경, 과연 그것은 무엇일까?' 하는 생각이 들었습니다.

판문점에서 국경을 보다

중학교 3학년이 되었을 때 판문점 견학을 갈 기회가

필자는 남북관계가 나라와 나라 사이가 아닌 통일을 지향하는 잠정적인 특수관계임을 인정하고 있으며, 국경이라는 칭호가 북한을 국가로 본다는 의미가 아닌 일반적인 경계선을 넘어 단단하고 높은 벽이라는 의미를 담고 싶어 강한 표현을 사용하였음을 이해해주시기 바랍니다. 저 국경 혹은 경계선이 어서 지워졌으면 합니다.

생겼습니다. 영화에서나 볼 수 있던 권총이나 소총을 가지고 서로를 노려보던 무서운 분위기는 당시가 뜨거운 여름이었음에도 불구하고 서늘하게 다가왔던 기억이 있습니다. 저는 그곳에서 그토록 궁금해하던 '국경'을 직접 볼 수 있었습니다.

헌법으로는 한반도 전 지역이 대한민국이지만 아직은 판문점 '자유의 집' 창문 너머에는 남과 북을 가르는 분명한 선이 있었습니다. 그것은 '국경'이었습니다. '냉전이 끝나고 원수였던 나라 사이에도 사업과 여행을 위해 자유롭게 드나드는데 우리의 국경은 아직 막혀 있구나' 하는 생각이 온몸으로 느껴졌습니다. 서글펐습니다. 그때 결심했습니다.

'내 인생을 저 선에 걸어봐야겠다.'

그 후 대학에 들어가면서 외국을 나갈 기회를 갖게 되었습니다. 선교여행이었는데 말레이시아와 태국에 가서 환자들에게는 약을 전해주고, 놀이문화가 없는 아이들에게는 놀이문화를 알려주면

판문점 분단선 사진

서 기독교의 복음메시지를 문화적으로 알려주는 일이었습니다.

그 당시 선교사님을 따라 태국을 육로로 건너면서 판문점이 생각났습니다. 비행기를 타고 공항에 내려도 국경을 건넜다는 생각보다는 외국여행을 한다는 생각이 들었는데 육로로 국경을 건너보니 정말 문화적 충격을 느낄 수 있었습니다.

여기서 저기까지 자동차로 30분이면 왔다 갔다 할 수 있는 가까운 거리였지만 나라가 다르고 국민이 다르고 문화가 달랐습니다. 언어도 달랐습니다. 무엇보다 국경 지역은 교역으로 인해 시장이 컸습니다. 중심도시에 비해 조금 덜 청결하다는 느낌은 들었으나 여권검사와 화물검색을 제외하고는 입출국심사도 까다롭지 않았습니다. 한국 사람들은 다른 나라에 가야 이런 경험을 해볼 수 있다는 것을 알고 충격이 컸습니다.

몇 년 후 금강산 관광을 위해 강원도 고성에서 동해선 남북출입사무소를 지나 북한 금강산에 들어갔을 때 태국에서와 비슷한 느낌을 가질 수 있었습니다. 그럼에도 입출경심사가 까다로웠고 휴대폰이나 노트북을 마음껏 가지고 들어갈 수 없기 때문에 자유로웠던 말레이시아와 태국을 갔던 경험이 더 짜릿한 추억으로 남았습니다.

북한에 대한 생각 차이는
남북한 경계선보다
더 견고해

중학생 때 경험했던 판문점 견학을 생각해보면, 금강산 관광으로 그나마 막혀 있던 남북 간의 '국경'을 육로로 넘을 수 있는 시대가 왔다는 데 큰 의의를 둘 수 있을 것입니다. 그 국경이 처음 열리던 김대중·노무현 정부 시기에는 남북교류협력이 활발했기에 현대아산 등 남북교역 및 경제협력기업이 활성화되어 있었습니다.

대학 졸업 후 저 또한 중학생 때부터 가지고 있던 남북관계에 대한 관심을 기초로 남북교역 기업에 들어가고 싶었으나 아직 북한의 실상에 대해서 많이 모른다는 생각이 들었습니다. 저는 북한을 추종하는 사람이 아니고 주체사상이나 공산주의는 반대하는 입장을 견지하고 있었습니다. 더욱이 기독교 신앙을 가지고 있는 저는 사람을 우상처럼 숭배하는 행위를 달갑게 받아들일 수 없었습니다. 그러나 민족적인 동질감을 놓치고 싶지 않았습니다. 어쨌든 북쪽에도 사람이 살고 있다는 사실을 생각했습니다. 북한에 대한 좀 더 구체적인 공부를 위해서는 대학원에 진학하겠다는 결심을 했습니다.

대학원에서 정치학을 본격적으로 공부하면서 처음

에는 국제관계이론을 통해 남북관계나 동북아국제 정치를 이해하려고 노력했습니다. 그런데 국제정치를 공부하면서 인권문제에 부딪치고, 북한 인권문제를 공부하면서 보통 심각한 일이 아님을 깨달았습니다. 어르신들은 북한 정치범 수용소나 탈북자들의 현실을 보면서 김대중·노무현 정부가 남북 간 대화와 협력만 중시한다고 비판을 많이 했습니다.

그러던 중 이명박 정부로 정권이 바뀌었는데 한미 FTA와 관련한 이슈가 뉴스에 자주 나오기 시작했습니다. 그리고 광우병 소고기가 우리 생명과 연관되었다는 점을 들며 한미 FTA를 반대하는 촛불시위가 시작되었습니다. 한편에서는 한미 FTA를 해야 우리 경제도 더 성장할 수 있다는 주장을 펴신 분들이 시위 반대를 위한 시위를 하셨습니다.

경찰들이 한쪽에게는 관대하고 한쪽에게는 집중 반격을 하는 것을 뉴스로, 현장에서 직접 보면서 '우리 땅 국경이 막혀 있으니 마음 국경도 두꺼워졌다'는 생각을 하게 되었습니다. 한미 FTA에 대한 우리 정부가 가진 의견에 반대하는 사람들이나, 그에 대한 다른 의견을 가진 사람들도 북한의 잘못된 점이나 방향에 대해 반대하는 사람들도 있습니다. 하지만 정부 입장에 반대하는 사람들은 무조건 북한을 추종하는 사람들이라고 생각하는 일부의 주관적인 견해에 분노를 느꼈습니다. 북한 인권을 중시하신다는 분들이 남한에서는 자유로운 정치적인 의사를 표명하는 것에 적극적으로 반대하면서 인권을 막아서고 있었기 때문입니다. 한편, 남한의 민주주의와 인권에 대해서 적극적으로 의사개진을 하시는 분들 중 일부가 북한 인권에 대한 이야기만 나오면 화제를 다른 것으로 바꾸려고 하거나 침묵으로 답변을 대신하는 태도 또한 일관적이지 않다고 생각했습니다. 굶어 죽어가는 북한 주민들이나 적화통일*을 꿈꾸는 북한 당국에 문제제기하지 못하는 것 역시 분노할 수밖에 없었습니다. 이 현상을 보면서 이 문제에 대해서 연구를 해야겠다는 생각을 하게 되었습니다.

● **적화통일**
분단국가에서 공산주의를 이념으로 하고 있는 측의 주도로 분단의 상대방 정부를 전복·흡수하여 공산통일을 하는 것을 말한다.

북한과 북한 인권 :
북한 인권이 한국사회에서는 왜
문제가 되는가?

남녀 간에 소개팅을 하거나 처음 만났을 때 갖게 되는 첫인상은 중요합니다. 상대에게 어떻게 '인식'되었는가가 중요한 한국사회에서는 사람들의 시선, 생각, 인기도 같은 것들이 때로는 운명을 바꾸기도 합니다. 특히 대통령이나 국회의원을 선출할 때 그 사람의 정책이나 공약, 정치적인 경험이나 경력을 중요하게 생각하지 않고 단지 일을 잘할 것 같은지, 인상이 어떤지 하는 이미지로 그 사람을 평가하고 지도자로 세우기도 합니다.

한국사회에 북한이라는 상대는 크게 두 가지 첫인상과 같은 인식으로 이해되고 있습니다. '적'이라는 인식과 어쨌든 대화의 '동반자'로 함께 가야 한다는 인식이 그것입니다. 이런 면은 우리 스스로가 키운 점도 있고, 북한이 먼저 군사적으로 도발을 하기도 하고 스포츠나 정치적으로 평화공세를 펼치는 양면성을 보였기 때문에 생겼다고 할 수 있습니다.

또한 일본제국주의나 미국과 소련이라는 냉전의 축, 북한공산주의로 인한 한국전쟁은 북한을 적으로 바라보는 것이 대한민국의 정통을 지켜내는 보수적인 가치라는 인식을 형성하게 되고, 그러한 한계를 넘어 민족적 동질감을 회복하는 것을 진보적인 가치로 우선하게 되는 인식을 형성하게 되었습니다.

미국을 바라보는 시각도 이와 유사합니다. 한국전쟁에 참전하여 대한민국을 지켜낸 은혜의 국가이자 굳건한 동맹국인 미국과 계속 동맹을 유지하는 것을 대한민국의 정통을 지키는 일에 가깝다고 보는 보수진영과 우리 스스로 통일할 수 있는데 미국이 한국전쟁에 참여하는 바람에 통일에 실패했다거나 제국주의적 야심을 갖고 전쟁에 참여했다고 바라보는 진보진영이 있습니다.

이런 인식들은 한국정치의 주요 인물이 지향하는 노선을 어떻게 이해하는지와도 연관이 깊습니다. 한반도 차원에서는 이승만과 김일성, 박정희와 김일성, 김대중과 김정일 등의 대립과 경쟁을 살펴볼 수 있을 것이고 남한 내부 차원에서는 이승만과 김구, 박정희와 김대중, 전두환·노태우와 김영삼, 김대중의 대립과 경쟁을 살펴볼 수 있을 것입니다.

한반도 차원에서는 냉전과 더불어 자유민주주의와 공산주의를 각각 선호하는 양상으로 살펴볼 수 있고 남한 내부 차원에서는 민주화와 경제성장 중에서 우선순위를 어디에 둘 것인지에 따라 노선을 달리하기도 합니다. 그리고 이 노선에는 북한과 미국에 대한 호감이 역시 복합적으로 연관되어 있습니다.

물론 설명을 쉽게 하려고 이분법적으로 구분하여 이야기하고 있지만 두 노선 사이의 중간지대가 없다는 것은 아니며 두 노선과 완전히 다른 제3지대도 있습니다. 그러나 소위 '남남갈등'에서 나타난 대립을 살펴봤을 때 이 두 진영의 중간지대나 제3지대 같은 세력은 활동이나 발언이 미미했다고 볼 수 있습니다.

김영삼 정부가 들어서기 전까지 남한 국민들이 가진 북한에 대한 이미지는 한국전쟁을 경험한 세대가 많

● **6·29선언**
1987년 6·10항쟁을 통해 전두환
정부의 간선제 호헌조치에 반대하고
대통령 직선제를 요구하여 1987년
6월 29일 민주정의당(민정당) 대표
노태우(盧泰愚)가 국민들의 민주화와
직선제 개헌요구를 받아들여 발표한
특별선언
출처 | 6·29민주화선언–두산백과

았기에 적대적인 이미지가 많았습니다. 그러나 1987년 6·29선언으로 대통령 직선제가 시행되면서 제도적 민주화가 정착되고 냉전 종식으로 대북관계에도 변화의 조짐이 일어나기 시작했습니다.

노태우 정부는 북방정책을 통해 중국, 소련과 각각 수교를 맺어 북한을 압박했고, 1988년 서울올림픽을 통해 한국전쟁으로 폐허가 됐던 한국이 발전한 것을 똑똑히 지켜본 동구권은 개혁과 개방에 대한 몸부림을 치기 시작했습니다.

1993년 김영삼 정부가 들어서면서 '역사바로세우기'를 통해 전두환, 노태우 등 전직 대통령을 구속하고 민주화운동과 관련된 인사들에게 보훈조치가 시작되었습니다. 국민들은 국립중앙박물관으로 사용했던 일제총독부 건물이 철거되는 것을 지켜보며 친일청산과 민주화를 군사독재 시대에 비해 온몸으로 느낄 수 있었습니다. 그러나 IMF 위기는 다시 한 번 민주화와 경제성장이 함께 가기 어렵다는 생각을 국민들에게 인식시켜주었습니다.

김대중 정부가 들어서서 IMF를 극복하고 정보화를 진행하면서 이러한 국민들의 위기 인식을 안정시키는 데 성공했습니다. 5·18광주민주화운동* 관련자들의 정부차원 보훈조치를 진행하며 전 정부보다 한 차원 높은 민주화를 진행하고자 노력했고, 2000년 6·15공동선언**으로 남북화해를 주선하며 통일에도 한 걸음 앞서나가고자 했습니다.

생방송으로는 보기 어려웠던 김정일 위원장이 김대중 대통령과의 정상회담을 통해 전 세계에 얼굴을 공개하고 호방한 발언을 보여주었습니다. 이후로 남한 국민들에게 북한과 김정일 국방위원장에 대해 좋은 이미지로 급변하게 되었습니다.

하지만 '고난의 행군'으로 약 3백만 명이 아사한 북한 인권문제를 덮은 채 남북화해가 시작되었다는 점, 남북교류의 활성화로 대한민국 정통성이 흔들릴 것을 걱정하는 전쟁참전 세대의 불안, 군사분계선 이남 지역의 민주화 및 남한 인권문제가 정착단계로 진입하는 과정에서 불거진 진보인사들의 인권문제나 보훈조치에 대한 논란, 2002한일월드컵 3·4위전이 있던 6월 29일에 제2차 연평해전이 발생하면서 6·15 공동선언이 있었음에도 안보불안이 줄지 않았다는 점, 북한이 계속 핵무장을 추구한다는 점이 지속적으로 남남갈등을 일으켰습니다.

이런 문제들은 남한 내부 문제가 정리되지 않은 상태에서 남북화해가 급진전되자 발생한 부작용이었습니다. 그만큼 한국전쟁의 상흔은 깊었고, 북한의 적화통일 추구는 멈추지 않았습니다. 여기서 국민들이 각성하기 시작한 점은 북한 정부와 북한 주민들을 나누어 살펴보기 시작했다는 점입니다.

노무현을 대통령으로 선택하면서 남한 정부의 화해협력정책을 지지했지만 미국의 부시정권이 2004년 '북한 인권법'을 발의하면서 적극적으로 북한 인권문제가 알려지고 2006년 북한이 1차 핵실험을 실시하자 남한 국민들은 분개하게 되었습니다. 그동안 국민들이 북한에 대한 정보는 우리 정부나 방송 차원에서 제공되는 정보만을 들을 수 있었던 것에 비해 남북교류 활성화로 일부 남한 국민들이 직접 북한을 가보고, 탈북자의 증가로 비공식적인 북한 내부 정보가 급격히 들어오면서 통일을 향한 의지로 남북교류협력을 지지해왔던 것이 오히려 북한 인권문제를 야기한다는 점을 인식하게 된 것입니다.

그후 국민들은 경제성장 지속과 대북정책 재검토를 해보라는 의미에서 이명박을 대통령으로 선택하였습니다. 금강산 민간인 피격사건과 천안함 피격사건으로 북한의 도발이 계속되자 5·24조치로 남북교류는 중단되었고 북한은 중국에 더욱 의존하면서 남북 관계는 점점 멀어지는 상황입니다.

북한 인권문제 인식 교차현상

이런 상황에서 남한 내부 진영 간 논쟁에 따라 북한 인권문제 인식의 교차현상이 지속되고 있습니다. 북한 인권문제 인식의 교차현상이라, 함은 '인권'은 말 그대로 인간의 권리를 의미하는 것으로 남한이나 북한의 인권에 차별을 둘 수 없는데 군사정부 시기의 남한 인권문제에 대한 태도가 개선과 증진에 적극적이었던 진영이 북한 인권문제에 대해서는 묵인하거나 북한 내부 문제라며 무관심 하려하고, 군사정부 시기의 남한 인권문제에 대한 태도에 무관심하거나 소극적이었던 진영은 북한 인권문제에 대해서는 개선과 증진에 적극적인 태도를 보이는 이중성을 말합니다.

이는 북한과 미국을 바라보는 인식 기준, 안보와 남북교류협력 중에 어떤 것을 우선순위로 두고 있는가, 이념과 민족적 동질성 중에 어떤 것을 우선

〈표 1〉 교차현상의 예시

교차현상	보수진영	진보진영
남한 인권	X	Y
북한 인권	Y	X

(Y: 문제제기, X: 침묵 내지는 부인)

순위로 두고 있는지에 따라 교차현상을 보이는 것으로 파악됩니다. 북한민주화의 속도와 인권의 세부개념인 정치적 자유권과 경제적 생존권 중 어떤 개념을 선호하는지에 따라서도 나뉩니다.

양 진영의 태도는 교차현상을 보이는데 이는 북한이나 자기 진영이 가지고 있는 정치적 인식이 변하지 않기 때문이며, 북한 자체가 적과 협력의 동반자라는 이중성을 가지고 있기 때문이기도 합니다. 그러나 상대는 이중성을 띠고 있는 반면에 우리는 그 이중성에 각자 자기 진영이 선호하는 노선에 따라 대우하려고만 할 뿐 갈등요인을 시너지 효과로 바꾸는 일에는 소극적으로 일관하고 있습니다. 이 간극을 메워나가는 일에 시민사회의 모든 세력들 특히 건설적으로 통일을 지향하는 NGO의 역할이 중요하다고 할 것입

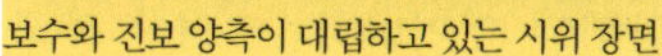

보수와 진보 양측이 대립하고 있는 시위 장면

니다.

개인적으로 북한 인권문제를 풀어나가는 데 종교, 특히 기독교의 역할이 크다고 생각합니다. 북한 인권문제에서 가장 중요한 문제는 정치적 박해와 종교탄압, 경제 생존권의 억압인데 특히 기독교를 탄압하는 문제가 미국과 남한은 물론 전 세계로부터 북한을 압박하는 중요한 이슈가 되고 있습니다.

북한은 기독교를 체제에 대한 위협으로 생각하고 철저히 박해하고 있습니다. 이는 해방 전후 한국의 근대화 수용에 대한 인식의 차이로부터 시작됩니다. 북한은 20세기 초, 중국으로부터 자주독립할 기회를 일본제국주의가 강탈했다고 생각하고 있으며 서양의 제국주의도 기독교의 모자를 쓰고 있었다고 인식하고 있습니다. 남한은 20세기 초 기독교 인사들이 근대화와 계몽운동·교육 등에 앞장 서왔다고 생각하고 있지만 북한은 이런 것들이 단지 제국주의화를 위한 수단에 지나지 않는다고 이해하고 있습니다.

북한은 특히 이승만의 남한단독정부수립으로 친일·친미세력의 조국 제국주의화 선동 및 두 개의 조선을 시도한 것이라고 이해하고 있습니다. 또 북한은 기독교가 일제식민시기 신사참배를 수용했으면서 공산주의의 조국혁명에는 반대하던 것을 트집 잡아 불만을 가지며 탄압했던 것입니다. 그러나 한국

전쟁 전후 월남한 이북 지역 교회들은 남한 건국과 경제개발에 앞장서거나 협조했으며 박정희 정권의 기독교에 대한 집회자유 허용은 군사쿠데타로 미국의 인정을 받지 못했던 정권의 어려움을 덜어주는 데 일정한 역할을 하기도 했습니다. 기독교 국제집회 등을 허용해 지미 카터 미국 대통령과의 정상회담을 열 수도 있었고 정통성 인정 및 안보불안을 해소할 수 있었습니다.

일부 교회와 신도들은 박정희 정권에서 탄압받았던 시민들의 인권 개선에 적극적인 목소리를 내기도 했지만 개인의 구원과 교회성장에 집중한 나머지 사회문제에 대해서는 소극적인 모습을 보일 수밖에 없었습니다. 기독교에서 중요하게 여기는 '진리'와 '구원'이라는 신학적 개념은 기독교 나름의 신앙과 정통을 지키려고, 상충되는 다른 신앙적 개념과 충돌할 때 타협할 수 없는 배타성을 가지고 있습니다. 이 배타성은 기독교가 일신론적 종교로 기능하는 것에 아주 중요한 역할을 합니다. 하지만 신앙의 범위를 넘어서 정치적 차원, 즉 반공이나 분단체제와 복합적으로 얽히면서 북한을 포용하기보다 배척하는 태도를 가지는 데 일부 일조했습니다.

또한 사회문제 개선에 소극적이었던 일부 대형교회들이 참여정부 말기의 사학법 개정 시도에 대해서 목회자들 중심으로 저항하면서 정치와 선거에 영향을 끼치려는 시도를 시작했습니다. 소위 '강부자, 고소영 정부'라는 이명박 정부를 향한 별칭은 한국정치와 한국교회의 연결고리가 어제 오늘의 일이 아니며 북한과 반기독교라는 반대세력에 대해 배타성을 띤다는 공통기제를 가지고 있음을 보여줍니다.

기독교인이라면 이를 뛰어넘는 사랑의 실천이 있어야겠다는 생각을 해봅니다. 기득권에 안주하지 않고 공정하고 건강하게 미래를 그려나가는 기독교계 시민사회의 움직임과 연대도 필요한 시점입니다. 세계 선교나 교회의 대형화 추구라는 패러다임을 북한선교와 통일한국 주도로 한 전환이 필요할 때입니다.

북한 인권과 남북교류협력

인권문제가 역사적으로 등장한 이유는 유럽에서 기독교 신앙을 자유롭게 믿기 위해서라고 합니다. 북한 인권문제도 기독교 및 종교탄압과 연관이 깊습니다. 한국의 교회들은 대형화와 세계 선교에 신경 쓰는 것의 십 분의 일 이상 북한에 관심을 가질 필요가 있습니다.

동독과 서독은 분단되어 정치적으로 경쟁했으나 동

독교회와 서독교회는 예수 그리스도 안에서 하나님을 고백하면서 꾸준히 교류와 협력을 지속했습니다. 교회의 진리와 구원이라는 가장 중요한 사항을 건드리지 않는 범위에서 한국의 교회는 북한의 교회나 정부, 어려움에 처한 인민들이나 탈북자들을 꾸준히 살피고 협력해야 합니다.

북한의 계속되는 도발로 인해 교류와 협력이 중단될 만한 충분한 사유가 있었지만 또 한편으로는 5·24조치로 인해 성부만 믿고 투자한 많은 교역·경협업체들이 줄도산하거나 부채로 신음하고 있다는 것도 잊지 말아야 합니다.

거리도 가깝고 인건비도 중국보다 싸며, 기술교육만 제대로 유지되면 결과물도 그 어느 나라보다 좋은 물건을 생산해주는 북한의 노동시장을 맛본 남한의 교역·경협업체들은 조치가 해제되고 남북교류협력이 지속되기를 바라지만 이렇게 얻은 수익으로 북한이 경제개선보다는 선군정치를 지향한다면 교류협력도, 북한의 인권 개선도 어려울 수밖에 없습니다.

남한은 북한 인권이 남의 문제가 아닌 우리 형제의 문제요, 이웃의 문제임을 깨닫고, 지속적인 개선을 요구하는 한편, 북한 정부가 실질적으로 개선할 수 있도록 교류협력에도 적극적일 필요가 있습니다. '먼 나라 이웃 나라'가 아닌 다시 하나의 나라가 되는 그날이 올 때까지 두 마리 토끼를 잘 잡기 위해서 현명한 지혜와 끈기, 노력이 필요할 것입니다. 시민사회와 NGO 활동가도 이웃의 문제를 해결하는 곳에서 우리의 문제를 해결하는 것이 가능함을 인식하고 '이웃 나라 먼 형제'의 일에도 관심을 기울여 이웃 나라, 이웃 형제와 하나되는 그날을 준비해야 할 것입니다.

'북한 인권이 한국사회에 미친 영향과 북한 인권문제를 대하는 시민사회 활동가의 자세'를 주제로 펼쳐진 손광수 씨의 강연에 대한 참가자들의 한마디!

강연 후기

청중을 적극적으로 끌어들이는 강의 방식이 무척 좋았습니다. 인권 및 정의에 대해 다시 새겨보게 되었습니다.

북한에 관심을 가지고 있던 제가 북한에 대한 인식, 접근법, 남한과의 관계를 더욱 깊이 생각하게 되는 계기가 되었습니다.

다소 어려운 이야기이긴 하지만 근본적인 고민들을 할 수 있게 해주는 것 같아서 좋았습니다. 현상에 그치지 않고 전체적인 흐름을 견지할 수 있었던 게 제일 좋았고요.

전혀 생각하지 못했던 남북 인권문제에 대한 교차인식에 대해 다시 고민하게 되었습니다.

북한의 정치적 인권에 대해 수업을 들으면서 제가 몰랐던 역사적 사실을 알려주셔서 감사합니다.

정의와 평화가 입 맞출 때까지

시민들의 연대와 참여,
비폭력 직접행동을 통해 구조적 폭력을 종식하고
정의와 평화를 만들어가야

최욱준 | 평화누리

1
1

최욱준은　　평범한 사람들의 연대와 참여를 통해 정의롭고 평화로운 세상을 만들
＿＿＿＿＿　어가는 쌍방향적 시민운동을 꿈꾸고 있다. 대학 시절 경영학과 정치외
＿＿＿＿＿　교학을 공부했고 기독단체 '새벽이슬' 활동을 하며 예수의 복음에 담
긴 사회적 책임과 정의 개념을 배웠다. 기독교윤리실천운동, 성서한국
에서 일했으며, 2010년 2월부터 평화누리 사무국장으로 일하고 있다.
대안을 만들어내는 시민운동을 위해 대학원에서 정치경제학을 공부 중
이다. 봄에 나는 풀처럼 고된 겨울을 이겨낸 생명력으로 다른 생명을
살리고 세상을 바꾸는 삶을 살아가고 싶어 '봄풀'이라는 애칭을 사용
하고 있다.

http://facebook.com/bomfull

평화누리는　　기독교 신앙을 바탕으로 사회적 약자와 연대하여 정의롭고 평화로운
＿＿＿＿＿　세상을 만들어가는 대중 시민운동이다. 2005년 창립 이래 이랜드 비
＿＿＿＿＿　정규직 문제, 용산 참사, 광우병 쇠고기 수입 반대 촛불 집회, 쌍용자
동차 해고 노동자 문제, 4대강 사업, 포이동 재건 마을 등 사회, 경제
적 약자들이 있는 현장에서 활동해왔다. 2012년에는 철거민의 고통을
해결하기 위한 주거권 보장 운동을 핵심 사업으로 전개하면서 제주
해군 기지 반대 활동, 쌍용자동차 해고 노동자 대책 활동 등을 진행하
고 있다. '정의'의 핵심은 사회적 약자의 고통에 공감하고 그 고통을
해결하는 것이라는 생각에 매월 사회적 약자를 위한 기도청보지 〈정
의를 위한 기도〉를 발행하고 있다.

www.peacenuri.org

http://facebook.com/peacenuri

잔인한 국가, 외면하는 대중

"저 안에 사람이 있어요!"

3년 전, 용산을 울린 애끓는 절규가 아직도 생생하게 들립니다. 용역업체 사람들의 야만적 폭력과 강제 철거의 위협 앞에 놓인 철거민들은 '망루'라는 최후의 선택에 내몰리게 되었습니다. 망루 농성이 시작된 지 3시간 30분 만에 경찰은 전격적으로 경찰특공대의 투입을 결정했습니다. 경찰특공대는 망루 안의 위험 요소나 구조에 대한 사전 이해도 없이 긴급하게 투입되었습니다.

건물 밖에는 매트리스 등 최소한의 안전장치조차 마련되지 않았습니다. 결국 끔찍한 화재가 발생했고, 농성 시작 25시간 만에 철거민 5명과 경찰 1명이 희생되는 참사가 벌어지고 말았습니다. 검찰은 유족의

다큐영화 〈두개의 문〉은 참사 직후 진행된 재판 과정에서 증인으로 출석한 경찰들의 진술을 통해 당시의 무리한 경찰 진압이 용산 참사의 원인이었음을 밝히고 있습니다(출처 | http://blog.naver.com/2_doors).

동의도 없이 24시간도 채 지나지 않아 서둘러 시신 부검을 강행했습니다. 또한 초기 수사과정을 다룬 수사기록조차 공개하지 않고 있습니다. 진상 규명을 위한 핵심 증거들을 은폐하고 있는 것입니다.

2009년 8월 5일. 경찰은 1천1백여 명에 대한 정리해고에 맞서 파업 중이던 쌍용자동차 평택공장에 경찰특공대를 투입시켰습니다. 테러 진압을 목적으로 창설되어 특수 훈련을 받은 경찰특공대는 마치 폭도들을 진입하듯 무자비한 폭력으로 파업 노동자들을 진압했습니다. 테러 진압용 무기인 전기충격총테이저건까지 사용했습니다.

바닥에 쓰러진 노동자 한 명에게 여러 명의 경찰들이 달려들어 군화로 짓밟고 곤봉으로 내리치는 폭력을 행사했습니다. 당시 노동자들은 사측에 의해 7월 16일 이후로 식량과 물과 의료조치가 차단되어 있던 상태였습니다.

이 두 사건은 21세기 대한민국에서 국가 폭력에 의해 인간의 존엄성이 짓밟히고 인권이 유린당한 대표적인 사례입니다. 용산과 쌍용자동차 사건에서 철거민과 노동자는 그저 진압되어야 할 폭도일 뿐 존엄한 인간으로도, 주권을 가진 국민으로도 취급받지 못했습니다. 그런데도 우리 사회에는 애써 이 사실을 부인하고 왜곡하려는 안타까운 현상이 존재합니다.

쌍용자동차 파업노동자들에게
식량, 물, 의료조치를 보장하라

국제앰네스티는 한국 정부가 쌍용자동차 경기도 평택 공장의 파업노동자들이 물과 식량, 의료조치에 대한 즉각적이고 방해받지 않는 접근을 보장할 것을 촉구한다. 또한 경찰이 법집행공직자를 위한 국제 기준을 따를 수 있도록 보장 할 것을 촉구한다.

7월 16일 이래로 쌍용자동차 사측은 8백여 명의 해고 노동자들이 지난 5월 22일부터 점거하고 있는 도장 공장으로의 식량과 물을 차단했다. 또한 7월 19일 이후로는 공장 내의 의료진 출입을 막고 있다. 노동자들은 1천100여 명에 대한 대량 정리해고에 대해서 항의하고 있었다.

파업노동자들은 식량이 적어짐에 따라 식사량을 조절하고 있다. 화장실을 사용하거나 씻을 수도 없다. 노동자들은 3천 명 이상의 진압경찰과 수백 명의 사설 경비 용역 직원들과 지난 한 달간 충돌해왔고, 이로서 양측에서 부상자가 발생했다. 대부분의 부상당한 노동자들과 당뇨나 고혈압 등의 만성질병을 가지고 있던 이들은 사측에서 의료진이 공장으로 진입하는 것을 방해한 것으로 인해 필요한 치료를 받지 못하고 있다. 알려진 것에 따르면 경찰은 이러한 의료진 출입 방해를 도왔다.

(중략)

7월 20일 이후 명백하게 점거를 끝내려는 시도로 경찰헬기가 낮에는 최루액을 떨어뜨리고 밤에도 날아다니는 것으로 알려져 있다. 회사 측도 큰 스피커로 노동자들에게 점거를 중단하라고 요구하는 방송을 하고 큰 소리로 밤낮 음악을 틀고 있다.

어떠한 상황에서도 파업을 끝내기 위해서 식량이나 물, 의료조치와 같은 필수적인 필요를 차단하는 것은 회사 측이든, 법집행공직자든 용납될 수 없다. 재산에 심각한 손실이나 사람에 대한 명백한 폭력

의 위협이 있어 경찰의 개입이 필요할 경우, 경찰은 유엔 법집행공
직자 행동강령을 포함하여 국제기준을 따라야 한다. 유엔 법집행공
직자 행동강령은 법집행공직자는 공무의 수행을 위해 필요한 범위
내에서, 엄중히 필요한 경우에 있어서만 무력을 사용할 수 있다고
명시하고 있다. 이러한 점에서 국제앰네스티는 특히 경찰의 전자충
격장비(테이저 건) 사용을 우려하고 있다. 이러한 무기는 잠재적으로
살상무기이며 경찰은 덜 극단적인 방법으로는 제지할 수 없는 생명
의 위협이나 심각한 상해를 입게 될 경우에만 이러한 무기를 사용해
야 한다.

출처 | http://www.amnestydiary.net/313

가해자인 국가는 진실을 은폐하거나 왜곡시키려 하
고, 언론은 국가의 논리를 확대하는 데 동원되고 있
습니다. 대다수 국민들도 이 은폐되고 왜곡된 여론
속에서 진실을 부인하거나 외면하고 있습니다. 국가
폭력과 인권유린의 피해자들은 오히려 폭도와 범법
자로 전락하고 말았습니다.

사회학자 스탠리 코언은 《잔인한 국가 외면하는 대
중》에서 이런 현상을 '부인denial'의 심리로 설명하고
있습니다. 도저히 받아들일 수 없는 끔찍한 사실에
직면했을 때 자기 방어 기제로 작용하는 '부인'의 심
리가 사회 전체에 작용하고 있다는 것입니다. 그래
서 국가의 잔인한 인권침해 현상에 대해서 가해자뿐

만 아니라 관찰자인 시민들도 사실을 부정하거나 진실과 다르게 재해석한다고 말합니다.

이 '부인'의 심리는 ① 문자 그대로 사실을 부인하는 '문자적 부인' ② 사실은 인정하지만 다른 해석을 갖다대는 '해석적 부인' ③ 사실과 그 해석은 부정하지 않지만 그에 따른 책임을 떠넘기고 자신을 정당화하는 '함축적 부인'으로 나뉩니다. 이 3가지 '부인'의 심리는 용산 참사에서 나타난 '부인' 현상을 보면 쉽게 이해할 수 있습니다. 성공회대학교 조효제 교수는 용산 참사에서 나타난 부인 현상을 코언의 개념을 통해 다음과 같이 정리했습니다.

문자적 부인 경찰은 직무수칙을 철저히 준수했다. 용역업체와 공모하지는 않았다. 그래서 과잉진압은 없었다.

해석적 부인 사망자 발생은 사실이지만 정당한 공무집행 중 일어난 것으로 인권침해라 할 수 없다. 농성자들이 뿌린 시너에 화염병 불이 붙어 난 사고이므로 경찰에 책임을 묻긴 어렵다. 외부세력이 개입했으니 선량한 피해자들의 순수한 자구 움직임이 아니다.

함축적 부인 책임자 파면과 처벌보다 진상규명이 우선이다. 진압 책임자 사퇴 주장은 반정부세력의 체제전복 시도이다. 공무원의 적법한 행위를 처벌하면 누가 열심히 일하겠는가.

이렇듯 우리가 국가에 의해 벌어지는 폭력과 인권유린을 애써 부인하고 외면하는 동안 어떤 일들이 벌어졌을까요?

용산 참사가 일어난 후 진상 규명은커녕 책임자 처벌조차 제대로 이루어지지 않은 채 철거민들만 구속되었습니다. 지극히 평범한 이웃이었던 유가족들은 이제 폭도로 낙인찍힌 희생자들의 억울함을 안고 거리의 투사로 살아갈 수밖에 없습니다.

6명이 희생되었음에도 불구하고 용산 참사의 근본 원인인 재개발제도의 문제점은 조금도 개선되지 않았습니다. 용산을 지나 '두리반'과 명동 '마리'를 휩쓸었던 강제철거의 무자비한 폭력은 현재도 북아현동에서, 상도동에서, 봉천동에서, 고양 덕이동에서 제2의, 제3의 용산 참사를 만들어내고 있습니다.

쌍용자동차 강제 진압 직후인 2009년 8월 6일에 노사는 1년 뒤 무급휴직자 전원 복귀에 합의했습니다. 그러나 2012년 현재까지도 복직된 사람은 아무도 없습니다. 무급휴직자는 해고자가 아니기에 퇴직금이나 실업급여를 받을 수 없고, 다른 직장으로 취업할 수도 없습니다. 이들은 심각한 생활고에 시달려야 했고, 폭력 진압에 대한 정신적 충격과 우울증으로 고통 받아야 했습니다. 우리가 이 고통을 애써 부인하고 외면하는 사이에 해고노동자와 그 가족들 중에서 벌써 22명이 고통을 견디지 못하고 스스로 죽음을 선택했습니다. 이 안타까운 죽음은 누구의 책임일까요? 누가 이들에게 죽음보다 더 끔찍한 고통을 안겨주었을까요?

우리가 불의한 폭력과 인권유린의 현장을 부인하고 외면하는 사이에 사회적 약자들의 탄식 소리는 높아지고, 우리 사회의 정의와 평화는 무너졌습니다.

이런 사회 문제들을 이야기하면 사람들은 "정치적이다, 이념적이다"라며 비판합니다. 그러면서 정의와 평화는 정치적이고 이념적인 문제와 결부될 수 없는 가치라고 말하기도 합니다. 그리고 정치적 혹은 이념적 편향을 가지지 말고, 가치중립적이고 객관적으로 사안을 바라봐야 한다며 점잖게 나무라기도 합니다. 그렇다면 정치가 무엇입니까? 정치는 한정된 자원을 서로 이익이 충돌하는 사람들 사이에서 권위적으로 분배하는 행위입니다. 한정된 자원을 서로 더 많이 차지하려는 경쟁 속에서는 당연히 약육강식의 힘의 논리가 작용하게 됩니다.

이를 조율하고 분배하는 정치 과정에 정의와 평화의 가치가 작용하지 않는다면 그 정치는 그저 힘 있는 자들의 폭력을 정당화하는 수단일 뿐입니다. 힘 있는 자들의 폭력과 착취를 방조하기 때문입니다.

중립이라는 허울 역시 마찬가지입니다. 우리가 정치적 사안들에 중립을 지키는 사이에 자신을 지킬 수 없는 약자들은 힘 있는 자들의 폭력과 착취에 시달리게 됩니다. 그런 중립은 그저 폭력의 방조자일 뿐입

정의와 평화의 근본적 확립 위해서는 사회행동적 NGO의 역할도 여전히 중요!

과거 국가와 시장이 사회를 주도하던 시대와는 달리 갈수록 제3섹터인 시민사회와 비영리기구의 영향력이 증대되고 있습니다. NGO나 국제기구에서 일하려는 사람들도 점차 늘어나고 있습니다.

그러나 이런 반가운 현상 속에서도 개인적인 아쉬움이 조금 있습니다. 구호사업, 개발협력사업 등의 사회서비스적 NGO나 국제기구에서 일하려는 사람들이 늘어나고 있는 것에 비해 상대적으로 사회개혁과 권력감시를 주로 하는 사회행동적 NGO를 희망하는 사람은 많지 않은 것 같습니다. 그리고 사회서비스적 NGO와 사회행동적 NGO 사이의 역할과 관계를 종합적으로 이해하려는 시도도 많지 않은 것 같습니다.

사회서비스적 NGO와 사회행동적 NGO는 공공의 이익 증진이라는 공통의 목표를 함께 만들어가는 파트너라고 말할 수 있습니다. 만약 기근과 질병으로 쓰러져 있는 사람이 있다면 식량과 의료를 먼저 제공해 생명을 살려야 합니다. 그러나 그런 고통이 사회 전체적으로 계속된다면, 근본 원인을 파악하고 사회구조를 바꾸는 일을 하지 않으면 그 고통은 사라질 수 없습니다. 그리고 사회구조의 문제 속에는 대개 정의와 평화의 문제가 자리 잡고 있습니다. 쓰러져 있는 이에게 우선 식량과 의료를 제공하는 일이 주로 사회서비스적 NGO의 역할이라면 근본원인을 파악하고 사회구조를 바꾸는 일은 주로 사회행동적 NGO의 역할이라고 말할 수 있습니다.

니다. 우리는 정치적, 이념적 문제를 고민하기 이전
에 정의와 평화의 가치를 먼저 고민해야 합니다.

정의와 평화를 만드는 시민

어떤 사람들은 국가가 정의와 평화를 지켜줄 것이라
고 생각합니다. 국가가 하는 일에 무한 신뢰를 보내
며 이를 비판하는 이들을 '빨갱이', '반역자'로 매도
해버립니다. 그러나 정말 국가는 정의와 평화를 지
켜줄까요?

전두환 정권 시절의 모토는 '정의사회 구현'이었습
니다. 그러나 그 결과는 삼청교육대, 5·18민주화운
동 당시 광주에서의 학살, 안기부를 통한 인권유린,
부정 축재와 같은 것이었습니다.

이명박 대통령은 당선자 시절부터 임기 내내 '예외
없는 법질서 준수'를 강조했습니다. 그 결과 용산 참
사와 쌍용자동차 폭력 진압이 발생했습니다. 조현오
전경찰청장은 쌍용자동차 진압을 내세우고 싶은 자
신의 업적 1위라고 말했습니다.

법질서 준수를 위해 헌법이 보장하고 있는 국민의 권
리인 집회의 자유쯤은 쉽게 무시되고 맙니다.

우리는 2008년에 '명박산성'이라는 희한한 흉물을
만났습니다. 그리고 2011년 11월, 한층 업그레이드

5·18 광주민주화운동 당시 모습

명박산성

된 '명박산성' 이 나타났습니다. 한미 FTA 국회 비준에 반대하는 시민들이 반대 의사를 표현하기 위해 거리로 나왔지만 세종로 일대는 이미 경찰버스로 만들어진 새로운 '명박산성'에 의해 원천 봉쇄되어 있었습니다. 집회를 하기도 전에 시민들은 불법 집회자로 규정되어 세종로 출입 자체가 허용되지 않았습니다. 주권자로서의 숭고한 권리가 '법질서 준수'라는 미명 아래 처참히 짓밟히고 말았습니다.

국가가 정의와 평화를 충분히 지켜주지 못한다면, 정의와 평화를 만들어갈 책임은 누구에게 있는 것일까요? 당연히 국민에게 있습니다. 대한민국의 주권은 국민에게 있기 때문입니다. 조금 더 구체적으로 표현하면 '시민'에게 있습니다. 중앙대학교 신진욱 교수는 《시민》에서 인권과 기본권을 보장 받고 정치적 권리를 행사할 수 있는 모든 사람을 '시민'이라고 설명하고 있습니다. 따라서 국민주권국가인 대한민국에서 모든 국민은 곧 '시민'입니다. 그리고 '시민'의 개념 속에는 "자유로운 시민, 연대하는 시민, 참여하는 시민" 등 세 가지 이념이 담겨 있다고 설명하고 있습니다. 이 이념들을 살펴보면 정의와 평화를 만들어갈 책임이 왜 '시민'에게 있는지 이해할 수 있습니다.

첫 번째, 우리는 자유로운 시민이어야 합니다. 우리가 누려야 할 자유는 개인의 소유권은 물론 집회, 결사, 언론, 출판, 종교, 표현, 사상의 자유 등 기본권의 보장을 포함합니다. 나아가 자유로운 시민은 다른 사람과 사회 속에서 서로 배려하며 살아갈 줄 아는 도덕적 자유의 능력을 갖추고 있어야 합니다.

특히, 개인의 도덕적 자유, 즉 양심에 따라 판단하고 행동할 수 있는 자유는 시민운동에 있어서 아주 중요합니다. 어떤 사회문제가 발생했을 때 우리는 그 사안이 공정하게 처리되고 있는지, 불의와 폭력이 일어나고 있지는 않은지 각자의 양심에 따라 판단하고 행동해야 할 책임이 있습니다.

도덕적 자유를 행사하지 않는다는 것은 시민으로서의 지위를 포기하는 것입니다. 그리고 만약 국가의 정책이 도덕적 양심에 반한다고 판단되면 정치적 저항과 불복종에 나서야 합니다. 이것이 간디와 마틴 루서 킹이 전개했던 시민 불복종 운동입니다. 우리는 인권이 유린되는 현장에서 도덕적 양심에 따라 정의와 평화를 만들어가야 할 책임이 있습니다.

두 번째, 우리는 연대하는 시민이어야 합니다. 앞서 살펴본 용산 참사와 쌍용자동차 진압 과정에서 대립되어 있는 공권력과 철거민 또는 노동자의 힘의 크기는 서로 비교 가능한 것이 아니었습니다.

강력한 공권력 앞에 철거민과 노동자들은 그저 어린 아이일 뿐입니다. 정치적 권력과 경제적 권력은 너무나 거대합니다. 그 거대한 권력에 맞서 사회적 약자들이 인권과 기본권을 지켜낼 수 있는 유일한 방법은 시민들의 연대뿐입니다.

정치적, 경제적 권력을 가진 소수가 아니라면 우리는 누구나 사회적 약자가 될 위험을 안고 살아갑니다. 누구나 철거민이 될 수 있고, 해고 노동자가 될 수 있으며, 국가 폭력의 희생자가 될 수 있습니다. 우리가 당장 자신의 고통이 아닌 사안에 대해서도 다른 시민들과 연대해야 할 이유가 여기에 있습니다. 우리는 폭력과 인권유린의 현장에서 연대를 통해 정의와 평화를 함께 만들어가야 할 책임이 있습니다.

세 번째, 우리는 참여하는 시민이어야 합니다. 자유와 연대는 실제적인 참여로 비로소 실현됩니다. 주권자의 한 사람으로 다른 시민들과 함께 사회의 문제에 대해 토론하고 대화해야 합니다. 공공의 선을 위해 함께 행동하고 적극적으로 정치에 참여해야 합니다. 투표 참여를 통해 대표자를 선출하는 것으로 끝나는 것이 아니라 내가 위임한 권력이 정의롭게 사용되는지 계속해서 감시하고 견제해야 합니다. 헌법이 보장하고 있는 '결사의 자유'에 따라 시민단체와 같은 공익적 결사체를 조직하거나 그 결사체에 참여해야 합니다. 우리는 정의와 평화를 만드는 일에 적극적으로 참여해야 할 책임이 있습니다.

정의와 평화를 만드는 행동 원리, 비폭력 직접 행동

그렇다면 정의와 평화는 어떻게 만들어가야 할까요? 그 방법은 비폭력 직접 행동입니다. 비폭력 직접 행동으로 국한하는 이유는 비폭력이야말로 정의롭고 평화로운 방법이기 때문입니다. 그리고 폭력보다 비폭력이 적은 희생자를 발생시키면서도 더 확실한 변화를 이끌어내기 때문입니다. 아키 유키오는 《우리 모두를 위한 비폭력 교과서》에서 마틴 루서 킹의 비폭력 직접 행동을 6가지 원리로 소개했습니다.

첫째, 비폭력 직접 행동은 결코 겁쟁이가 쓰는 방법이 아니라는 것을 강조해야 합니다. 흔히 비폭력이라고 하면 폭력을 쓸 수 없는, 힘없는 사람들이나 쓰는 방법이라고 생각하기 쉽습니다. 그러나 비폭력 직접 행동은 얼마든지 폭력을 쓸 수 있음에도 불구하

마틴.루서 킹

고 비폭력으로 맞서는, 용기 있는 사람만이 할 수 있다고 강조합니다. 비폭력의 대가로 치러야 할 자기 희생이 결코 만만치 않기 때문입니다.

주민의 90% 이상이 반대했지만 졸속과 불법으로 결정되었던, 제주해군기지 건설 사업에 반대하며 소수의 활동가들과 마을 주민들이 구럼비 바위를 지키고 있었습니다. 이들을 끌어내기 위해 출동한 경찰 병력에 맞서, 활동가 중 한 사람이었던 송강호 박사는 자신의 목에 쇠사슬을 걸고 목숨을 담보로 경찰 병력을 막아냈습니다.

공사 현장으로 들어오는 레미콘 차량을 막기 위해 문정현 신부는 맨몸으로 레미콘 차량 아래에 들어가 누워버렸습니다. 이렇게 자신의 목숨을 거는 행동은 용기가 없이는 결코 할 수 없는 행동입니다.

제주 강정마을 집회 현장

FTA 집회 모습

강정마을의 레미콘 트럭 앞에서 절을 하며 비폭력 활동으로 시위하는
시위자들

2011년 겨울, 한미 FTA 국회 비준에 반대하여 거리로 나온 시민들을 향해 경찰은 물대포를 쏘아댔습니다. 추운 겨울에 차갑게 쏟아지는 물대포에 시민들은 쉽사리 앞으로 나아가지 못했습니다. 그때 '공의가 물처럼 흐르게 하고 정의가 마르지 않는 강처럼 흐르게 하라'는 성경 구절의 현수막을 든 몇몇 청년들이 온몸으로 물대포를 맞으면 앞서 나갔습니다. 이 역시 용기가 없이는 결코 할 수 없는 행동입니다.

둘째, 반대자를 공격하거나 모욕해서는 안 되고, 반대자의 우정과 이해를 얻도록 해야 합니다. 제주해군기지 사업장으로 들어오는 레미콘 차량을 막기 위해 활동가들은 레미콘 차량 앞에서 운전기사를 향해 절을 했습니다. 그리고 손으로 쓴 편지를 종이학, 사탕과 함께 선물로 건넸습니다. 편지에는 공사를 멈추고 싶은 지킴이들의 간곡한 부탁이, 이렇게 부탁할 수밖에 없는 죄송한 마음이 고스란히 담겨 있었습니다. 이런 것들은 레미콘 운전기사들의 우정과 이해를 구하기 위한 노력입니다.

셋째, 공격의 목표가 우연히 악惡을 행하게 된 사람이 아니라, 오히려 악 그 자체의 힘이라는 것을 강조해야 합니다. 비폭력 저항자가 파괴하려는 것은 악 그 자체이지, 결코 악에 희생된 사람이 아닙니다.

집회 현장을 참여하면 가끔은 집회를 해산시키려는

경찰 병력과 몸싸움이 벌어지기도 합니다. 이런 모습을 보면 내 숭고한 집회의 자유가 무시되고 있다고 생각하면 화가 납니다. 몇몇 경찰들은 의도적으로 집회 참가자들이 폭력을 사용하도록, 모욕적으로 비아냥거리거나 시비를 걸기도 합니다.

폭력 진압으로 시민들이 부상당하고 피를 흘리게 되면 끓어오르는 분노를 참을 수가 없습니다. 그런데 엄밀히 따져보면 그 경찰들도 희생자입니다. 군복무의 의무가 아니라면 우리와 똑같은 평범한 시민이었을 그들이 국가의 명령 때문에 어쩔 수 없이 방패와 곤봉을 들고 우리 앞에 서게 됩니다.

킹 목사는 우리의 싸움의 대상이 악 그 자체이지 결코 경찰이 아니라고 말합니다. 최근에는 집회 현장에서 시민들이 대치하고 있는 경찰에게 꽃을 건네거나 마실 물을 건네며 그들의 선한 양심에 호소하는 일들을 종종 볼 수 있습니다.

넷째, 보복하지 말고 고통을 감수하고, 반격하지 말고 반대자의 공격을 기꺼이 받아들여야 합니다. 어쩌면 이것이 가장 힘든 행동 원리일지도 모르겠습니다. 군화로 짓밟히고 곤봉에 맞아 피를 흘리는데도 반격하지 않고 공격을 기꺼이 받아들인다는 것은 쉽게 할 수 있는 행동이 아닙니다. 그러나 킹 목사는 자유의 획득을 위해 흘려야 할 피가 있다면 그 피는 우리의

전경들에게 꽃을 선물하는 비폭력 활동가의 모습

피기 이니면 안 된다고 말합니다. 도덕적 양심에 따라 법에 불복종한 대가로 구속된다면 기꺼이 법적 책임을 지고 구속을 감수하라고 말합니다.

오탁방지막조차 제대로 설치하지 않고 불법으로 진행되는 제주해군기지 건설 작업을 막기 위해 송강호 박사는 바다를 헤엄쳐 바지선에 올랐습니다. 그 과정에서 당한 폭행으로 턱이 깨지고 온몸에 부상을 당했지만 그저 맨몸으로 저항할 뿐이었습니다. 이 일로 송강호 박사는 제주교도소에 수감되었습니다. 이후 또 다시 전개된 불법 공사를 막기 위해 크레인에 오른 김동원 씨 역시 구속되었습니다.

다섯째, 단순히 외면적인 육체에 의한 폭력을 피할 뿐만 아니라, 내면적인 정신에 의한 폭력까지 피해야 합니다. '원수를 사랑하라'는 성경 구절처럼 비폭력 저항은 반대자를 타도하는 것을 거부하는 것은 물론 그를 미워하는 것마저 거부하는 것입니다. 상대를 마음으로 미워하게 되면 상대의 폭력에 폭력으로 맞서게 됩니다. 그렇게 되면 끊을 수 없는 증오의 사슬이 생기게 됩니다.

비록 경찰에 의해 우리의 자유가 짓밟히고 인권이 유린되지만 그 사람들을 설득하며 대화하고 호소하면 얼마든지 변화할 수 있다는 가능성을 열어두어야 합니다. 많은 사람들이 일방적으로 힘 있는 자들의 편에서만 공권력을 행사하는 경찰을 향해 '견찰'이라고 비판합니다. 충분히 '풍자'로 받아들일 수도 있지만, 경찰 전체를 싸잡아 비판하는 것은 비폭력의 원리에 맞지 않는다고 볼 수 있습니다. 공권력의 책임자들이 아니라 경찰 전체를 싸잡아 비판하면 경찰 가운데 양심 있는 사람들의 마음이 움직일 것이라는 가능성까지도 없애는 결과를 가져올 수 있습니다.

킹 목사는 《나에게는 꿈이 있습니다》에서 다음과 같이 말합니다.

"우리는 증오와 죄악의 사슬을 끊어 던질 수 있는 지각과 도덕성을 갖추어야만 합니다. 증오와 죄악의 사슬을 끊어버리는 가장 위대한 길은 사랑의 길입니다. 나는 사랑이야말로 전체 사회를 정의, 평등, 우호라는 새로운 지평선까지 이끌어갈 수 있는 변혁의 힘이라고 굳게 확신하고 있습니다."

여섯째, 우리의 행동이 우주의 편에 서 있다는 확신과 평화로운 미래에 대한 믿음이 있어야 합니다.

정의와 평화를 지키기 위한 여러 노력들에도 불구하고 정치적 권력과 경제적 권력의 일방적 힘은 쉽게 꺾이지 않습니다. 결코 변화될 것 같지 않은 거대한 현실의 장벽에 직면하게 되면 '우리가 하는 행동이 과연 세상을 바꿀 수 있을까' 하는 깊은 회의감마저 들게 됩니다.

왜 내가 이 불의한 폭력에 당하고만 있어야 하고 스스로 고통을 감수해야 하는지 이유를 찾지 못하게 됩니다. 그럴 때 우리의 마음을 다독여서 다시 앞으로 나아가게 하는 힘은 자신이 우주의 편에 서 있다는 확신과 평화로운 미래에 대한 믿음에서 나옵니다. 킹 목사는 이 확고한 신념으로부터 폭력에 보복하지 않고 고통을 감수할 수 있는 힘이 나타난다고 말합니다.

사회 통념상 인정되는 정당한 폭력

정의와 평화를 만드는 일에 비폭력은 아무리 강조해도 지나치지 않습니다. 그럼에도 불구하고 사회 통념상 인정되는 정당한 폭력이 존재하기도 합니다.

오현철 교수는 《시민불복종—저항과 자유의 길》에서 그 경우를 다음의 다섯 가지로 제시하였습니다.

① 불복종자의 소극적 자기방어 행위
② 직접적으로 사람의 신체에 위해를 가하지 않는 행위
③ 불복종 대상이 되는 시설의 상징적 파괴
④ 시위, 연좌농성, 가두행진 등에서 인적 장벽을 헤쳐 나가기 위한 행동
⑤ 정치적 목적의 불복종 중에서 역사적 맥락에서 사회적으로 지지되는 행위(예: 투쟁)

사회 통념상 인정되는 정당한 폭력이 존재할 수 있다는 것은 비폭력이 처음부터 절대적인 준수 사항이 아니라는 것을 의미합니다. 여러 경험을 통해 비폭력이 폭력보다 더 큰 효과가 있다는 것이지 비폭력 자체가 최종적인 목적은 아닙니다. 그럼에도 불구하고 어떤 사람들은 비폭력이라는 미명 아래 폭력과 인권유린의 현장을 외면하는 비겁함을 숨기고 있습니다. 노벨 평화상 수상자 아돌프 페레즈 에스키벨은 이 점을 다음과 같이 지적하고 있습니다.

"언제나 나의 관심을 끄는 것은 유럽과 미국의 평화운동가들의 태도인데, 그들은 비폭력을 최종적인 목적으로 삼고 있다. 비폭력은 최종적인 목적이 아니다. 비폭력은 생활방식이다. 최종적인 목적은 인간성이다. 생명이다."

우리는 최선을 다해서 비폭력으로 맞서야 하지만, 비

폭력이어야 한다는 이유로 폭력을 방조하거나 외면해서는 안 됩니다. 그것은 그저 비겁함일 뿐입니다.

정의와 평화를 위한 용기

앞서 살펴보았던 모든 사례들의 공통점은 자유로운 시민들의 연대와 참여가 만들어낸 활동이라는 것입니다. 감사하게도 우리 사회 곳곳에서 용기 있는 연대와 참여가 이루어지고 있습니다.

그러나 2012년 현재까지도 용산 참사는 진행형입니다. 쌍용자동차 문제 역시 해결될 기미가 보이지 않고 있습니다. 제주해군기지가 건설되고 있는 강정마을에서는 갈수록 공권력의 폭력이 심각해지고 있습니다. 재능교육 학습지교사들의 복직 투쟁은 1천6백 일이 넘도록 여전히 해결되지 않고 있고, 콜트콜텍 노동자들의 투쟁 역시 2천 일이 넘게 진행되고 있습니다.

2012년 7월 27일 새벽에는 파업 중이던 자동차 부품 업체 SJM에 헬멧과 방패와 진압봉으로 무장한 용역 인력 2백여 명이 나타났습니다. 이들의 무지비한 폭력으로 파업 노동자들은 진압되었고 조합원 33명이 머리, 턱과 치아가 깨지는 부상을 당했습니다.

이날 새벽 전국 각지에서 모인 1천5백여 명의 용역 인력들이 상암월드컵경기장에 집결했고, 이중 일부가 SJM으로 투입된 것으로 확인되었습니다. 이들 중 1천여 명이 다시 문학경기장에 집결한 후 만도 공장이 있는 평택, 문막, 익산 등으로 투입되었습니다.

용역업체를 동원해 폭력으로 노조원들을 진압한 사측은 즉시 직장폐쇄를 단행했습니다. 이 어처구니없는 불의와 폭력이 아무렇지도 않게 우리 대한민국 안에서 일어나고 있습니다. 이 사건은 당시 런던올림픽의 열기와 아이돌 걸그룹 티아라 멤버의 왕따 뉴스 등에 가려 메인 방송 뉴스에 언급조차 되지 않았습니다. 이것이 우리의 자화상입니다.

우리가 불의한 폭력과 인권유린의 현장을 계속해서 부인하고 외면하는 한, 사회적 약자들의 탄식 소리는 높아지고 우리 사회의 정의와 평화는 무너질 수밖에 없습니다. 정의와 평화를 지키기 위해서는 더 많은 연대와 참여가 필요합니다. 더 큰 용기가 필요합니다. 이 세상이 조금이라도 더 약자들이 고통 받지 않는 세상, 정의롭고 평화로운 세상이 되게 하려면 바로 우리 스스로의 용기가 절실히 필요합니다.

사회서비스적 NGO와 사회행동적 NGO의 차이를 알 수 있어서 좋았습니다. 다소 거칠게 느껴졌던 사회행동 단체들에 대해 새롭게 생각할 수 있었습니다.

아직도 남아 있는 사회의 부조리에 몸서리쳤습니다.

편안한 생활에 안락하게 젖어 있는 나 자신을 돌아보는 계기가 됐습니다.

비폭력 저항이 진정한 용기라는 걸 다시 확인했습니다.

신문 기사 속의 부당한 폭력에 맞서지 않는다면 언젠가 그 부당한 폭력이 내게 향할 수 있다는 생각을 했습니다.

고발장을 든 사나이

**반부패와 투명성 강화를 위한
시민과 시민단체의
권력감시운동**

장정욱 | 참여연대 행정감시센터

1
2

장정욱은   대학 졸업 전후 정치개혁대학생연대라는 단체를 만들어 투표연령 인하 운동과 각 정
당에 청년 비례대표를 요구하는 운동을 진행했다. 이후 정치개혁대학생연대를 정리하
고 참여연대에서 상근활동가로 지원해 2004년 6월부터 활동했다. 회원관리와 시민참
여 활성화를 위한 활동을 담당하는 시민참여부서에서 일하다가, 반부패와 행정투명성
을 위해 활동하는 행정감시센터 일을 하며 공익제보지원단을 '지원'하는 활동도 하고
있다. 이밖에 참여연대를 비롯한 18개 단체의 상설연대체인 참여자치지역운동연대의
사무국장을 맡고 있다.

참여연대는   1994년 9월 10일 '참여민주사회와 인권을 위한 시민연대'라는 이름으로 2백여 명의
회원이 시작한 사회단체이다. 2012년 현재 1만2천여 명의 회원을 가진 한국의 대표적
시민단체로, '참여 · 연대 · 감시 · 대안'의 원칙을 가지고 있다. 10개의 활동기구(의정감
시센터, 사법감시센터, 행정감시센터, 민생희망본부, 사회복지위원회, 노동사회위원회, 시민경제위원
회, 조세재정개혁센터, 평화군축센터, 국제연대위원회)와 3개의 부설기관(공익법센터, 참여사회연
구소, 아카데미 느티나무)로 구성되어 있다.

참여연대   행정감시활동과 관료감시운동을 위해 2007년 3월 설립되었다. 행정감시센터의 전신
행정감시   인 맑은사회만들기본부는 한국사회의 민주주의와 개혁을 가로막는 부정부패를 뿌리
센터는   뽑고 깨끗하고 투명한 사회를 만들자는 취지로 1996년 1월 9일에 설립되었으며 부패
방지법 제정운동 등 반부패활동을 펼쳤다. 행정감시센터는 그 활동을 계승하고 있다.
현재 행정감시센터는 공익제보지원단, 정보공개사업단 등을 산하에 두고 있고 관료감
시운동, 부패방지 제도 및 공직윤리제도 제도개선운동, 공익제보자 보호 및 지원, 국
민의 알권리와 투명한 행정을 위한 정보공개운동 등을 벌이고 있다.

모든 것은 한 통의 전화로부터 시작되었습니다. 유명 대학의 모 교수님이 한 기업으로로부터 받은 전화 한 통이 발단이었습니다. 그 교수님은 우정사업본부 기반망 사업 평가위원으로 비밀리에 위촉되었습니다. 당시 우정사업본부 기반망 사업에는 S텔레콤 등이 입찰에 참여하고 있었습니다.

문제는 심사 전날 벌어졌습니다. 비밀리에 위촉된 사업 평가위원인 모 교수님께 S텔레콤 측이 접근했습니다. 사업자로 선정되기 위한 로비였습니다. S텔레콤은 직접 뇌물을 제공하지는 않았습니다. 대신 S텔레콤이 사업에 선정되면 모 교수님께 기업 컨설팅 등의 용역을 의뢰해 합법을 가장한 사실상의 사후뇌물을 제공하겠다는 약속을 했습니다.

사업제안서 평가가 끝난 당일에도 재차 접근하여 S텔레콤이 선정된 것이 확실하다며 사례표시를 하고자 했습니다. 모 교수님은 그 모든 과정을 녹취하여 참여연대에 공익제보를 했습니다. 그래서 우정사업본부 기반망 사업 불법로비 사건이 세상에 알려지게 되었습니다.

참여연대에서 공익제보활동 지원을 하고 있는 저는 당시 직접 S텔레콤 측에 대한 고발장을 검찰에 접수하러 갔습니다. 저는 종종 그렇게 고발장을 든 사나이 모습을 하고 본의 아니게 언론에 등장하고는 합니

우정사업본부 기반망 사업 관련 고발장을 접수하는 필자

다. 법 없이노 살 수 있는 평범한 시민이라면 평생 한 번도 가볼 일 없는 검찰과 경찰에 저는 여러 가지 일로 출입합니다. 바로 그 선량하고 평범한 시민들의 참여를 이끌어내어 권력을 감시하는 일을 업으로 삼고 있기 때문입니다.

시민운동과 권력감시

19세기 영국 사학자 로드 액턴은 '권력은 부패하고, 절대 권력은 절대적으로 부패한다'고 했습니다. 그 부패할 수밖에 없는 권력을 부패하지 않도록 하는 것이 권력감시운동입니다. 권력감시를 하는 시민운동가들은 "모든 권력은 부패의 가능성이 있고, 감시받지 않는 권력은 부패한다"고 이야기합니다.

권력감시운동은 권력이 부패하지 않을 수 있도록, 또

는 부패나 전횡이 개선될 수 있도록 시민의 눈으로 감시하는 것을 뜻합니다. 민주주의가 문자 그대로 국민이 나라의 주인이라는 것을 뜻한다면 명실상부한 나라의 주인이 되기 위해 매일매일 국가권력이 발동되는 과정을 엄정히 감시하는 파수꾼의 역할을 하는 것이 권력감시운동입니다.

물론, 그 감시의 대상이 되는 권력은 국가의 권력만을 이야기하는 것은 아닙니다. 기업이나 언론도 현대사회에서는 국가나 정치권력 이상의 막강한 힘을 가지고 있습니다. 그런 권력을 감시하고 비판해 스스로 정화하게 하거나 외부의 힘으로 변화시키는 일

주인이 되기 위한
권력감시운동

참여연대 창립선언문에는 주인이 되기 위한 권력감시운동의 정신이 잘 드러나 있습니다.

"민주주의란 문자 그대로 국민이 나라의 주인이라는 것을 뜻합니다. 그럼에도 불구하고 지금까지는 주인이 머슴처럼 취급 받고 국민의 공복에 불과한 사람들이 주인 위에 군림하는 시대착오적인 현상이 만연해 있습니다. 누가 권력을 잡든 이러한 본말전도적 현상을 스스로 개선하려 하지 않습니다. 따라서 국민 스스로의 참여와 감시가 필요합니다. 몇 년에 한 번씩 투표를 함으로써 나라의 주인의 지위를 확인할 수 있는 것이 아닙니다. 명실상부한 나라의 주인이 되기 위해서는 매일매일 국가권력이 발동되는 과정을 엄정히 감시하는 파수꾼이 되어야 합니다."

을 권력감시운동이라고 할 수 있습니다.

그 권력감시운동은 진정한 의미의 시민만이 제대로 할 수 있습니다. 여기서 말하는 시민이란 근대 시민혁명을 거치면서 성장한, 정책결정에 능동적으로 참여하는 민주사회의 구성원을 뜻합니다. 시민이라는 단어를 보면 신민, 국민, 대중, 군중과는 다르게 '자발성'과 '참여', '민주사회'라는 말들이 쉽게 연상됩니다. 이런 의미의 시민이 모여 시민단체를 만들고 시민운동을 벌여 권력을 감시하고 부패 없는 공정하고 투명한 사회를 만들 수 있습니다.

시민, 시민단체, 시민운동

우리는 이렇게 시민이 모여 만든 단체를 시민단체나 시민사회단체 혹은 포괄적으로 NGO, NPO로 부릅니다. 제가 일하는 참여연대 같은 단체도 NGO, NPO의 하나입니다. 그런데 참여연대나 경실련 같은 단체들을 지칭할 때 시민단체라고 부르는 경우가 많습니다.

어찌 보면 시민단체란 말이 NGO나 NPO보다 모호한 단어일 수도 있습니다. 시민단체를 시민사회단체 CSO, Civil Society Organization라고도 하는데 시민의 사회

NGO와 NPO

국제적으로 "NGO(비정부기구)"라는 용어는 1945년 유엔헌장의 인권 조항(유엔헌장 제10장 제71조)을 제정할 때, 서구사회의 여러 민간단체 대표들이 '정부 간 조직(Inter-Govermental Organization)'이 아니라는 의미로 사용한 언어가 공식화된 것입니다.

시민의신문사가 2006년에 발행한 〈한국민간단체총람〉은 한국의 NGO를 크게 시민단체와 민간단체로 나눠놓았습니다. 시민단체에 대해서는 "자발성에 기초하여 사회운동 차원에서 경제적 이익과 단체이익을 추구하지 않고 회원가입에 배타성이 없는 권익주창형 또는 갈등형 NGO를 중심으로 분류"해 놓았습니다. 〈한국민간단체총람〉에 등재되어 있는 시민단체 숫자는 총 5,556개이며, '시민사회 / 교육 · 학술 / 국제연대 · 협력 / 노동 / 농어민 / 문화 / 사회서비스 / 여성 / 빈민 · 지역 · 자치 / 환경 / 온라인단체' 등 11개 분야로 분류되어 있습니다.

이 분류에 따르면 시민단체를 제외한 나머지 NGO가 '민간단체'에 속합니다. 〈한국민간단체총람〉에 수록된 민간단체의 숫자는 총 1만 7461개이며, 유형별로 나누면 법적지위단체, 경제단체, 교육단체, 노동조합, 문화단체, 봉사단체, 사회복지단체, 언론단체, 여성단체, 전문가직능단체, 종교단체, 정보통신단체, 체육단체, 학술단체, 해외동포단체, 협동조합 등이 있습니다.

한편 NPO(Non-Profit Organization)는 비영리기구 또는 비영리단체를 말합니다. 영리를 목적으로 하지 않고, 사회전체의 이익을 목적으로 하거나, 공동의 이익을 목적으로 하는 단체입니다. 우리나라에서 NGO라고 불리는 단체들은 외국에서는 NPO라고 지칭하는 경우가 많습니다.

단체인지, 시민사회의 단체인지, 시민이 사회운동을 하는 단체인지 모호하게 느껴질 수 있습니다. 그러나 NGO나 NPO가 국가나 영리단체에 대비하는 방식으로 정체성을 규정하고 있다면 시민단체나 시민사회단체라는 말은 단체의 정체성을 좀 더 적극적으로 규정하고 있습니다.

일반적으로 단체의 사명을 공동선을 추구하는 사회운동으로 삼고, 그 활동방식을 시민의 참여로 사회를 변화시키는 운동으로 규정하는 단체를 시민단체 또는 시민사회단체라고 부릅니다. 시민들이 자발적으로 참여하되 참여에 배타성이 없고, 참여한 사람만이 아닌 다수의 시민 또는 공공선을 위해 활동하는 운동이 시민운동이며 그 운동을 수행하는 것을 목표로 한 단체가 시민단체라고 할 수 있습니다.

이 시민단체가 벌이는 시민운동이란 능동적으로 참여하는 시민에 의한, 시민을 위한 운동이라고 정의할 수 있습니다. 특히, 우리 사회의 시민운동은 1987년 6월 항쟁을 계기로 집회, 결사, 출판, 언론 자유에 대한 보장이 진전되면서 펼쳐진 사회운동이라는 성격이 있습니다.

우리 사회에서 NPO라는 말보다 NGO라는 말이 더 많이 쓰이는 이유도 시민사회단체의 성장배경과 관련이 있습니다. 군사독재 또는 권위주의 정부 시절

**참여연대
창립선언문
일부**

1980년대까지는 민주주의를 쟁취하기 위한 행동은 최루탄 연기가 자욱한 길거리에서 벌어졌습니다. 그러나 이제는 상황이 다릅니다. 새로운 시대를 맞이하여 참된 민주주의를 건설하기 위한 행동은 사회와 정치무대의 한복판에서, 그리고 국민의 일상생활의 과정에서 일어나야 합니다.

에 정부와의 관계에서 독립적으로 활동하고, 또 비판적으로 활동하는 것이 단체의 사명인 경우가 많았기 때문입니다.

1989년에는 경실련, 1993년에 환경운동연합, 1994년에 참여연대 등 주요 시민단체들의 결성시기에서 알 수 있듯이 한국의 시민운동은 1990년대 민주화 과정을 통해 생겨났으며 시민단체들의 활동으로 인해 민주화가 사회전반으로 더 확대되었고, 이에 따라 더 많은 시민운동의 성장으로 이어졌습니다.

시민단체의 권력감시운동

한국에서의 시민운동은 민주화 과정과 궤를 같이 하기에 권력에 대한 감시와 견제를 주요 과제로 삼으며 출발했습니다. 참여연대도 전형적인 권력감시운동 단체로 출발하고 성장했습니다.

참여연대 초창기에는 의정감시센터와 사법감시센터로 권력감시 활동을 시작됐습니다. 권력의 전횡과 비리에 대한 감시와 고발하는 활동을 했습니다. 그러던 것이 현재 행정감시센터로 명칭을 변경해 활동하고 있는 맑은사회만들기본부1996년, 정보공개사업단1998년이 만들어지면서 일상적인 행정 전반에까지 그 영역이 확대되었습니다.

경제개혁연대로 나중에 분리된 경제민주화위원회가 1997년에 출범하면서 경제 권력인 기업까지 그 감시 영역이 확대됐습니다. 2000년에는 총선연대의 낙천 낙선운동으로 낙선 대상 86명 중 70%인 59명을 낙선시켰고 2004년 총선연대는 낙선 대상 206명 중 63%에 이르는 129명을 낙선시켰습니다. 2002년부터는 평화군축센터가 생기면서 국방정책과 예산까지 감시하고 있습니다. [그림1]의 참여연대 조직도를 보면 어떤 활동기구들이 있는지 알 수 있습니다. 앞에서 언급한 활동기구 외에 민생희망본부, 노동사회위원회, 사회복지위원회, 재정조세개혁센터, 공익법센터 등 다른 활동기구도 각 활동기구와 관련한 정부의 정책을 감시하고 새로운 대안을 제시하는 것이 기본적 활동방안입니다.

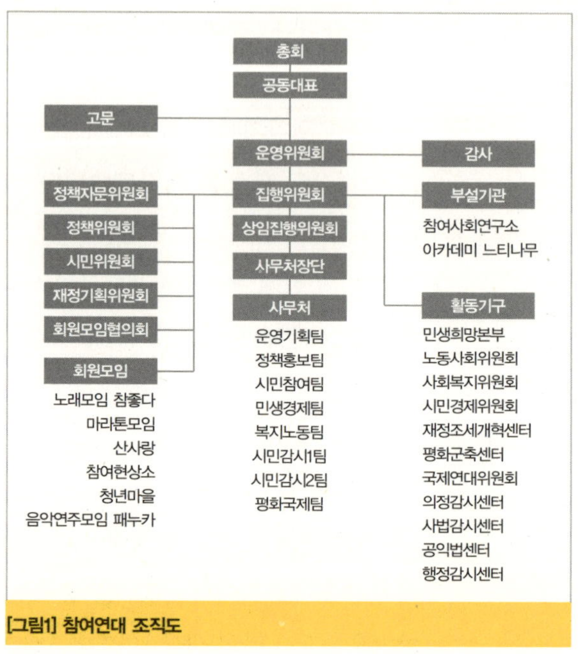

[그림1] 참여연대 조직도

이런 시민단체의 권력감시활동은 다양한 방식으로 이뤄집니다. 비교적 단순한 문제제기 활동논평/성명/보도자료에서 구체적인 분석 자료의 발표모니터링 보고서, 실태분석 보고서 등, 구체적인 제도적 제안의 제시법률 제정 및 개정안 등에 이르기까지 매우 폭넓은 활동을 합니다. 항상 동일하지는 않지만 활동유형은 대략 ① 문제발생 및 문제제기 ② 현안대응 ③ 구체적인 분석 자료의 제출 및 공론화 ④ 대안제시관련 법안의 입법청원 등 ⑤ 제도개선 활동입법공익로비 등으로 이뤄지게 됩니다.

성명·논평은 시민단체의 가장 일반적인 문제제기 활동입니다. 시민단체가 자신의 관심 분야를 모니터하고 관련 사건에 대해 성명·논평을 하는 것은 매우 일반적입니다. 보통의 경우는 성명·논평을 보도자료 형태로 배포해 언론에 보도되도록 합니다.

최근에는 인터넷을 통한 시민과의 소통이 강조되는 만큼 페이스북이나 트위터와 같은 SNS를 통해 전파하거나 오마이뉴스와 같은 직접적으로 기사제공이 가능한 매체에 기사를 쓰기도 합니다.

단체에 따라서는 보도 자료를 통해 활동이 언론에 노출되는 방식을 지양하고 일상적 활동은 단체의 블로그를 통해 활동을 알리기도 합니다. 불특정 다수의 기자들에게 보내는 보도 자료가 아닌, 소수의 약속된 기자들에게만 제공하는 형태로 활동하는 시민단체도 있습니다.

제가 속한 참여연대 행정감시센터는 행정감시 분야, 특히 반부패 및 정부투명성 분야에 대해 상시적으로 모니터하고, 주요한 사건이 있을 때마다 성명 또는 논평을 발표하고 있습니다. 사안이 중대할 경우, 보도 자료 형태로 논평을 배포하는 것에 그치지 않고, 기관을 직접 방문하여 항의하거나, 기자회견을 열어 문제를 제기하는 활동을 하기도 합니다. 집회·시위를 하는 경우도 있습니다.

1인 시위

'나 홀로 시위'로 불리는 1인 시위가 첫 선을 보인 것은 2000년 12월이었다. 당시 참여연대는 이건희 삼성 회장의 변칙상속 의혹을 제기하며 국세청에 공정 과세를 촉구 중이었다. 하지만 국세청이 외면하자 국세청 앞 시위를 계획했다. 문제는 '집회 및 시위에 관한 법률'이었다. 국세청이 입주한 건물에 온두라스 대사관이 있는데, 집시법에 '외국 외교기관 주변 100m 이내에선 시위를 할 수 없다(11조)'고 돼 있었다. 이런 제약 아래서 나온 대안이 1인 시위다. 참여연대는 집시법이 시위 주체를 '여러 사람(2조)'으로 규정하고 있는 것에 착안해, 국세청 앞에서 한 사람이 시위를 벌였다. 혼자이기 때문에 경찰에 신고를 할 필요가 없었다.

이후 1인 시위는 여러 사람이 일정한 거리를 두고 떨어져서 하거나, 돌아가면서 하는 '릴레이 1인 시위' 등으로 진화하며 집회가 어려운 장소에서의 시위 방식으로 뿌리내렸다.

— 정재권 논설위원, 〈한겨레〉 2011년 4월 3일자,
'1인 시위' 칼럼 일부 발췌

물론 모든 활동이 '논평·성명→기자회견·항의 집회' 등의 순서대로 진행되는 것은 아닙니다. 많은 경우 비슷한 패턴을 갖지만 다른 형태의 활동을 하거나, 순서가 다를 때도 있습니다. 필요에 따라 직접 고소·고발을 하거나 민사소송을 하는 경우도 있습니다. 혹은 전혀 새로운 방식으로 문제제기를 하기도 합니다. 대표적인 사례가 1인 시위의 등장과 정착과정이라고 할 수 있습니다. 그 밖에 108배 시위, 삼보일배 행렬 등도 대중의 주목을 끌기 위한 새로운 문제제기의 방식이었습니다.

대안 없는 문제제기로 그쳐서는 안 돼

시민단체의 문제제기 활동은 대부분 대안제시 활동으로 이어집니다. 참여연대는 활동의 4가지 지향으로 감시, 대안, 참여, 연대를 제시하고 있어 참여연대의 지향이 감시에서 출발하는 대안의 제시임을 밝히고 있습니다.

실제로 활동의 마무리는 입법안 청원이나 국회의원실과 연대하여 입법안 발의로 이루어지는 경우가 많습니다. 이를 통해 시민단체들이 제기한 문제를 해

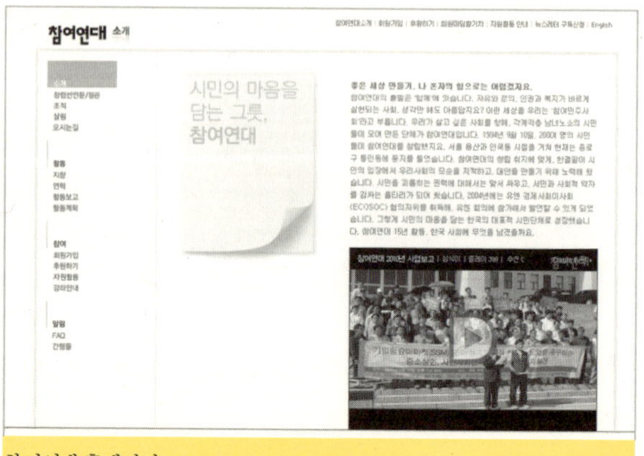

참여연대 홈페이지

2011년 10월 12일 국회정론관에서 선거법 입법청원 기자회견,
왼쪽부터 류제성 민변변호사, 이태호 참여연대 사무처장,
민주통합당 김부겸 당시 국회의원

결하거나 비판받는 권력행위를 제한하기 위해 제도
적 대안을 우리 사회에 제시하는 것입니다.
한 예로 시민단체의 반부패 관련 주요 활동을 살펴보
겠습니다. 실제로 권력감시운동의 전형이라고 할 수

있는 것이 반부패 활동입니다. 부패문제는 항상 권력과 얽혀 있습니다. 권력은 기본적인 속성상 자율적 규제가 되지 않으며, 외부의 통제에 대해서는 더욱 더 저항적입니다. 이 때문에 부패방지는 곧 권력에 대한 직접적 견제라고 할 수 있습니다.

다음 표시민단체와 반부패 관련 주요 활동에서와 같이 시민단체들은 김영삼 정부였던 1994년 이래로 매년 부패방지를 위한 다양한 활동을 했습니다. 이 중에는 '부패방지법 제정'이나, '고위공직자비리수사처 설치' 등 시민단체들이 최초로 의제를 제시하고 사회적으로 논의된 것들이 많습니다.

권력기관 또는 부패사건의 모니터를 통해 문제제기 활동을 해온 시민단체의 활동은 이와 같이 입법청원과 공익로비 활동 등 제도개선 노력으로 이어지는 경우가 많습니다. 물론 시민단체의 반부패제도 개선 활동들이 언제나 바로 정부나 국회에 의하여 수용되고 정책화·입법화되는 것은 아닙니다.

비판적 입장에서 문제를 제기하고 대안을 제시한 시민단체들과 달리 국회와 정부는 많은 경우 방어적·소극적 입장에서 기존 법과 제도의 정당성을 주장하기 때문입니다. 그래서 시민단체의 문제제기 및 관련 법안의 입법청원 등 구체적 활동에서부터 이것들이 법률 제·개정으로 연결되기까지는 상당한 기간

시민단체의 반부패 관련 주요 활동
(윤태범, 2011.6.22, 참여연대 주최 부패방지법 10년 기념 토론회 발제문)

연도	시민단체의의 반부패 활동(어젠다 제시, 입법 청원 등) – 참여연대 사례 중심으로
1994 (김영삼)	· 내부고발자 보호 및 지원활동
1995	· 내부고발자 지원센터 설치 · 공익정보제공자 보호 등에 관한 조례 제정 청원(서울시)
1996	· 부패방지법제정 100만인 서명운동 · 부패방지법 제정 청원(공직윤리통합, 내부고발자보호,공직비리조사기구, 가중처벌 등 포함) · 형사소송법 개정 청원(재정신청범위 확대 : (공무원 범죄 중 직권남용, 불법체포, 불법감금, 폭행, 가혹행위)
1997	· 자금세탁방지에관한 법률 입법 청원 · 공직선거 및 선거부정방지법 개정 청원(전과 공개 등) · 국정감사 및 조사에 관한 법률 개정 청원(국정조사요구 완화) · 선거관리위원회법 개정 청원(공영선거) · 정치자금에 관한법률 개정 청원(정치비용)
1998 (김대중)	· 예산감시운동 · 판공비 공개 운동 · 고위공직자 인사위원회법 제정 청원(인사청문)
1999	· 특검제 전면도입과 부패방지법 제정 국민행동 결성 · 공직자윤리와 시민감시 토론회
2000	· 부패방지입법 시민연대 결성, 부패방지법 국회 청원 · 자금세탁방지법 국회 청원 · 청렴계약제(참여연대 – 서울시) · 낙천낙선운동 · 인사청문특별위원회 및 인사청문회에 관한 법 제정 청원(청문제도) · 국회법 개정 청원(이해충돌 상임위 배제)
2001	· 정보공개법 개정 청원(비공개범위 축소, 정보공개위원회 설치 등) · 공직자윤리법 개정 청원(직무외소득, 취업제한, 주식투자 제한 등)
2002	· 대선 정치자금 감시운동 · 고위공직자 비리조사처 설치에 관한 특별법 입법 청원 · 범죄수익은닉의 규제 및 처벌 등에 관한 법률 개정 청원(범죄수익 몰수 대상 범위 확대)
2003 (노무현)	· 공직자윤리법 개정 청원(백지신탁 도입안) · 국세청 세무비리의혹 감사청구 · 낭비성예산 삭감촉구 및 납세자 모니터단 발족식 · 부패방지법 개정안 청원(부방위 조사권 부여 등)
2004	· 백지신탁제도 도입 토론회 · 공직자윤리법 개정 청원(백지신탁) · 백지신탁 주요 쟁점 의견서 발표 · 부패방지법 개정안 입법 청원(부방위 조사권 부여, 부패신고자 보호 등) · 수사권, 기소권 갖는 고비처 신설에 대한 의견서 발표
2005	· 퇴직 후 취업제한 강화 토론회(국회) · 행정부 공직자 이해충돌 주식보유 분석 보고서 발간 · 공직자윤리법 개정에 관한 국회 행자위원 등 입법의견 조사 발표

	· 공직자윤리법 개정 의견청원서 제출 · 부패인사 특별 사면 제한 의견서 제출 · 투명사회협약 체결
2006	· 퇴직공직자 재취업현황 분석결과 발표 · 주민소환제 도입 및 공직자윤리법 개정 촉구 기자회견 · 지방선거 공천비리 토론회 · 공직자윤리법 개정안 국회 제출(스톡옵션 보유 제한)
2007	· 공직자윤리법 개정안 국회 제출(퇴직 후 취업제한제도 강화 등) · 공직자윤리법 개정 토론회(공직윤리체계 통합, 이해충돌방지 제도화 등) · 대선후보 반부패 공약평가 및 토론회 · 부패 사범 사면 제한 의견서 제출 · 퇴직 후 취업제도 운영실태 모니터 보고서 발간
2008 (이명박)	· 공직자퇴직 후 취업에 의한 이해충돌 실태 분석 · 공공기관 낙하산 인사 분석 · 공직자윤리법 개정안 의견서 제출 · 새 정부 반부패정책 후퇴 토론회 개최 · 국가청렴위 폐지 반대 성명(300여단체) · 감사원 독립성 확보 촉구 논평 · 인수위 정부조직 개편 쟁점 토론회 · 공공기관장 교체분석 보고서 발간 · 장관인사와 인사청문회 보고서 발표 · 감사원장 인사청문회 검증과제 국회 전달
2009	· 불법정치자금 수수와 개선방안 토론회 · 대통령을 둘러싼 비리 개선 토론회 · 국정원 민간인 사찰 의견서 · 공익신고자보호법 제정안 검토의견서 · 퇴직 후 취업제한 보고서 발간 · 이슈 리포트 발간(이명박 정부가 교체해야 할 장관 및 청와대 수석)
2010	· 투명·공정사회 5대 법률안(공직자윤리법, 부패방지법, 정보공개법, 기록물관리법, 국민소송법) 입법 발의 · 반부패제도(퇴직 후 취업제한 강화, 부패신고 강화 등) 혁신 토론회 · 부패방지법 개정안 제출 · 청와대 민간사찰 특검 요구 · 고위공직자 비리수사처 설치법 입법청원(수사, 기소 전담) · 퇴직 후 취업제한 제도 운영실태 보고서 발간 · 기록관리 및 정보공개제도 개선 토론회 · 공직 인사기준 마련과 투명한 공직인사 위한 토론회 · 부적격 공직후보자 사퇴 및 지명철회 촉구 기자회견 · 이명박 정부 회전문 인사 보고서 발간
2011	· 청와대에 고위직 전관예우, 이해충돌방지 공직자윤리법 개정 의견서 제출 · 공직자윤리법 개정안 입법청원(전관예우, 취업제한 강화 등) · 이명박 정부 고위공직자 인사 모니터 보고서 발간(회전문 인사 등) · 업무추진비 개선방안 토론회 · 저축은행 비리 국회 국정조사 촉구 성명 · 퇴직 공직자 대형 로펌 취업 현황 분석결과 발표 · 이슈리포트(법조 비리 관련)

주요 부패방지 관련 제도의 정비 소요기간
(윤태범, 2011.6.22, 참여연대 주최 부패방지법 10년 기념 토론회발제문)

관련 법률 혹은 제도	시민단체의 문제 제기 시점	관련 법, 제도의 정비 시점	소요기간(연)
인사청문회법 제정	1998	2000	2
부패방지법 제정	1996	2001	5
자금세탁방지법 제정	1997	2001	4
정보공개 심의위원회 설치	2001	2004	3
검사동일체 원칙 폐지	2002	2004	2
백지신탁제도 도입	2001	2005	4
재정신청범위 확대	1996	2007	11
퇴직 후 취업제한 강화	2005	2011	6

이 소요되는 경우가 많습니다. 앞의 표는 그 내용을 정리한 것입니다.

시간이 걸려도
할 일은 해야

우리나라 헌법의 제1조는 "제1항 대한민국은 민주공화국이다. 제2항 대한민국의 주권은 국민에게 있고, 모든 권력은 국민으로부터 나온다"라는 두 문장으로 구성되어 있습니다. 작곡가 윤민석 씨가 '헌법 제1조'란 노래로 만들어, 널리 알려져 있는 조항이기도 합니다.

저는 시민운동, 특히 권력감시운동이 헌법 제1조의 모든 권력이 국민으로부터 나온다는 말에서 시작한다고 생각합니다. 권력감시운동은 헌법 제1조를 실현시키는 일이라고 생각합니다. 모든 권력은 부패할 가능성이 있고, 특히 감시 받지 않은 권력은 필연적으로 부패합니다. 이는 역사가 증명하고 있습니다.

권력의 주인인 국민이 직접 참여해 권력의 작동을 감시하고 비판하는 일이 권력감시운동이고, 여기에 새로움과 참신한 문제제기로 많은 시민의 참여를 이끌어내는 것도 활동가의 중요한 역할입니다. 문제제기에서 대안 마련 그리고 제도화까지 이뤄내는 데 실패하는 경우도 많습니다. 성공한다 하더라도 몇 년씩 걸리는 경우가 부지기수입니다. 하지만 시간이 걸려도 할 일은 해야 합니다. 그것이 시민들과 함께 권력을 향해 고발장을 날리는 활동가의 존재이유입니다.

강연 후기

'시민단체의 권력감시운동'이라는 주제로 펼쳐진 장정욱 씨의 강연에 대한 참가자들의 한마디!

명쾌한 결과를 내지 못하는 것 같던 시민단체의 운동방식을 '선동'이라고만 생각했습니다. 차분하게 설명된 오늘의 강의를 듣고 선동만이 아닐 수 있음을 깨달았습니다.

국민의 참여로 세상이 변할 수 있다는 것을 사례를 통해 알아볼 수 있어 더 좋았습니다.

사회체계가 불평등하다고만 생각했는데, 그것을 바꾸려고 노력하는 시민단체의 모습에 대해 좀 더 자세히 알게 되었습니다.

홍보라는 것이 현장과 연계되어 이루어지고, 체험과 함께할 수 있다는 것을 깨달았습니다. 구체적으로는 개인적인 체험으로 스토리를 얻고, 이를 통한 홍보가 최대의 효과를 낸다는 것을 알았습니다.

NGO 활동가로 살아남는 법

NGO 활동가를 꿈꾸는 이들에게 들려주는 국제구호 NGO 활동가의 생생한 실전 이야기

주희연 | 기아대책(한국국제기아대책기구)

1
3

주희연은   경희대학교에서 주거환경과 언론정보를 전공하고 대학방송국장을 역임했다. 캐나다에서 연수를 받으며 진로를 고민하던 중 북한 동포들의 기아와 억압의 현실에 충격을 받고 그들을 위해 헌신하기로 했다. 북한에 관련된 다큐 제작의 꿈을 안고 언론고시를 준비하다가 정부보다 더 가깝게 현장에서 북한 동포들을 지원하는 NGO 활동에 관심이 생겨 2007년부터 국제구호 NGO 기아대책에서 활동하고 있다. 후원자지원팀을 시작으로, 북한사업팀에 2년간 근무하다 글로벌시민교육/자원봉사센터 팀장을 거쳐 행복한나눔(기아대책의 사회적 기업)을 경험한 후 2012년 현재 창원에 있는 경남지역본부에서 일하고 있다.

heeya20@gmail.com

기아대책 (한국국제 기아대책 기구)는   기독교정신을 바탕으로 1971년에 설립된 국제구호 NGO로, 정식 명칭은 한국국제기아대책기구(KFHI, Korea Food for the Hungry)이다. 지구촌 기아 상황을 전 세계에 알리고, 떡과 복음의 정신으로 굶주린 이들에게 식량과 사랑을 전하며 그들의 생존과 자립을 돕고 있다. 1989년 대한민국 최초의 '해외원조 NGO'로 설립되어 '받는 NGO'에서 '주는 NGO' 시대를 열었으며 유엔경제사회이사회(UN ECOSOC)에 협의지위자격으로 등록되어 있다. 현재 해외 82개 빈곤국에 구호개발봉사단인 '기아봉사단'을 직접 보내 각종 개발협력사업과 긴급구호 활동을 펼치고 있다. 국내에서도 결연사업 및 지역회와 운영시설을 통해 결손가정, 독거노인, 장애인을 위한 복지사업을 진행하고 있으며 북한에도 어린이개발사업 및 수자원개발, 보건의료사업 등을 지원하고 있다.

www.kfhi.or.kr

www.facebook.com/HungerSaver

What Are You Dreaming?

꿈을 꾸는 사람. 남들보다 적극적으로 더 나은 세상을 꿈꾸는 사람이 있습니다. 착한 고민을 하던 이들은 직접 NGO 활동가로서 세상의 희망을 키워가기 위한 날갯짓을 시작합니다. 그러나 막상 밖에서 보는 NGO와 안에서 겪는 NGO의 모습은 다릅니다. 착한 꿈만 갖고 시작하기에는 날개가 꺾이기 쉬운 NGO 활동가의 세계. 그래서 제 경험을 토대로 정리한 생생한 NGO 활동가들의 활동 이야기들을 나누고자 합니다.

한마디로 이 글은 이상이 아닌, 현실의 눈으로 NGO 활동가들의 무대를 잘 이해할 수 있도록 돕기 위한 길잡이 글입니다. 특별히 언급할 NGO의 사례들은 주로 제가 속한 국제구호 NGO의 사례라는 것을 참고해주시기 바랍니다. 이 글이 아직 NGO 문턱을 향해 걸음하고 계신 분들에게는 구체적으로 NGO 활동가의 세계를 소개하는 글이 되기를, 이미 NGO에 계신 실무자들에게는 다시금 각자의 꿈을 일깨우는 공감과 격려의 글이 되기를 희망합니다.

NGO, 너의 정체가 뭐니?

NGO는 'Non-Governmental Organization'의 약자

로 '비정부기구'를 뜻합니다. NGO는 현대사회의 중요한 두 섹터인 정부와 시장에서 채워주지 못하는 영역인 제3섹터The Third Sector로, 정부 및 시장을 견제하며 비판하고 감시하거나, 정부나 시장의 역할 수행에서 발생하는 문제들을 보완하고 해결하는 역할을 합니다. 최근에는 NGO를 지칭할 때 공공의 이익을 추구하는 의미로 NPONon-Profit Organization, 비영리단체라는 용어도 통용되고 있습니다. 시민들의 다양한 활동영역을 포괄하는 범주에서 CSOCivil Society Organization, 시민사회단체로 정의하기도 합니다.

한 문장으로 NGO를 정리하면 다음과 같습니다. 비정부기구로서 시민이 주체가 되어 국제구호, 환경, 사회정의 등 공공의 목적을 위해 지역 단위부터 국제적인 범위까지 다양한 규모로 활동을 펼치는 비영리단체입니다.

가끔 NGO와 유엔이 무슨 차이가 있는지 궁금해하시는 분들이 있습니다. 유엔은 국제기구로, NGO와 달리 각 국가의 정부가 구성원으로 이루어집니다. 유엔은 대규모의 사업 수행 능력과 영향력을 갖고 있지만, 가입국들의 승인에 의해 정책이 결정됩니다.

때문에 국제적 정세나 정치 문제에 따라 구호개발 등의 사업을 수행하려는 국가와 사업집행력 등에 제한이 있습니다. 반면 NGO는 비정부기구로서 국제사회에서 중립성을 지니기 때문에 국가의 정치적 입장을 넘어 제약 없이 구호개발 활동 등의 사업들을 진행할 수 있습니다. 다만 사업의 규모와 영향력은 유엔보다는 작은 편입니다.

국제구호 NGO는 어떤 곳일까?

비정부기구. 비영리단체. 국제구호단체. 구호개발단체. 국제개발협력단체. 해외원조기관. 국제기구. 복지시설. 봉사단체. 자원봉사단체. 시민사회단체. 민간단체. 후원기관. 행사기관. 국제협력교육기관……

기아대책과 같은 국제구호 NGO를 언급할 때 사람들이 흔히 떠올리는 개념입니다. 여러 용어로 불리지만 모두 국제구호 NGO를 표현하는 키워드입니다. 이렇게 이름이 많은 이유는 NGO의 활동영역과 업무들이 사업부터, 모금, 행사, 자원봉사 등 다양한 범위로 이루어지기 때문입니다.

처음 만나는 사람들에게 기아대책에서 근무한다고 이야기하면 제일 먼저 듣는 말이 있습니다. "좋은 일 하시네요." 그리고 어떤 분은 질문합니다. "월급도 없이 봉사하느라 힘드시지 않으세요?" NGO 활동가에 대한 사회적 인식을 단적으로 보여주는 사례입니다. NGO는 다른 조직에 비해 봉사의 개념이 강한 곳은 분명하지만, 무보수나 자원봉사자의 개념으로만 운영되는 것은 아닙니다. NGO 활동가는 일정한 급여를 받으며 실무 활동을 하는 전문직입니다. 물론 급여는 주로 기관 자체의 수익금이나 행정비에서 지급되기 때문에 대체적으로 일반 기업체들에 비해 넉넉한 수준은 아닙니다.

다행히 해를 거듭할수록 국제개발에 대한 한국사회의 관심도가 증가하고 있고, 사회의식 또한 높아짐에 따라 각 분야별로 설립되는 NGO도, NGO 활동가들도 많아지고 있는 추세입니다. 선진국에서는 NGO 활동가가 존경받는 직업군이라고 하는데, NGO 활동가에 대한 국내의 인식도 점차 바뀌어가기를 기대해봅니다.

구호 현장에 없는 NGO 활동가?

NGO, 특별히 국제구호 NGO 분야 종사자들을 생각하면 어떤 이미지가 떠오르나요? 대부분 오지에서 굶어 죽어가는 아이들에게 직접 식량을 배급하는 모습일 것입니다. 의외로 많은 분들이 한비야 씨처럼 재난 지역에서 인도자 역할을 하는 긴급구호 활동가의 모습을 많이 떠올립니다. 국제구호 활동가를 꿈꾸시는 많은 분들도 미래의 모습을 이렇게 그립니다. 물론 긴급구호 활동은 구호 NGO 활동가들의 가장 중요한 역할 중 하나입니다. 그러나 그 일을 하기 위해서 많은 다른 업무들이 연결되어 있습니다.

어느 날 갑자기 인도네시아에 지진 피해 속보가 들어왔다고 가정해봅시다. 국제구호 NGO는 곧바로 어느 정도 규모의 지진인지, 피해 상황은 어떤지, 접근 가능성은 어떤지 등 현지 상황을 현지 스태프를 통해 파악합니다. 그리고 우선 필요한 긴급구호품을 챙겨 가능한 구호 인력과 의료 인력을 24~72시간 이내로 현지에 보냅니다.

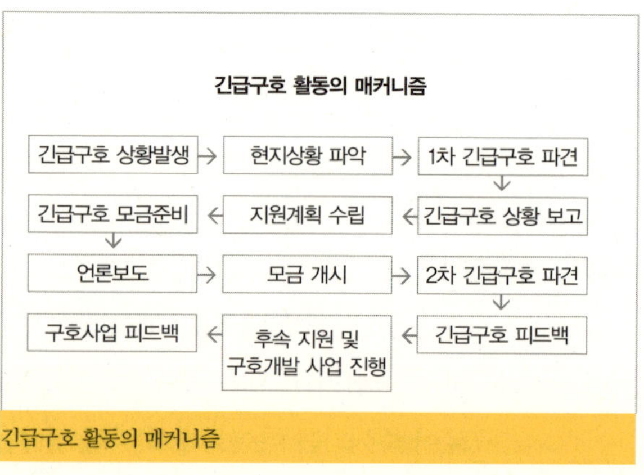

긴급구호 활동의 매커니즘

현지에 도착한 긴급구호 인력들은 부지런히 가능한 구호 활동을 시작하는 한편, 현지 정보를 파악하여 상황을 본부에 전달합니다. 동시에 본부에서는 사태의 심각성에 따른 지원계획을 수립합니다. 홈페이지, 언론사, DMDirect Mail, 직접 우편, 기업 접촉 등을 통해 현장 상황을 알리고 모금을 개시합니다.

많은 모금이 이루어져야 그만큼 피해국에 적극적으로 구호 활동을 하면서 더 많은 지원을 할 수 있으므로 이 모든 것들이 수일 내로 신속하게 이루어집니다. 이어 본부에서는 추가적인 지원과 이후 재건사업 등을 계속적으로 수립해 진행합니다. 이렇듯 현장뿐 아니라 모금 파트, 홍보 파트, 구호사업 파트 등 각 파트에 적절한 인력이 잘 연계되어 있어야만 긴급구호의 이 모든 과정이 원활하게 이루어질 수 있습니다. 다시 말해, 실제 한국의 국제구호 단체에 속한 많은 NGO 활동가들은 현지에서 구호 활동을 직접 진행하는 것이 아니라 사무실에서 이 모든 과정이 이루어지도록 각자의 업무를 다해야만 하는 것입니다.

모두가 팔을 걷어붙이고 현장에서 도움이 필요한 사람들에게 손을 내밀 수는 없습니다. 파견된 현장 활동가들의 손에 쥐어줄 구호물품을 보내고 그들의 활동계획을 지원할 더 많은 사무실 활동가들이 필요한 게 국제구호 NGO의 실무현장입니다.

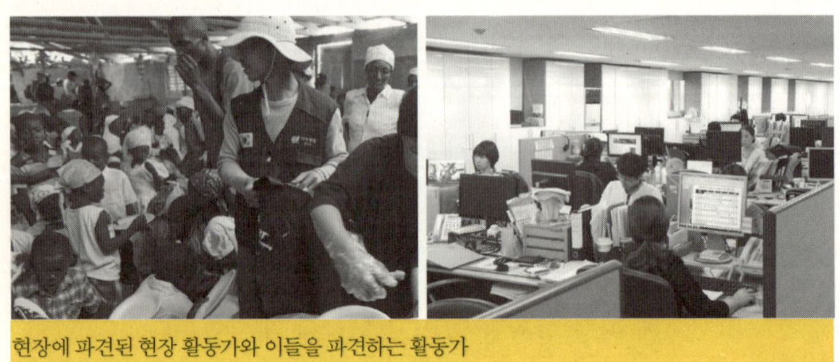

현장에 파견된 현장 활동가와 이들을 파견하는 활동가

그렇다면 지금부터는 NGO 활동가들이 어떤 일들을 실질적으로 하는지, NGO 활동가들의 실무 활동을 소개합니다. NGO의 조직 구성은 각 단체의 규모와 성격에 따라 차이가 있기 때문에 대개 공통적으로 수행하는 활동들을 업무의 성격에 따라 크게 4가지 영역모금-홍보-사업-관리으로 분류하여 살펴보겠습니다.

NGO의 실질적인 활동 엿보기

모금(Fund Raising)

NGO 운영에 있어 꼭 필요한 부분이 바로 모금 파트입니다. 기본적으로 일정 기준 이상의 재원이 있어야만 사업 수행이 가능합니다. 따라서 모금은 모든 민간단체의 운영에 가장 기본적 요건이며 지속적인 운영을 위한 중요한 파트입니다. 정부지원금, 기업의 사회공헌기금, 각 기관 및 단체, 개인의 개별 후원금 등이 모금의 주요 재원입니다.

NGO에서는 모금과 더불어 후원개발이라는 용어를 주로 사용합니다. 후원개발에는 모금 행사, 후원콘서트, 모금 만찬, 캠페인, 첫돌 후원이나 결혼 후원과 같은 특별한 기부상품 개발 등 여러 방법들이 있습니다. 그리고 계속해서 새로운 후원개발의 툴tool을 개발하여 모금 활동을 진행합니다.

후원에는 일시적으로 이루어지는 일시후원과 정기적인 후원을 통해 모금되는 정기후원이 있는데, 안정적으로 사업을 지속하려면 정기후원의 비율이 높은 것이 유리합니다. 그렇기 때문에 대규모 펀드도 중요하지만, NGO 활동가들은 기본적으로 소액이라도 정기적인 자금이 지원되는 정기후원 개발에도 힘써야 합니다.

성공적인 정기후원 개발의 가장 대표적인 모금 툴이 바로 아동 결연후원입니다. 결연후원의 경우, 수혜자와의 관계 형성을 통해 아동에게 갖는 애정도가 높아 다른 후원에 비해 후원 지속률이 높다는 특징이 있습니다. 또한 수혜 아동들에게도 필요한 지원이 지속될 수 있어 사업장과 후원관리에 모두 유익한 후원방식입니다.

모금에 있어 중요한 포인트는 잠재후원자로부터 모금의 필요성, 사업지원을 위한 후원의 동기와 의지를 얼마나 잘 이끌어낼 수 있느냐 하는 것입니다. 모금 자체는 사업 진행을 위한 것이기 때문에 이에 대한 목적의식을 분명히 가지고 진행해야 합니다. 또한 모금에도 트렌드가 있는데 최근에는 SNS나 소셜 네트워크를 기반으로 한 소셜 펀드 등 새로운 매체에 맞는 다양한 모금 방법들이 계속 개발되고 있습니다. 그리고 시기에 따라 사회에서 중요하게 여기는 이슈들이 달라지기 때문에 원활한 모금을 위해서는 이러한 흐름을 면밀히 관찰하면서 계속 공부하며 모금 활동에 적용하는 것이 필요합니다.

홍보(PR)

홍보는 기업만의 마케팅 수단이라고 생각하기 쉽지만, NGO에서의 홍보 파트의 역할도 상당히 비중이 높습니다. 후원자, 수혜자, 그리고 세상과 소통할 수 있는 중요한 툴이기 때문입니다. 최근에는 비슷한 일을 하는 단체들이 많아졌기 때문에, 각 단체의 브랜드를 잘 살리고 특화된 이미지를 구축하는 작업의 필요성도 높아지고 있습니다.

홍보의 영역에는 모금이나 사업 활동을 홈페이지나

SNS 등의 인터넷 매체로 대중에게 알리는 일, 보도자료나 기획 취재 등을 통해 NGO 활동을 미디어 매체로 이슈화하는 일, 사진이나 영상콘텐츠를 제작하여 현지 상황을 공유하는 일, 회보나 DM 등 지면 매체를 통해 사업 활동을 알리는 일 등이 포함됩니다. 홍보에 있어 디자인 영역 또한 빼놓을 수 없는데 잘 디자인된 포스터 한 장은 백 마디의 절절한 글보다 큰 위력을 발휘하며 홍보 효과를 높이는 데 큰 역할을 합니다.

때로는 연예인이나 유명인사를 홍보대사로 위촉하여 일련의 활동을 알리기도 합니다. 기아대책도 조민기, 김정화, 박신혜, 김주하, 뽀로로 등 많은 홍보대사들이 있는데 유명인사의 경우 매체와 대중의 관심도가 높기 때문에 파급효과가 더욱 큰 편입니다. 예로, 차인표 씨가 한 토크쇼에 출연하여 자신이 홍보대사로 있는 소속 NGO를 소개한 후, 해당 NGO의 홈페이지가 접속자 폭주로 다운되는 일이 발생하기도 했습니다.

사업(Relief Project)

모금, 홍보 모두 중요하지만 결국 이 두 영역은 사업을 잘하기 위한 단계의 작업들입니다. 사업의 진행이 잘 진행되어야만 장기적으로 대내외적으로 NGO

기아대책 말라리아 예방캠페인 홍보포스터. 말라리아모기의 위협으로 아프리카 아이가 사라지는
이미지 표현을 통해 말라리아 예방에 참여하자는 메시지

기아대책 홍보포스터. 잘 표현된 단매체의 홍보물은 충분히 메시지 전달이 가능

의 신뢰도를 탄탄히 쌓아나갈 수 있습니다.

사업을 진행할 때는 필요에 따라 그 분야의 전문가를 섭외하여 함께 진행하기도 합니다. 또한 사무실에서 기획하는 것과 현장에서 바라보는 관점에 차이가 있을 수 있기 때문에 현지와 긴밀히 커뮤니케이션하고 교류하는 것이 필요합니다. 요즘은 이메일과 전화가 해외사업장에서도 보편적인 커뮤니케이션 수단이지만, 아직도 통신 사정이 좋지 않은 해외사업장들이 많기 때문에 이에 따른 어려움도 감수해야 합니다.

인력 개발과 같은 분야는 장기간의 사업기간이 필요한 데 비해 가시적인 사업 효과가 나타나지 않을 수도 있습니다. 국가별로 예상치 못한 상황들이 발생하기도 합니다. 예를 들어 공산권 국가나 부패가 심한 국가들이 지원물품 통관에 있어 관세를 터무니없이 많이 매겨서 물품을 실은 컨테이너가 현지에 도착한 후에도 통관문제를 해결하기까지 수개월 동안 묶여 있어야 하는 경우도 있습니다.

북한사업의 경우에도 후원금과 재능기부자, 현장에서의 실무 준비 등 기저귀와 여성위생용품을 보내기 위한 모자보건사업이 모두 잘 세팅되었으나 남북관계의 악화로 진행하지 못하게 된 경우도 있었습니다. 이렇듯 아무리 사업계획을 완벽히 세웠다 하더라도 실제 사업 진행에 있어서는 여러 예상치 못한 변수들이 발생할 수 있으므로 각 상황별로 잘 대처하고 해결해가는, 때로는 인내심을 가져야 하는 유연한 자세가 필요합니다.

관리(Management)

NGO의 운영 전반을 담당하는 총무 파트와 채용 및 인사, 내부 교육을 총괄하는 인사 파트, 전체 후원금 운영의 투명성을 관리하는 재무와 감사 파트, 그리고 전반적인 후원자들을 관리하는 파트 등이 관리의 영역에 속합니다.

사업, 홍보, 모금 영역에 비해 내근 근무가 많고 업무가 비교적 일정한 패턴으로 돌아가기 때문에 스스로 동기부여를 하지 않으면 특히 일이 힘들어질 수 있는 영역입니다. 그러나 관리 영역은 조직 구성에 기본 뼈대가 되는 파트로, 각 파트에 맞는 전문지식이 필요합니다.

재무 파트의 경우, 재무와 회계에 대한 이해 없이 근무하는 것이 불가능하며 총무 파트도 법인 신고사항이라든지 노무 규정 등 NGO로서 지켜야 할 여러 의무 규정과 법에 대한 전반을 정확히 알고 컨트롤해야만 조직의

NGO 활동의 순환구조

운영을 제대로 세워갈 수 있습니다. 그리고 후원자 관리 파트에서는 후원자들이 후원을 하면서 만족할 수 있도록 세심한 커뮤니케이션과 후원자를 위한 서비스들을 진행합니다. 관리 영역은 표면적으로는 일의 성과가 눈에 띄지 않을 수 있지만, 빈틈이 생기면 바로 티가 나는 인체의 허리와 같은 영역입니다.

이 네 가지 영역은 모두 이어져 있습니다. 모금 아이디어가 좋아도 홍보가 부족하면 모금이 잘 이루어질 수 없고, 사업이 잘 진행되지 않으면 모금과 홍보의 노력이 허사가 됩니다. 또한 사업이 잘 진행되었다 하더라도 후원자에게 후원금 사용내역과 사업을 통한 현지의 변화를 제대로 알리지 않으면 후속 지원을 위한 또 다른 후원으로 이어질 수 없습니다. 모금부터 홍보, 사업, 관리 모든 것이 연속선상에서 잘 이루어질 때 더욱 전문적인 NGO로 발전할 수 있습니다.

NGO 활동가로서 살아남는 법

NGO 활동가로 살아남기 위해서는 필수적으로 갖추어야 할 한 가지 요건이 있습니다. NGO 활동가에게 무엇보다 중요하고 또 항상 잊지 말아야 할 또 다른 영역, 바로 마음가짐입니다. 제 경험을 바탕으로 어떤 다른 직업보다 더욱 특별해야 하는 NGO 활동가들의 마음가짐을 정리해봅니다.

첫째, 비전을 보고 뛰어라. 그리고 이야기하라

NGO는 일련의 공익적 목적을 위해서 설립되는, 목적이 분명한 조직입니다. 그리고 이상적이라고 할지라도 그 비전의 성취를 바라보며 뛰는 사람들이 바로 NGO 활동가입니다. 그렇기 때문에 NGO에 몸담으려면, 또 NGO 활동가로서 오래 활동하려면 가장 먼저 조직의 비전이 나의 비전과 잘 맞는지를 점검해야 합니다.

이 분야의 일을 단지 직업의 개념으로, 돈을 벌기 위한 수단으로 시작한다면 일을 시작한 지 얼마 지나지 않아 지쳐버리기 쉽습니다. 개인의 비전을 먼저 고민해보고 그 내용을 글로 적어보기를 권합니다. 그렇게 자신의 비전을 정리한 후에 관심 있는 NGO의 비전을 확인하며 자신의 비전과 일맥상통하는지 비교해보시기 바랍니다. 보통 NGO의 비전은 각 단체의 정체성을 말해주는 지표이기 때문에 홈페이지나 단체 소개자료에 빠지지 않고 소개되어 있습니다. 이 과정을 통해 자신과 맞는 비전을 가진 NGO를 찾아 그 문을 두드릴 때, 좀 더 성공적인 NGO 입문을 시작할 수 있습니다.

그리고 자신의 비전을 지속적으로 이야기하십시오. 자신의 비전을 주변과 나눌 때 그것이 곧 기회로 찾아오고 그 비전은 점점 더 현실에 가까워집니다. 저의 꿈은 세상 모든 사람들이 행복해지는 것, 특별히 북한 동포들이 행복해지는 것입니다. 제가 이 꿈을 주변에 나누었을 때, 저에게도 특별한 기회가 찾아왔습니다.

2007년 초, 저는 한 방송사에서 조연출로 방송을 배우고 있었습니다. 언젠가 방송을 통해 북한의 현신을 알리고 싶었기 때문에 시작한 사회생활이었습니다. 어느 날, 직장에서 북한에 대한 제 비전을 이야기하게 되었습니다. 한 달 뒤, 뜻밖에도 저희 팀에 남북 공동 나무 심기 행사 취재 건으로 북한 출장이 잡혔습니다. 그리고 북한에 대한 특별한 비전이 있는 것을 아셨던 직장 상사께서는 취재 PD로 저를 지목하셨습니다.

북한 땅을 처음 밟았던 순간, 까무잡잡한 얼굴에 순박한 표정을 지으며 때로는 경계의 눈빛으로 인터뷰에 응하던 북한 동포들을 만났던, 그 순간을 아직도 생생히 기억합니다. 제 안에서는 막연히 가지고 있던 북한 동포들에 대한 희미한 꿈이 그 순간 더욱 뚜렷해졌습니다. 후에 저는 현장에 더 가깝게 다가가 북한 동포들을 지원하는 구호 NGO 활동가로서 새로운 삶을 시작하게 되었습니다. 이렇듯이 비전을 이야기하는 사람에게 기회는 찾아옵니다. 비전을 입 밖으로 내면 그에 대한 더 큰 책임감을 갖게 되고, 실무로 지친 마음이 회복되는 것을 경험할 수 있습니다.

둘째, 이름도 빛도 없이 살 수 있는가?

국제구호 NGO 활동가를 꿈꾸는 사람들이 국제구호 활동가의 롤 모델로 한비야 씨를 바라봅니다. 긴급구호 현장에 나가서 사람을 살리는 따뜻한 일을 하면서 사회적으로도 덕망이 높고 존경을 받는 멋진 분입니다. 그러나 이런 명성은 국제구호 NGO 활동가들 중에서도 정말 특별한 케이스입니다. 한비야 씨 외에 실제로 같은 일을 하는 다른 구호 활동가들의 이름을 알고 있다면 한 번 떠올려보세요. 긴급구호 현장의 소식을 미디어로 접해도 구호단체의 이름은 나올지언정, 활동가의 이름이 잘 언급되지 않는다는 것을 발견할 것입니다.

NGO 활동가는 철저히 현장 지향적인 자리입니다. 한마디로 어깨가 낮아져야 합니다. NGO 활동가에게는 평소 정갈한 정장 차림보다는 청바지에 목장갑을 끼고 몸 쓰는 일도 마다하지 않는 모습이 더 잘 어울립니다. 긴급구호 현장에 나가서는 불안정한 치안과 질서를 잃은 군중들 사이에서 고군분투해야 하고,

불편한 잠자리에 통조림과 같은 최소한의 음식으로 몇 달 동안의 끼니를 해결하기도 합니다. 죽어가는 사람들과 처참히 무너진 현장을 보면서 생기는 정신적 트라우마도 본인 스스로 잘 다스려야 합니다.

후원금을 한 푼이라도 절약하기 위해 출장을 가도 저렴한 숙박시설을 찾아야 하고, 수혜 지역을 방문할 때에는 혹여나 수혜자들의 마음이 다치지 않을까 싶어 옷 한 벌도 점검합니다. 시차가 다른 해외 스태프들의 전화와 현지 발생 문제를 해결하느라 야근도 기꺼이 받아들여야 합니다. 아무리 좋은 홍보 이슈가 생기더라도 수혜자들의 신상 보호가 활동가들에게는 최우선의 이슈가 되고, 거리캠페인을 진행할 때는 한 사람의 후원자라도 더 구하기 위해 수많은 사람의 외면도 감수합니다. 때로는 본인의 업무 과실이 아니더라도 후원자의 항의 전화에 고개 숙여 사과해야 하고, 수천 통의 우편 작업과 씨름해야 할 때도 있습니다.

그러나 이렇게 조금 더 불편한 삶을 사는 우리의 노력에도 우리의 이름을 알아주진 않습니다. 빈곤의 현실을 직면하며 문제 해결에 한줄기 희망의 빛을 발견해가는 것이 NGO 활동가들에게는 가장 큰 보상입니다. 변화되는 지역사회와 수혜자들을 바라볼 때 가장 큰 보람을 느낍니다. 활동가의 이름은 중요하지 않습니다. 중요한 것은 그들을 위한 헌신입니다. 세상을 변화시키는 헌신을 즐기는 마음이 필요합니다.

셋째, 다양한 경험을 쌓아라.

그리고 자신의 전문 영역을 찾아라

NGO 활동가로 근무하면서 배우게 되는 능력 중 하나는 바로 '멀티 플레이어'입니다. NGO의 조직은 대체적으로 상당히 유연한 편입니다. 그래서 본인이 직접 관련 없는 팀에 있어도 후원행사나 모금 콘서트, 교육행사 등의 다양한 자리를 경험할 기회가 많습니다. 작은 규모의 NGO일수록, 또는 행사의 규모가 클수록 더 그렇습니다. 또한 팀 변경 등으로 업무가 바뀌기도 하여, 때로는 낯선 업무를 맡게 될 수도

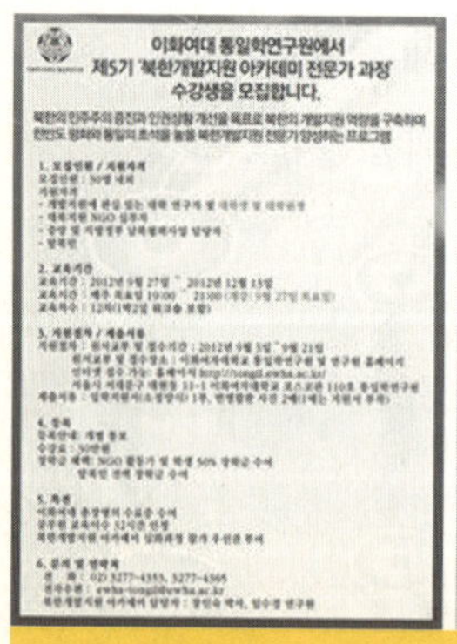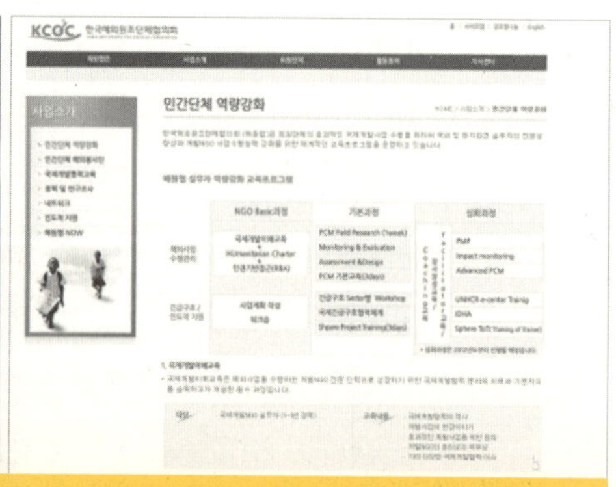

살펴보면 NGO 실무자들을 대상으로 하는 외부 전문교육이 꽤 많다. 대학원 과정을 비롯해 해외원조단체협의회, 아름다운재단, 이화여대 통일학연구원 등 NGO 할인도 적용받으면서 활동가로서의 전문지식과 노하우를 쌓아나갈 수 있는 기회들이 있다.

있습니다. 이러한 다양한 경험들이 본인에게는 새로운 업무처리 능력을 키우는 기회가 됩니다.

제가 제일 처음 기아대책에서 만났던 부서는 후원자 지원팀입니다. 후원자들이 즐겁게 후원을 지속할 수 있도록 후원자들을 관리하는 부서입니다. 어떤 날은 후원자들의 전화가 많아서 다른 일은 손도 못 대고 하루 종일 전화 응대로 씨름을 하는 날도 있었습니다. 처음에는 외향적인 제 성향과는 맞지 않은 내근직 사무 업무에 '이 업무가 내게 맞는 걸까?' 하며 스스로 고민하곤 했습니다. 그러나 일하면서 CRMCustomer Relationship Management, 고객관계관리에 대한 기본 자세와 다양한 후원자들을 응대할 수 있는 노련함을 익혔습니다. 그리고 그때의 경험이 다른 팀에서 다른 업무를 할 때도 적절한 도움이 되곤 합니다. 기본적으로 후원자의 입장에서 지원사업의 피드백이나 캠페인 등을 설계하는 법도 그때 배웠습니다.

한 부분만 알아서는 전체적인 NGO 운영의 맥락을 제대로 알 수 없습니다. NGO의 특성상 'Specialist' 도 중요하지만, 'Generalist'도 중요합니다. NGO 내에서의 다양한 경험들은 NGO의 운영 전반의 흐름을 배울 수 있을 뿐더러 본인이 가장 잘할 수 있는 전문 영역을 발견하는 기회가 될 수 있습니다.

"열정은 물론 중요하다. 그러나 지식 없는 열정은 쓸모없다."

제가 활동했던 대학 방송국에서, 신입생이었던 저에게 늘 선배들이 했던 말입니다. 요즘은 NGO도 점점 전문화되고 있습니다. 국제구호도 물, 교육, 북한지원 등 활동 범주가 점차 세분화되고 있으며 NGO 내부의 조직도 전문화되는 경향이 나타납니다. 예전에는 NGO 분야에 사회복지사가 채용의 우대·필수조건이었다면 최근에는 마케팅, 홍보, 재무 등 각 팀별로 필요한 전문성을 조건을 갖춘 인재를 채용하는 NGO가 늘어나고 있습니다. 각 분야에 전문성을 가진 열정가가 많아진다면 NGO 활동도 더 큰 시너지 효과를 내리라 기대합니다.

NGO 활동가 선배 중에도 실무 활동을 하면서 '주업 야독'으로 시간을 쪼개어 자신의 전문성을 계속 높여가는 분들이 많습니다. 이렇듯 자신이 전문성을 높일 수 있는 분야가 무엇인지 고민하고 또 계속 개발하는 노력이 필요합니다.

넷째, 익숙함을 경계하라

NGO 활동가에게 가장 무서운 단어가 바로 '익숙함'이 아닐까 생각합니다. 처음에는 비장한 비전을 가지고 NGO 활동에 뛰어듭니다. 그리고 3개월, 1년,

2년…. 후원개발을 위한 캠페인 기획, 현지 스태프들과의 커뮤니케이션, 현지 지원을 위한 사업 준비 과정 등 '어떻게 해야 하지?' 하며 시작부터 막막했던 실무 활동이 어느 정도 손에 익어갑니다.

일이 서툴 때에는 느린 속도와 실수, 좁은 통찰력이 문제라면 일이 익숙해지면 그 노련함이 오히려 독이 될 수 있습니다. 수혜자들에게 더 많은 혜택을 주려고 많은 일들을 할수록 사업의 범위와 폭은 커지지만 그만큼 커지는 업무량과 책임 또한 활동가에게 지워지기 때문입니다. 그러나 열정이나 사명감이 무뎌지면 어느 순간, 수혜자들을 위한 깊은 배려와 고민이 아니라 업무로서의 적당한 일처리 자체에만 몰두하는 자신을 발견하게 될 것입니다. 그렇기에 초심을 잃지 않고 진심으로 일할 수 있도록 스스로 익숙함을 늘 경계해야 합니다.

그렇다면 익숙함을 타파할 수 있는 가장 좋은 방법은 무엇일까요? 바로 현장 경험입니다. 직간접적으로 현장을 제대로 파악하고 접할 때, 무뎌진 마음은 사라지고 다시 치열하게 현장을 살리려고 매진할 수 있는 힘이 충전됩니다.

● **필드 트립(Field Trip)**
후원자, 자원봉사자들로 구성되어 해외 사업장을 방문 봉사하는 단기 해외봉사 일정

2009년, 해외 필드 트립Field Trip 인솔간사로 몽골 출장을 준비할 때였습니다. 기아대책은 입사 1년 이상의 전 간사에게

필드 트립의 기회가 주어집니다. 그런데 이 필드 트립은 본인의 본연 업무 외에 부과되는 추가 업무이기 때문에, 기존 업무와 함께 병행하면서 준비하기에 힘든 부분이 많이 있습니다.

특히 저는 해외 유학생들을 인솔하여 현지의 봉사프로그램을 기획하는 코디네이터를 맡았는데, 방학 기간 유학생들의 입국일자가 제각각이어서 함께 모여서 프로그램을 준비할 시간이 턱없이 부족했습니다. 그래서 최대한 역할을 분담하고 합숙을 통해 해외봉사 프로그램을 준비했습니다. 그렇게 모든 에너지를 준비에 다 소진하고 지친 몸으로 몽골 현장에 도착했을 때, 저는 저를 포함한 참가 학생들의 눈빛이 일순간에 변하는 것을 보았습니다. 결연어린이들의 해맑은 미소를 보면서 그간 준비하면서 힘들었던 기억은 싹 잊었습니다. 준비한 프로그램을 아이들이 즐겁게 배우고 잘 따라와 주는 것에 오히려 더 큰 힘을 얻고 사람을 통해 변화해가는 지역사회의 희망을 확인하고 돌아왔습니다.

한 가지 일화를 더 꺼내보겠습니다. 같은 해 겨울, 저는 북한 어린이 지원 캠페인을 진행했습니다. 북한 어린이들이 추운 겨울을 잘 보낼 수 있도록 식량과 방한용품을 지원하자는 취지의 캠페인이었습니다. 지원물품을 결정하기 위해 북한과 인접한 중국사업

2009년 몽골 사업장 방문. 필드 트립 참가 학생과 현지 아이들

장으로 출장을 떠나게 되었는데 11월임에도 불구하고 한겨울처럼 날씨가 매우 추웠고 갑작스런 폭설까지 겹쳐 비행기가 3일이 연착되는 일이 발생했습니다. 그런데 문제는 그 다음이었습니다.

아침에 일어나 샤워를 하려는데 아무리 물을 틀어도 따뜻한 물이 나오지 않았습니다. 온수가 안 나오는 시설이었던 것입니다. 어쩔 수 없이 오싹할 정도로 차가운 물로 겨우 머리만 감았습니다. 머리끝부터 발끝까지 뼛속 깊이 차오르는 오한은 정말 말로 설명할 수 없을 정도로 지독했고 저는 곧 감기 몸살에 시달려야 했습니다. 그런데 그 순간 바로 머리를 스치는 생각이 있었습니다.

제가 서 있는 이 위치에서 한 시간도 안 떨어진 곳에 바로 우리의 지원이 필요한 아이들이 있고, 그 아이들도 이 추위를 동일하게, 아니 더욱 혹독한 상황 속

기아대책 북한어린이돕기캠페인 '라진이의겨울동무' 포스터(＊라진: 북한 후원 지역으로, 함경북도 지명임)

에서 견디고 있다는 사실 말입니다.

캠페인 포스터에 썼던 '최저온도 -40도의 추위', 그 무자비한 한겨울의 추위가 아이들을 뒤덮고 있을 생각에 저는 몹시 마음이 아팠습니다. 그리고 한국에 돌아와서 더 많은 사람들에게 캠페인을 알리려고 노력했고, 전년보다 더 큰 후원금이 모여 더 많은 북한 아이들에게 겨울 동무겨울을 나는 데 도움을 줄 선물를 보내 줄 수 있었습니다. 아이들의 먹을거리와 겨울용품 키트, 그리고 방한내복 등을 지원할 때의 기쁨 또한 더욱 컸습니다.

아직도 코끝에 찬바람이 스치는 계절이 오면 그때 느꼈던 시린 추위와 함께 북한의 아이들이 절로 생각납니다. 이렇듯이 직·간접적인 현장 경험은 사업을 기획하고 집행하는 데 큰 원동력이 됩니다. 그래서 현장 경험은 NGO 활동가들에게 매우 중요합니다. 가장 강력한 동기부여 요소이기 때문입니다. 혹여 직접 현장을 경험할 기회가 없다 하더라도, 현장 담당자를 통해 현장의 소식들을 가까이 접하는 노력을 기울인다면 그곳의 이야기들을 생생히 공감하고 실무 활동에서 적용할 수 있을 것입니다.

다섯째, 사람 그리고 사랑, 결코 잊지 말아야 할 단어

NGO의 가장 큰 자산은 '사람'입니다. NGO는 사람을 통해 더 많은 사람을 살리는 일을 합니다. 맡은 일에 책임을 다하는 NGO 활동가, 재정적인 응원으로 함께 NGO 활동에 힘을 보태어주는 후원자, 대가도 없이 자신의 시간과 노력을 쪼개어 NGO의 빈틈을 채워주는 자원봉사자와 재능기부자. 이들이 있기에 NGO의 모든 활동들이 지속 가능합니다.

기아대책은 매년 '한톨나눔축제'를 통해 직접 해외 아이들에게 필요한 교육 키트를 만드는 대형 행사를 진행합니다. 매년 1천여 명의 자원봉사자들이 빈곤

청소년 나눔 자원봉사대축제인 한톨나눔축제. 매년 많은 참가자 및 봉사자들이
해외빈곤국에 보낼 구호키트를 제작해 현지에 전달한다.

의 현실과 나눔의 가치를 알리는 글로벌시민교육을
지도합니다. 3만 명의 참가후원자들이 빈곤국에 보
낼 키트를 정성스레 직접 만듭니다.

하루 종일 무더위 속에서 항상 같은 봉사업무의 반복
과 싸워야 하는 악조건에도 즐겁게, 성실하게 자신의
역할을 다하는 자원봉사자들, 봉사활동을 위해 먼 길
을 마다않고 찾아와서 오랜 기다림을 참고 행사에 참
여하는 후원자들, 그리고 이 모든 과정이 잘 진행되
도록 척척 일사불란하게 움직이는 간사님들을 보면
서 기아대책의 가장 큰 보물은 역시 '사람'이라는 결
론을 내립니다. 사람, NGO 활동가들에게 가장 큰

1. 채용 정보는 홈페이지를 적극 활용하기

많은 단체가 정기·수시 채용으로 새내기 활동가를 선발하는데, 주로 수시 채용이 많기 때문에 각 단체의 채용공고를 수시로 확인하는 것이 좋습니다.

2. 어학 능력은 필수

국제구호 NGO들은 영어로 필기시험·논술·면접 등의 과정을 거쳐야 하므로, 어학능력은 필수입니다. 능통한 영어 실력과 제2외국어 실력은 입사 후에두 더 많은 실무 활동을 경험하는 데 유용하게 사용되니 영어 공부 열심히 합시다!

3. 자원봉사, 아르바이트, 인턴 경험하기

꾸준한 자원봉사나 인턴, 아르바이트 경험은 관심 있는 NGO를 이해하는 데 도움이 됩니다. NGO의 성향이나 분위기, 가치 등을 배울 수 있으며 이는 추후 입사를 준비할 때도 좋은 소스가 됩니다. NGO 활동가들과의 인적 네트워크 또한 무시할 수 없겠죠?

4. 전공 분야 구축

예전엔 국제구호 NGO도 사회복지사를 채용하는 경우가 많았지만 최근에는 부서의 필요 능력에 따라 해당 전공자들을 선발하는 경우가 늘고 있습니다. 관심 있는 NGO의 홈페이지에서 채용 공고를 통해 전공 우대 기준을 확인하세요.

5. 해외봉사단 Go Go!

해외사업장에서의 현장 경험은 NGO 취업 전 좋은 경력이 됩니다. 단기 해외봉사 활동 프로그램을 비롯해 KOICA 봉사단원, NGO 봉사단 등 급여도 받으면서 현장에서 NGO 활동을 경험할 기회를 찾아 문을 두드려보세요.

힘이 되는 존재입니다. 그러므로 NGO의 가장 큰 보물인 사람, 동역자의 가치를 발견하고 각 만남을 소중히 여겨야 합니다.

또한 인간에 대한 사랑은 NGO 활동가들에게 가장 기본적인 마인드입니다. 수혜자들에게 물품을 지원할 때도 단순한 육체적·정서적 위로의 차원에서 지원하는 것보다는 그들이 얼마나 소중한 존재이며, 이 물품을 전해주고 사랑해주는 사람이 있다는 사실을 함께 알려줄 때, 진정한 변화가 일어나기 시작합니다. 그 사랑이 잘 전달되면 결연아동이 졸업 후 후원자가 되어 자신과 같은 처지에 있는 다른 아동을 후원하기도 하고, 더 좋은 학교를 포기하고 자신이 배운 지역아동센터에 스태프로 남아서 마을의 다른 아이들을 가르치는 교사가 되기도 합니다. 이렇듯 사랑이 함께 전달될 때에 비로소 사람은, 공동체는 움직입니다.

저는 더 많은 NGO 활동가의 사랑을 통해 세상 모든 사람들이 웃음 짓는 날이 오기를 오늘도 꿈꿉니다. 각자의 현장에서 세상을 변화시키고 사람들의 삶에 행복을 주는 일에 더 많은 분들이 동참하기를 기대해 봅니다.

'NGO 활동가로 살아남는 법'을 주제로
펼쳐진 주희연 씨의 강연에 대한
참가자들의 한마디!

강연 후기

경험에서 우러난 NGO 활동가로 살아남는 법에 대해 나누어주신 부분이 마음에 와 닿았습니다.

NGO 자체에 대해 조금 더 자세히 알 수 있어서 좋았습니다.

NGO 활동가가 실제적으로 기구 안에서 무슨 일을 하는지 생생하게 들을 수 있어서 굉장히 좋았습니다.

무엇을 준비하고, 훈련하고, 연습해야 하는지 생각하게 되었고, 제 비전을 다시 확인하는 시간이었습니다. 그리고 앞으로의 삶의 계획들을 좀 더 현실적으로 구체적으로 그려볼 수 있었습니다.

epilogue

미국 콜롬비아 대학의 SIPA School of International and Public Affairs의 석사학위 과정을 마치고, 한국에 들어올 때 소망하던 바가 있었습니다. 그간 어렵게 미국에서 배운 것을 한국의 현장에서 풀어내고 싶었고, 사람들과 소통하며 내가 꿈꾸었던 하나님 나라를 만들고 싶었습니다.

소통에 대한 소망이 생긴 것은 개발에 대한 공부를 하면 할수록 이것은 나 혼자 잘나서 해낼 수 있는 영역이 아니라는 생각을 하게 되었기 때문입니다. 함께할 사람들이 필요하기에 각 분야의 사람들과 소통하며 함께 일을 해보고 싶었고, 이 분야에 관심 있는 사람들에게는 내가 배운 것과, 내 실패와 경험을 공유함으로 후세대가 더 많이 도약할 수 있도록 돕고 싶었습니다.

함께 UNGO 아카데미를 이뤄가는 과정은 매우 흥미로웠습니다. 그동안 개발 분야의 사람들과 모여서 소통한 적은 있지만 통일, 국제 분야, 개발, 시민운동 등의 다양한 주제를 가지고 국제기구, NGO, 시민사회, 정부기관 등지에서 일하는 사람들이 함께 무언가를 해간다는 것은 개인적으로는 처음 있었던 경험이었기 때문입니다.

국제개발을 공부하다 보면, 종국에는 국제개발 외의 다양한 분야의 참여가 필요하다는 생각을 하게 됩니다. 국제기구, NGO, 정부기관 간의 유기적 협력관계는 제대로 된 국제개발을 이루는 초석임을 선진국의 사례에서 많이 배웠고, 특별히 국제개발의 방향성이 제대로 정립되기 위해서는 시민사회의 참여와 감시가 핵심이라는 것도 깨닫고 있었습니다.

더불어 통일한국을 위해서 우리는 국제사회의 도움을 필요로 하고, 또한 통일 이후의 북한의 개발을 위해서는 개발 분야의 경험과 노하우가 필수적입니다. 이러한 이유로 늘 국제개발을 넘어선 다른 분야와의 협력을 꿈꾸어왔는데, UNGO 아카데미는 생각보다 빨리 이런 그림이 현실화될 수 있다는 가능성을 보여준 것입니다.

각자의 자리에서 최선을 다해 살아온 강사들 각각의 이야기만큼이나 우리의 이야기를 듣기를 원하는 젊은 세대들이 있다는 것이 큰 격려가 되었습니다. 고등학생부터 시작해서 다양한 분야에서 온 총 110명의 참여자들은 지구적 문제에 대해서 생각하고, 사회적 불의와 부정의에 대해서 깊이 있게 고민하는 모습을 보였습니다.

반면 커리어 플랜이나 미래에 대해서 논의할 때면, 불확실한 미래와 직업에 대해 고민하는 모습을 보였습니다. 많은 눈물과, 장애, 난관에 봉착해가며 현재에 이르렀다는 이야기에 공감해하는 참여자들을 보면서 앞서간 우리 세대가 젊은 세대와 더 많은 소통을 해야겠다고 다짐하게 된 순간이기도 했습니다.

소통과 공감 그리고 함께하는 힘을 강조하기 위해 강의 중에 나눈 내용을 다시 한 번 상기해보고자 합니다. 2005년 세계의 빈곤과 기아 문제의 해결을 촉구하는 전 세계의 시민들이 모여 '빈곤을 역사 속으로 Make Poverty History'이라는 캠페인을 연 적이 있습니다. 열었다. 특별히 글렌이글스 G-8 정상회담에 맞추어 영국 에덴버러에서 2005년 7월 1일 개최된 모임에는 전 세계에서 22만 5천 명의 사람들이 G-8 정상들에게 부채탕감과 공정한 무역구조를 만드는 것을 요구했고, 44만 4천 명의 사람들이 빈곤 문제 해결을 촉구하는 이메일을 영국 수상에게 보냈습니다. 이에 응답하여 G-8 정상들은 추가로 480억 달러를 빈곤퇴치를 위해 공여하기로 약속했으며, 매년 18개 고채무빈곤국에 10억 달러의 빚을 탕감해주기로 했습니다.

이런 면에서 '빈곤을 역사 속으로' 캠페인은 정치와 경제를 바꾸는 것이 국민의 힘이며, 세계의 정의와 빈곤에 관심을 가진 세계시민들이 이런 세상을 만들어낼 수 있다는 것을 보여준 역사적 사례라고 할 수 있습니다.

개개인으로 떨어져 있는 우리는 아무 힘이 없는 우리

의 앞날조차 확신하지 못하는 미약한 사람이지만, 부조리와 불의, 가난과 아픔을 해결하는데 하나가 된다면 얼마든지 변화를 이끌어낼 수 있습니다. 우리는 혹시 막연히 누군가 메시아처럼 나타나 우리의 문제를 대신해서 일거에 해결해주기를 원하고 있지는 않을까요?

하나님의 공의와 사랑에 의지하여 연합한 우리는 한국, 그리고 더 나아가 지구를 변화시킬 수도 있는 사람들입니다. 이제 그 소통의 장구가 얼리기 시작했습니다. 아직은 미약해보이는 이 흐름이 UNGO 2차, 3차 아카데미로 계속 이어지며, 점점 큰 파장을 일으키게 될 것이라 확신합니다. 각자의 자리에서 열심히 살아가는 한 명 한 명이 모여 더 많은 소통을 이루어내며, 궁극에는 우리가 소망하는 하나님의 나라를 이 땅 위에 세우는 시간이 되기를 다시 소망하고 꿈꿔봅니다.

박수연 | KOICA ODA교육원